監査制度デザイン論
―戦略的アプローチと実験的アプローチの応用―

加 藤 達 彦 著

東京 森山書店 発行

目　次

序　章　本書の目的と構成
1　株式会社制度の発達と資本市場の脆弱性 …………………… *1*
2　設計アプローチ ……………………………………………… *2*
3　監査論における規範的アプローチの限界 ………………… *4*
4　監査論におけるゲーム理論的アプローチの有効性 ……… *5*
5　監査論における実験的アプローチの有効性 ……………… *7*
6　会計学・監査論における戦略的アプローチの重要性 …… *8*
7　本書の構成 …………………………………………………… *8*

第2章　情報開示ゲーム
1　エイジェンシイ・アプローチとその問題点 ……………… *11*
2　「囚人のジレンマ」ゲーム ………………………………… *12*
3　メーカーと消費者の製品の品質ゲーム …………………… *14*
4　経営者と投資家の情報開示ゲーム ………………………… *16*
5　情報開示ゲームの有限回・無限回繰返し ………………… *18*
　(1)　有限回繰返しとゲームの均衡 ………………………… *18*
　(2)　無限回繰返しと「フォーク定理」 …………………… *19*
　(3)　Axelrod のコンピュータ・トーナメント ……………… *20*
6　経営者のタイプの情報と情報開示ゲームの有限回繰返し …… *21*
　(1)　ゲームの基礎的考察 …………………………………… *21*
　(2)　モデルの一般化 ………………………………………… *23*
7　情報開示ゲームと日本における資本市場 ………………… *25*

第3章　監査のシグナリング・ゲーム
1　監査のシグナリング機能 …………………………………… *29*

2　基本モデル ………………………………………………………… *30*
　　(1)　分離型均衡 ……………………………………………………… *30*
　　(2)　混在型均衡 ……………………………………………………… *33*
　3　モデルの拡張 ……………………………………………………… *35*
　　(1)　保守的な監査戦略がとられない場合にシグナリングが成立する条件 … *35*
　　(2)　保守的な監査戦略がとられた場合にシグナリングが成立する条件 …… *41*
　4　会計と監査に関する示唆 ………………………………………… *45*
　　(1)　監査報酬が監査の信頼性に及ぼす影響 ……………………… *45*
　　(2)　取得原価主義会計の限界 ……………………………………… *47*

第4章　監査人と株主の監査の品質ゲーム

　1　監査の市場 ………………………………………………………… *49*
　2　監査人の独立性の無機能化 ……………………………………… *50*
　3　契約形態による監査品質の保証 ………………………………… *53*
　4　監査の特殊性 ……………………………………………………… *55*
　5　監査基準の役割 …………………………………………………… *56*
　6　歴史的経路依存性と監査品質の向上の困難性 ………………… *58*

第5章　監査の高品質化の困難性

　1　集団的評判モデル ………………………………………………… *61*
　2　基本モデル ………………………………………………………… *61*
　3　手抜きが恒常化する蓋然性 ……………………………………… *66*
　4　公認会計士の集団としての評判と監査の品質 ………………… *71*
　5　分析の解釈 ………………………………………………………… *76*

第6章　組織的自己革新と他の国の監査市場との融合

　1　低品質監査・低監査報酬の早期解決策 ………………………… *79*
　2　政府の政策的介入 ………………………………………………… *80*

3　公認会計士協会などによる組織的な自己革新 ……………………… 81
　　　(1)　ランダムマッチング・ゲームの限定的合理性 ………………… 81
　　　(2)　ＫＭＲモデル ……………………………………………………… 82
　　　(3)　進化的安定戦略 …………………………………………………… 83
　　　(4)　突然変異的改革 …………………………………………………… 84
　　　(5)　段階的改革の重要性 ……………………………………………… 86
　　　(6)　米国会計基準採用企業を中心とした改革 …………………… 87
　　4　他の国の監査市場との融合 ……………………………………… 89
　　5　低品質監査と低監査報酬の解決に向けて …………………… 94

第7章　監査の制度化のコストとベネフィットと適正な監査政策

　　1　監査の制度化の意義と課題 ……………………………………… 95
　　2　監査の制度化のコストとベネフィット ………………………… 96
　　　(1)　モデルの基本設定 ………………………………………………… 96
　　　(2)　任　意　監　査 ……………………………………………………… 97
　　　(3)　監　査　の　制　度　化 ……………………………………………… 99
　　　(4)　監査のランダム化 ………………………………………………… 100
　　3　適正な監査政策 …………………………………………………… 101
　　　(1)　Mortonの監査実施ゲーム …………………………………… 101
　　　(2)　最適な監査政策と開示戦略 ……………………………………… 104
　　　(3)　監査コストと罰則および新しい追加情報の影響 …………… 105
　　4　適正な監査政策の構築に向けて ………………………………… 107

第8章　監査市場の競争と監査人の独立性

　　1　監査市場の競争 …………………………………………………… 109
　　2　監査人の独立性における概念の推移 ………………………… 111
　　　(1)　古典的アプローチ ………………………………………………… 111
　　　(2)　社会学的アプローチと経済学的アプローチ ………………… 112

(3) Magee and Tseng のアプローチ ……………………………… *114*
  3　監査人の在任価値 ………………………………………………… *116*
　(1) Magee and Tseng の定義 ……………………………………… *116*
　(2) その他の議論 …………………………………………………… *119*
  4　監査市場の公正な競争の構成要素 …………………………… *119*

第 9 章　監査市場の競争が独立性に及ぼす影響のモデル分析

  1　日本における監査市場の自由化 ……………………………… *121*
  2　Magee and Tseng のモデル …………………………………… *122*
　(1) 監査人と被監査会社に 1 期限りの意見対立がある場合 ……… *122*
　(2) 監査人と被監査会社の間に数期にまたがる意見対立がある場合 ……… *124*
  3　監査人の独立性が損なわれる条件 …………………………… *129*
  4　競争が独立性に及ぼす影響の限定性 ………………………… *131*

第 10 章　非監査業務の供与と監査人の独立性

  1　監査人による非監査業務の供与 ……………………………… *133*
  2　監査人の独立性への影響 ……………………………………… *134*
　(1) 以前の議論 ……………………………………………………… *134*
　(2) 最近の議論 ……………………………………………………… *135*
  3　非監査業務の供与に伴う独立性の侵害を判断する基準 ……… *138*
  4　先行研究の解釈の複雑性 ……………………………………… *140*

第 11 章　非監査業務の供与が独立性に及ぼす影響のモデル分析

  1　分析の視点 ……………………………………………………… *141*
  2　監査法人同士による不完全競争と独立性に対する影響 ……… *142*
  3　監査法人とコンサルティング会社の不完全競争と
　　独立性に対する影響 …………………………………………… *146*
　(1) モ デ ル ………………………………………………………… *146*

(2) 分析の解釈 ……………………………………………………… *150*
　4　非監査業務の分社化の必要性 ………………………………… *154*

第12章　保証業務の提供が監査の品質に与える影響
　1　保　証　業　務 ………………………………………………… *157*
　2　保証業務の品質と利用者のスクリーニング ………………… *160*
　3　保証業務の品質の維持と政策的事前介入 …………………… *165*
　4　保証業務の市場性 ……………………………………………… *167*
　5　分 析 の 解 釈 ………………………………………………… *170*

第13章　監査人の損害賠償責任と監査の品質
　1　監査人の損害賠償責任と監査の品質に関する研究 ………… *173*
　2　Dyeの損害賠償ゲーム ………………………………………… *176*
　　(1) 基 本 的 設 定 …………………………………………… *176*
　　(2) 監査人の弁済可能額と監査の品質 ……………………… *176*
　　(3) 過大な損害賠償責任の問題点 …………………………… *179*
　3　Schwartzの損害賠償ゲーム …………………………………… *179*
　　(1) 基 本 的 設 定 …………………………………………… *179*
　　(2) 最　善　解 ………………………………………………… *181*
　　(3) 過 失 責 任 制 度 ………………………………………… *182*
　　(4) 保 証 責 任 制 度 ………………………………………… *185*
　　(5) 制度の改善可能性 ………………………………………… *187*
　4　不完備契約の理論と制度の改善可能性 ……………………… *189*

第14章　監査人の損害賠償責任が内部統制と監査の品質に与える影響
　1　損害賠償責任と内部統制 ……………………………………… *191*
　2　基 本 的 設 定 ………………………………………………… *192*
　3　最　善　解 ……………………………………………………… *197*

4 次　善　解 ……………………………………………………………… 199
5 損害賠償責任が内部統制に対する投資と監査人の
　　努力に及ぼす影響 ………………………………………………… 202
6 制度の改善の可能性 ……………………………………………… 207

第15章　監査の粉飾決算防止効果と投資誘発効果に関する実験

1 先　行　研　究 ……………………………………………………… 209
　(1) 実験的アプローチの意義と実験の統制の必要要件 …………… 209
　(2) 監査の需要に関する実験 ………………………………………… 210
　(3) 監査分野における多面的応用と会計分野における応用の可能性 ……… 211
　(4) 本研究の意義 ……………………………………………………… 212
2 実　験　の　手　順 ………………………………………………… 213
3 実　験　の　結　果 ………………………………………………… 218
4 実験結果の解釈 …………………………………………………… 222

第16章　監査の購買コストと監査の信頼性に関する実験

1 実　験　の　意　義 ………………………………………………… 225
2 実　験　の　設　定 ………………………………………………… 225
3 実　験　の　結　果 ………………………………………………… 227
4 実験結果の解釈 …………………………………………………… 233

終　章　本書のまとめと提言

1 論点のまとめ ……………………………………………………… 235
2 情報開示と監査のシグナリング機能 …………………………… 236
3 監査の進化の可能性 ……………………………………………… 237
4 監査制度の意義と問題点 ………………………………………… 238
5 実験的アプローチの意義 ………………………………………… 240
6 監査の購買コストと監査の信頼性に関する実験 ……………… 241

7　会計制度と監査制度の改善に向けた提言 ……………………………… *242*
　8　「スーパーシステム」としての企業と会計・監査……………………… *243*

付録1　実験におけるコンピュータ画像（*245*）
付録2　実験のワークシート（*246*）
付録3　第16章の実験において学生に与えた指示と情報（*247*）
引用文献（*249*）
索　　引（*261*）
あとがき（*265*）

序　章

本書の目的と構成

1　株式会社制度の発達と資本市場の脆弱性

　1553年に株式会社の原型である共同出資会社（joint stock company）が生まれたイギリスにおいて[1]，有限責任制度の会社の起業が認められたのは1855年のことである[2]。株式会社の発達の基礎が築かれてほんの150年しか経っていない。株式会社制度の発展は順風満帆のように見えるが，1929年のアメリカにおける大恐慌や最近のエンロン事件など，何度もの危機を乗り越えてきた。それは資本市場そのものに，大きな脆弱性があるために他ならない。

　企業家は，株式で調達した企業の資金をかなり自由に使える。その資金で最初に豪勢な社長室が作られても，それが商談の場として必要不可欠と説明されれば，株主にはどこまでが本当か判断は困難である。投資プロジェクトが失敗に終わっても，よほどはっきりとした株主に対する背任でもない限り，企業家自体が失敗の責任を負うことはない。企業に対する投資にはリスクが高すぎて保険もきかず，資金を提供した株主は自己責任という名のもとに株券が紙切れになるのを見て泣き寝入りするしかない。このような状況では，単に詐欺目当ての偽企業家がはびこり，投資家は株式への投資に非常に慎重になりかねない[3]。

　会計と会計監査，特に後者は企業家の誠実性を監視し，企業家が一方的に保

（1）　Watts and Zimmerman（1983, p. 622）なお伊豫田（2003, 23頁）も参照されたい。
（2）　山浦（1993, 9-24頁）。なおBraudel（1979, p. 390）は，フランスの例を示し，16世紀以降株式会社の発展が進まなかったことを示している。

有している企業に関する情報を投資家に伝え，企業のリスクを回避する保険として自主的に発生した[4]。しかし資本市場が円滑に機能し投資家の信頼性を勝ち得るために，会計と会計監査の強制化を含め，市場を整備する目的で政府の介入が欠かせなかった。その代表的な例は，アメリカにおいて1934年に設立された証券取引委員会（SEC）とその監督下における上場企業の強制監査の開始であり，最近では2002年の企業改革法の制定である。日本においても1950年に証券取引法により，上場企業の会計監査が義務化され翌年に執行された。

アメリカなどで自主的に発達してきた会計と会計監査[5]が資本市場のインフラストラクチャーとして認識され，政府の介入を受けるに到ったことは，制度化に何か大きな意義があったことに他ならない。本書の目的はこのような観点から，特に会計監査について制度化の意義を検証し，新しい制度設計のあり方を提言しようとした。これらの問題を考察するために，ゲーム理論と実験会計学（experimental accounting）という新しいアプローチを採用した。

2　設計アプローチ

Roth（2002）は[6]，市場や経済制度の設計と維持補修を検討する「設計経済学」（design economics）という分野の必要性を説き，ゲーム理論と実験経済学（experimental economics）およびコンピュータ経済学（computational economics）

---

(3) 企業家の企業に対する真剣度を示すシグナルとなるものが例えば自己資金の割合であり，失敗した場合における人質の役割を果す。Diamond（1991）やTirole（2001, pp. 5-8）の分析を参照されたい。なおTirole（2001, p. 8）はこれを「評判資本」（reputational capital）と呼ぶ。
(4) Wallace（1986）によれば，それぞれ「モニタリング仮説」・「情報仮説」・「保険仮説」と呼ばれる。なお山浦（2003, 40-47頁）と伊豫田（2003, 46-58頁）も参照されたい。
(5) 千代田（1993, 21-25頁）は，1896年から1920年までに自主的に監査済み財務諸表を公開していた企業96社の調査をしている。また異島（1999, 108-111頁）も1920年のデータに基づき，モルガン系とロックフェラー系企業の監査済み財務諸表の分析を行っている。
(6) Roth（2002）, pp. 1341-1342.

がその重要な構成要素になるとしている。彼は，アメリカにおけるインターン医と病院のリクルート問題について，ゲーム理論によるモデル化を行い実験とコンピュータ・シミュレーションを用いて検証した。

アメリカにおいては1940年代までに病院側が質の良いインターン医を確保するために，候補者の青田刈りが横行した。それが，現実に配属された病院との間に大きなミスマッチを引き起こした。この問題は，両者の希望を仲介する機関を設置することによって最終的に解決が図られたと考えられていた[7]。

しかし1990年代の中頃に，この制度に対する医学生の不信が再び高まった。この問題を解決する手段として，設計アプローチが用いられた。その1つが，現実に効率的に機能している仲介制度と機能していない仲介制度を，ゲーム理論でモデル化し実験室的に再現するものであった[8]。そして実験では仲介方法だけを変えたにもかかわらず，現実とまったく一致した結果が得られた。仲介制度の成否は，その仲介方法そのものの相違に起因していることが実証された。

また身近な例として吊り橋をかけることを考えればよい[9]。梁の強度が完全であればよいというだけならば，それにかかる力として重力だけを考えた単純な理論的モデルさえあれば充分である。しかし橋の設計には冶金学や土壌構造および水と風の力も考慮しなければならない。これらの要素が組み合わさると問題は複雑になり分析が困難になるものも多い。しかし物理学とコンピュータ・シミュレーションを用いればかなりの程度の解答は得られるはずである。

単純な物理の法則が相互作用して作り出す複雑性を研究する分野が工学と言われる分野である。工学はその基礎になる物理学に比べると複雑で泥臭いイメージがある。しかし問題の複雑性とその対処策を工学的に解明することにより，基本モデルの基に設計された橋をより耐久性の強いものにすることが可能になる。この吊り橋のように，経済制度の設計と維持補修はまさに工学的アプ

---

(7)　*Ibid.*, pp. 1346-47. なお Milgrom and Roberts (1992, pp. 43-48) も参照されたい。
(8)　*Ibid.*, pp. 1348-1354.
(9)　*Ibid.*, pp. 1342-1343.

ローチを必要とする(10)。

　本書は，資本市場のインフラストラクチャーとされる，会計監査制度の設計と維持補修に焦点を当てる。会計監査制度は資本市場にあっては，経営者と投資家を繋げる吊り橋にあたる。そのため，本書ではこの「設計アプローチ」を重視し，ゲーム理論による全面的なモデル化と実験による検証を一部行った。

3　監査論における規範的アプローチの限界

　会計や監査における利害調整機能を考える時に，従来の規範的アプローチでは利害関係者の行動はすでに別に決定されていた。そのため当事者と利害関係者の相互の交わりによって，会計や監査の機能や利害関係者の行動が変化していく可能性は排除されていた。Demski and Swieringa（1974）は次のような指摘をする(11)。

　監査論における規範的アプローチでは，どの監査手続がどの状況で使われるべきかを単に示せばよい。これは，ある目的関数に照らしてそれが最適化されているかを検証することに類似している。しかし問題は，その時に必要とされる目的関数が実際に存在し，それがどのような性格を持っているかを明確に示さなければならないことである。例えば監査手続における統計サンプリングは実務で日常的に利用されている。しかしどのサンプルを選ぶのが最適かという問題を解決するためには，どのタイプの誤謬がどの程度まで許容されるかを別に決めておく必要がある。従来の規範的アプローチやそれに由来する意思決定モデルは，監査という活動において，監査人のみに焦点を当てて分析を行っていた。

　そのため監査を受ける側との相互作用が軽視され，監査が監査を受ける側の行動に影響を及ぼすことは考慮されていなかった。規範的アプローチに由来す

---

(10)　瀧田（1992, 147-192頁）は，工学的モデルであるファジィ理論を用いて監査人の判断と期待ギャップの関係の分析を試みている。

(11)　Demski and Swieringa（1974）, p.506.

る意思決定モデルは，自然だけを唯一の相手とした不確実性を前提としているからである[12]。会計監査の実務家がこのようなアプローチに対して抱く不信感は，その非現実性にあったことは否定できない。つまり実務家は監査の戦略的側面の重要性を直感的に感じ取っていた可能性がある[13]。

4 監査論におけるゲーム理論的アプローチの有効性

このような規範的アプローチとそれから派生した意思決定モデルの問題点を解決し，監査の利害関係者との相互依存性という戦略的側面を理解するためには，複数の人が意思決定に参加する意思決定理論 (multiperson decision theory) が必要である。Fellingham and Newman (1985) によれば[14]，その役割を担うことができるものがゲーム理論であり，エイジェンシイ理論の枠組みはこの理論の応用に過ぎないとする。

また Wilson (1983) によれば[15]，監査人と被監査会社は，必ずしも常に協力するというチームの一員ではない。またそうでなければ少なくとも「独立した」という表現は使えない。さらに監査人は，被監査会社と投資家の相互関係と距離を置いた第三者であることも多い。彼は，このような状況を分析するためにはゲーム理論的枠組みを用いることが適切であるとしている。

Baimen (1975) は「非協力ゲーム」(non-cooperative game)[16] の枠組みを始めて採用し，監査人の内部統制の評価に関する問題を分析した。また Antle (1982・1984) の研究は，監査人をエイジェントするエイジェンシイ理論の枠組でゲーム理論を応用した先駆的な業績である。Fellingham and Newman

---

(12) Fellingham and Newman (1985), p. 635.
(13) *Ibid*, p. 636.
(14) *Ibid*., p. 635.
(15) Wilson (1983), p. 306.
(16) 神取 (1996, 24-25頁) によれば，ゲームの参加者に拘束力のある契約が書けない状況を前提として，お互いに相手の行動を読み合うという戦略的状況の分析に焦点を当てたもので，現在ゲーム理論と呼ぶと無条件に「非協力ゲーム」を指す場合が多い。なお岡田 (1996, 6-8頁) も参照されたい。

(1985) は，監査計画や監査リスクの評価の例をとり，監査の戦略的側面を考慮することにより，次の点が明らかになることを示している(17)。

① 監査人は，監査の追加をする時もあるし追加しない時もある。被監査会社もこのようなランダムな監査に対して，内部統制の整備をしたりしなかったりというランダムな対応をとる場合がある。従来のアプローチでは，監査の追加もせずに限定意見を出すという選択は明らかに有効でないとして排除されてきた。しかし戦略的アプローチをとると，この選択でも監査の追加をして限定意見を出すか出さないかを決めるという選択と優劣がないことを示すことができる(18)。

② 監査人の戦略は，内部統制と被監査会社の行動の相互作用に強く左右される。

③ 社会厚生的に優位な解決策があっても達成が不可能であり，解答として示されたものが社会厚生的に劣位なものにとどまる場合がある。

④ 従来のアプローチでは，被監査会社に対する監査の影響が考慮されないため，監査リスクの程度を誤って評価してしまうことが頻繁にあった(19)。

⑤ 状況によって，どの戦略でも適切になってしまう場合もあり，どの場合にどの監査戦略が正しいかを示すことは困難である。

ゲーム理論的アプローチから引き出される論点は，従来のアプローチと異なった図式が描かれ，監査人が置かれた実務の現状をより反映したものになって

---

(17) Fellingham and Newman (1985, pp. 635-636) なお Shibano (1990) はリスク・アプローチについてゲーム理論を用いて分析している。この研究は，被監査会社の誤謬だけでなく意図的な不正についても考慮されている。すなわち第2章で触れる「隠れた行動」だけでなく「隠れた情報」の両面からモデル化されている。
(18) Fellingham and Newman (1985, p. 647)
(19) Bloomfield (1995) によれば，このような状況では非効率な監査が行われることになり，勘定が正確なものが正確でないとされ，正確でない勘定が正確とされる場合が多くなる。彼は，Shibano(1990)の「隠れた情報」のモデルを拡張し，意図的でない勘定の誤謬が多いと，経営者と監査人の「戦略的依存性」は低いとする。つまり両者の最適な戦略が相手の予想に余り左右されないと，戦略的依存性は一般的に低くなる。また経営者の虚偽報告が100％ あるいは 0％ と発見リスク（detection risk）を見積る場合もそれに当たる。分析では，意図的誤謬があり戦略的依存性の高い場合を特に問題視する。

いる。もちろん状況が複雑になればなるほど画一的な結論が得られなくなる傾向があり，監査人の置かれた複雑な状況を全て考慮して分析することは困難である。しかし複雑なシステムのある部分のみに光りを当てた分析を多数重ね合わせることにより，徐々にこのような問題は解決されていくであろう。

5　監査論における実験的アプローチの有効性

　Smith et al. (1987) によれば，実験経済学には5つの利点があるとする[20]。それは，第1に厳密で再現可能な実験室的状況で経済理論が予言したことを検証できる，第2にパラメータの数値や仮定を変えることにより，理論の成立条件を精密に示すことができる，第3に実験的検証をするだけで，再検討を要する理論の仮定上の曖昧な点や無駄な点が指摘可能になる，第4に政府の規制政策によって環境および制度上の変化がどのような効果を及ぼすかについて，比較的安価で容易に証拠が集められる，第5に不変的データの精密な測定が可能になり，一層の理論的な展開を促進することである。

　さらに彼らによれば，このような利点を考慮すると，実験的アプローチは，監査の経済的役割とは何か，監査の需要と供給を決定するものは何か，監査市場における競争が監査の品質にどのような影響を及ぼすか，監査市場における評判とはどんな役割を果しているか，規制の強化によって監査の品質を改善することができるかといった疑問に解答を提供できるとする[21]。

　上にあげられた問題はいずれも本書が考察する中心的課題であり，実験的アプローチがその威力を発揮する可能性は大きい。本書での実験は，最初にあげられた監査の経済的役割とは何かに関する検証に限られている。しかし監査の経済的役割が，経営者の粉飾決算の防止と投資家の投資の促進にあるという結果が鮮やかに示されている。

---

(20)　Smith et al.(1987), p. 72.
(21)　*Ibid*.

6 会計学・監査論における戦略的アプローチの重要性

Schmalenbach (1911) は[22]，実務の経験に裏打ちされた目的適合性があれば，私経済学的 (privatwirtschaftlich) な考察に向けて，従来の経済学の研究を拡張し新たな分野を開拓する必要があるとしている。経済学としての会計と監査の研究は，従来の経済学者がその実務に通じておらず，まさに長い間空白となっていた分野である。本書で展開する議論は，その空白を埋めようとする1つの小さな試みにすぎない。

また Dumarchey (1933) は[23]，会計が科学か技術かを問うことより，むしろどの科学に属するかが重要であり，会計は社会科学に属するとする。彼は[24]，会計研究には2面性があることを示唆する。1つは，会計を形成する要素を識別し不変のものを認識することであり，もう1つは，会計により形成された統合体を識別し常に変化するものを認識することである。

前者は静的なアプローチであり，生物学に喩えると解剖学や組織学を指し，後者は動的なアプローチであり生物学における生理学を指す。本書では後者のアプローチを重視し，監査を当事者や利害関係者の相互的な影響を受けて常に変化する統合体と見なしている。このようなアプローチには，ゲーム理論に代表される戦略的アプローチが重要な役割を果すことができると考えている。

7 本書の構成

本書では以上に述べた設計アプローチ，特に戦略的アプローチと実験的アプローチを応用して，監査制度の設計と維持補修について考察していく。本書の構成は次の通りである。まず第2章では，もっともよく知られた「囚人のジレ

---

(22) Schmalenbach, (1911), S. 316.
(23) Dumarchey, (1933), pp. 49-50.
(24) *Ibid*, pp. 51-52.

ンマ」ゲームを応用して，資本市場がレモン市場になる危険を常にはらんでいることを示した。また繰返しゲームの概念を応用して，企業のゴーイング・コンサーンと会計の情報開示の問題点についても考察を加えた。第3章では，シグナリング・ゲームを応用して，経営者の監査の購買が，資本市場のレモン市場化を防ぐことができることを示した。また取得原価主義会計や低監査報酬が，監査のシグナリング機能の阻害要因になることも指摘した。

第4章では，監査市場がやはりレモン市場になる危険をはらんでいることを示した。また繰返しゲームの概念を応用して，四半期監査の実施など監査の頻繁性が品質の維持に重要な働きをすることを指摘した。また同時に監査基準の機能についても分析を加えた。さらに監査市場の分析は，監査の文化的側面や監視の困難性を考慮すると，ランダムマッチング・ゲームという繰返しゲームが分析に適していることも示された。

第5章では，世代交代方式のランダムマッチング・ゲームを応用して，歴史的経路依存性が監査の品質の迅速な改善を大きく妨げることを示した。第6章では，進化ゲームを応用して，監査の品質改善のためには，組織的で漸進的かつ継続的改革のみが効果的であることが提示された。また監査市場の国際的統合も効果的であることが示されている。

第7章では，監査の制度化によって，コミットメントのある完全情報のゲームを，経営者と監査人がプレイできることを示した。また制度化の問題点と個々の企業の監査における改善策を最適な監査政策として提示した。第8章では，監査市場における競争と監査人の独立性の問題について過去の議論をまとめた。第9章では，背理法と逐次均衡アプローチを用いて，監査法人の競争が独立性に与える影響が限定的であることを示した。

第10章では，監査人の非監査業務の供与が独立性に与える影響についての過去の議論をまとめた。第11章では，産業組織論で用いられるコミットメント付の参入ゲームを応用して，非監査業務の同時供与が独立性に及ぼす影響を考察した。第12章では，スクリーニング・モデルを応用して，公認会計士業務の拡充としての保証業務が監査業務の品質に及ぼす影響を分析した。また契

約理論の観点から現行制度の妥当性が検討されている。従来のエイジェンシイ理論では考慮されなかった事前行動の要素が加えられている。

　第13章では，監査人の損害賠償責任が監査の品質に及ぼす影響が考察された。最初のモデルでは，監査基準の厳格化による過大な損害賠償責任が，監査の品質を改善するとは限らないことを示した。次のモデルでは不完備契約の理論を応用して，望ましい損害賠償責任制度の模索が行われた。第14章でも，やはり不完備契約の理論を応用して，監査人の損害賠償責任が監査の品質に及ぼす影響が吟味された。このモデルでは，企業の内部統制を外部から効率的に監視ができないと，監査人の負担ばかりが過大になり，社会における大きな非効率が形成される危険性が指摘されている。

　第15章では，第2章の情報開示ゲームと第3章の監査のシグナリング・ゲームを基に，実際の市場を実験的に再現して監査の経済的役割を検証した。その結果経営者による監査の購買が，粉飾決算の防止と投資家の投資意欲を引き出すことに効果があることが示された。第16章では第15章とほぼ同様の設定で，経営者が監査を購買するコストが異なる市場を追加して実験的検証を行った。監査の購買コストの相違が，経営者の粉飾決算の防止と投資家の投資の誘引に及ぼす影響を探った。第17章では，政策立案者や実務家に対する提言として，以上の分析がまとめられている。

第2章

情報開示ゲーム

1 エイジェンシイ・アプローチとその問題点

　監査の機能を経済学的観点から明らかにした代表的なモデルに，Jensen and Meckling (1976) に代表されるエイジェンシイ・アプローチがある[1]。企業における所有と経営の分離が，経営者の「隠れた行動」を生み出す。経営者の「隠れた行動」とは株主が監視の困難な非金銭的便益の消費を指すとする。例えば，第3者にはどこまで必要でどこまで不必要なのか評価しにくい社長室の改築などがあげられる。

　このアプローチを使った分析で次の点が明らかにされた[2]。株主はこの「隠れた行動」を制限しできるだけの残余利益を得たい。そのためには監視コストの安い監視手段が望ましい。経営者は管理目的のために会計データをすでに収集しているので，それを開示させることがもっとも安価な監視手段であ

---

(1) Wilson (1968)・Alchian and Demsetz (1972) がエイジェンシイ・アプローチに関する先駆的な論文であり，前者は組合員のチーム行動の監視という観点から，後者は従業員のチーム作業の監視という観点から議論が進められている。特に後者は，チームによる労働の監視の困難性から，残差請求権を持つ管理者による監視の有効性が指摘される。さらに監視コストの存在が企業組織の階層構造を作り出し，労働市場の性格にも影響を与えるとしている。彼らの議論では，監視コストに最適な組織や市場が自然に選択されることになり，Demsetz (1982・1984) の監視コストの議論もこの考え方に沿っている。ただし彼らの立場では，監査という監視機構を意図的に設置し利用する必要はなく，必要な時に自然に利用されるとなる。加藤 (1992・1994a) と小田切 (2000, 42-44頁) も参照されたい。

(2) Jensen and Meckling (1976, p. 323) なお加藤 (1990)・佐藤 (1993, 3-5頁)・岡部 (1994, 21-24頁)・須田 (2000, 29頁)・伊豫田 (2003, 83-91頁) を参照されたい。

り，会計監査制度もそれと同様の機能を持っている。このような制約にかかるコストは，あらかじめ経営者が負担することを約束した方が効率的であり，ボンディング・コスト（bonding cost）と呼ばれる。

経営者のこの「隠れた行動」とは，一般にモラル・ハザード（moral hazard）と呼ばれる。しかしエイジェンシイ・アプローチの問題は次の点について不明瞭な点である。まず会計制度や監査制度などの情報開示制度では，「隠れた行動」に加えて「隠れた情報」が問題の焦点となる。このような視点を加えることにより始めて，なぜ会計制度だけでは不十分でなぜ監査制度が必要かということが明らかにできるからである[3]。

ASOBAC (1972) では監査は情報開示された会計情報に付加価値を与えるものとし，その付加価値とは統制（control）と信頼性（credibility）であるとしている[4]。「隠れた行動」のみを問題とする純粋なエイジェンシイ・アプローチだけでは，ASOBAC (1972) が定義する監査の役割について説明をすることは難しい。統制と信頼性という付加価値の本質に掘り下げた洞察ができないからである。ASOBAC (1972) の言う統制とは監査の品質問題の重要性を暗示するものである。また信頼性とは，利用者に対して情報の信頼性のシグナルを発信することと解釈可能である。いずれにしても，このような付加価値の側面を理解するためには，「隠れた情報」の問題を追加することが重要となる。

2 「囚人のジレンマ」ゲーム

図 2-1 のゲームは，一般に「囚人のジレンマ」ゲームと呼ばれているものである。「囚人のジレンマ」ゲームとは次のようなものである。まず会話のできないように仕切られた檻に入れられた囚人甲と囚人乙を想定する。

---

(3) 「隠れた情報」があり情報が非対称性である状況において，経営者が「ボンディング・コスト」を負担することで信頼性のシグナルを作り出せるという解釈は可能である。しかしなぜ会計制度だけでは不十分でなぜ監査制度が必要かという充分な答えは得られない。
(4) ASOBAC (1972), p. 29.

図 2-1 囚人のジレンマゲーム

		囚人 甲			
		黙秘 協調		自白 裏切り	
囚人 乙	黙秘 協調	5	5	−5	10
	自白 裏切り	10	−5	0	0

　ここで二人が協調し合って黙秘を続ければ，証拠不十分で二人とも比較的軽い罪で済むことができる。それは左上の利得 (5, 5) で表される。ところが片方が裏切って，罪は全面的に相手の方にあると主張すれば，自分は無罪になるが，裏切られた相手は重罪を課せられ長い間服役しなければならない。それは左下と右上の利得 (10, −5) と (−5, 10) で表される。そのため双方とも相手が自分を裏切ることを恐れ，結局口を割ってしまい，共に裏切り合って右下の (0, 0) という貧乏くじをひきあててしまう。これが「囚人のジレンマ」と呼ばれるものである。
　「囚人のジレンマ」ゲームにおいては，相互に裏切り合う右下の選択が，どちらの囚人にとっても相手の取りうる戦略に対する最適な反応となっている。このような定義を満たす選択をゲームにおけるナッシュ均衡 (Nash equilibrium) と呼ぶ[5]。また裏切り合いはこのゲームにおいて両者が唯一取りうる選択で

---

(5) Kreps (1990, p. 404) なおより理解しやすい解説としては，神取 (1996, 25-39 頁) を参照されたい。

あり，支配的戦略（dominant strategy）と呼ばれる。

　ゲームの形態によって，ナッシュ均衡が複数成立する場合もあり，ナッシュ均衡がいつも支配的戦略となるとは限らない。またこのゲームのように，ナッシュ均衡が社会厚生上最善の選択となっているとは限らない。様々な社会や経済の構造が「囚人のジレンマ」ゲームの性格を持っていることから，問題点の指摘や解決策の提示に非常に重要な役割を果すことができる。

3　メーカーと消費者の製品の品質ゲーム

　監査の品質の問題や会計情報の信頼性の問題は，基本的には市場に情報の不完備性が存在するために生じると言える。これが「隠れた情報」の問題である。「隠れた情報」がどのように市場を機能させなくなるかは，図2-1の「囚人のジレンマ」ゲームを応用して容易に示すことができる。一般財の市場では消費者はメーカーが売る製品の品質を事前に知ることは困難である。逆にメーカーは自分が作った製品の品質を当然把握しているであろう。

　メーカーは高品質と偽って，コストをかけない低品質の製品を消費者に10で売りつけ，図2-2の左下のように利得10を獲得し大儲けができる。逆に高品質を信じて10という価格で不良品を買った消費者は騙されたことに気づく。低品質の製品の転売価格を5とすると，消費者の利得は同じ左下の−5となる。消費者はこのことを十分に熟知しているため，製品の購入には非常に消極的となる。たとえメーカーの中に高品質の製品を売るものがあっても，消費者は図の右上で利得ゼロとあるように購入しないであろう。メーカーにとって高品質の製品を作るために投入しなければならないコストを5とすると，それは無駄になってしまうので，メーカーの利得は図2-2の右上の−5となる[6]。

---

(6)　このゲームは，厳密に言えばメーカーの利得だけが「囚人のジレンマ」の関係に並んでいる「一方的な囚人のジレンマ」(the one-sided prisoner's dilemma) と呼ばれるものである（Rasmusen 2001, pp.117-119）。しかし「囚人のジレンマ」の場合とほぼ同様の結論を導くことができる。

3 メーカーと消費者の製品の品質ゲーム

図 2-2 メーカーと消費者の製品の品質ゲーム

		消費者			
		購買する		購買しない	
		協　調		裏　切　り	
メーカー	高品質 協調	5	5	−5	0
	低品質 裏切り	10	−5	0	0

　本来メーカーは高品質の製品を販売し，消費者はメーカーを信頼してそれを購買するという図 2-2 の左上の「相互協調」という選択が両者にとって最善である。ところが両者は裏切り合って図 2-2 の右下の選択をしてしまうことになる。この結果市場には英語でレモンと呼ばれる不良品が溢れ，消費者も購入をボイコットするであろう。市場を機能不能に陥らせるこの現象は，Akerlof (1970) によって指摘され，「レモン市場」と呼ばれる[7]。またメーカーと消費者のこのような選択を「逆選択」または「アドバース・セレクション (adverse selection)」と呼ぶ。「逆選択」が問題となる場合には必ず取引相手の一方が「隠れた情報」を持ち，それによる情報の非対称性がこの現象の引金になる点に特色がある。

---

(7) Akerlof (1970) は中古車市場を例にとって分析している。なお祭りの夜店でメスとして売られているひよこが実は全てオスであり，パリなどの観光地でとてもグルメの国とは言いがたいような悪い味のレストランが多いのも，この例の典型的なものである。

4　経営者と投資家の情報開示ゲーム

　資本市場における経営者の情報開示の問題は，上に述べたメーカーと消費者の品質ゲームに非常に類似したところがある。ここではメーカーを経営者，消費者を投資家と考えると理解しやすい。経営者と投資家はともにリスク中立とした。先手をとる経営者の選択は，ゲームを単純化するために，努力する（e）か否かの二者択一しかないとした。また経営者は努力回避的であるとした。経営者は，自分の企業を高品質にするためには，必ず努力を選択しなければならず，$e=5$ のコストがかかる。経営者が努力を選択しないと，コストはかからないが（$e=0$），企業は必ず低品質になってしまう。

　投資家は，投資する場合には，経営者に常に $p=10$ を支払う。そのため経営者の報酬は，努力を選択した場合には 5 であり，努力を選択しなかった場合には 10 となる。投資家が投資しなかった場合（$p=0$）には，経営者の報酬は，努力を選択したか否かによって，それぞれ -5 と損得ゼロとなる。

　経営者は，投資家が投資を選択したか否かを即座に知ることができる。投資家は，その企業に投資するか否かを決定するが，経営者が努力を選択したか否かは事前には分からない。なお経営者は，自分の企業の品質について常に高品質企業という情報開示を投資家にするとした。なぜなら次に示すように，低品質企業という情報開示は投資家のボイコットを受けるだけであるからである。誠実な情報開示をしようとする経営者は必ず努力を選択するはずである。

　投資家は，投資をするか否かを選択した直後に，企業の真の清算価値を知る。企業が高品質であったならば，清算価値は 15 である。低品質であったならば清算価値は 5 である。投資家の報酬はその場合それぞれ 5 と -5 となる。投資しなければ，損得ゼロである。監査の買えない市場では投資家には，経営者の経営している企業が高品質か低品質かを判断する目安は何も存在しない。経営者と投資家の情報開示ゲームは図 2-3 のように表される。

　経営者と投資家は左上のように，信頼し合って努力と投資を選択し，5 ずつ

図 2-3 経営者と投資家の情報開示ゲーム

		投資家			
		投資する		投資しない	
		協　調		裏　切　り	
経営者	高品質企業 協調	5	5	−5	0
	低品質企業 裏切り	10	−5	0	0

を得ることが両者にとって最善である。しかし双方とも相手の裏切りにより5の損害を被ることを恐れて、相互に裏切り合う左下を選択してしまう。それは、上で示したメーカーと消費者の品質ゲームと同様な結果であり、資本市場に低品質企業が溢れ投資家は投資をボイコットする、Akerlof (1970) のレモン市場を想起させる。

特にこの場合経営者は、企業の品質について情報優位な状況にあり、投資家との間に情報の非対称性が存在している。経営者は、このことを利用して投資家を騙して大儲けをしようとする強い誘惑が存在する。一方の投資家はこのことを熟知している上に、経営者に騙されて損を被る可能性がある。そのうえ経営者を騙して大儲けをする機会はない。そのために投資には非常に消極的になると考えられる。要するに経営者と投資家を演じるプレイヤーの選択は、経営者は努力をせず投資家は投資をしないという戦略が合理的であり、このゲームにおける支配的戦略となる。

監査はそこでどのような機能を果たすのであろうか。もし経営者が監査を購

買できれば，彼が持つ企業の品質に関する「隠れた情報」を投資家に伝達し，「逆選択」という現象を防止する効果が期待できる。つまり資本市場の均衡を図2-3の右下から左上にもっていくことが可能になる。つまりASOBAC (1972)が指摘する，会計情報に信頼性を与えるという監査の付加価値とはこのことを指すと考えてもよい。

また監査を受けるのにはコストがかかる。そのコストは株主となった投資家に転嫁可能としても，まず投資家の投資がなければ話にならない。経営者がまずコストを負担して監査を受けることは，自分の企業が高品質であることの証しとも解釈できる。「逆選択」により低品質企業が溢れた資本市場で自分だけが高品質企業であることを示すには，投資家に1度投資を受け高品質企業の確認を得る意外に方法はない。

投資家が投資しなければ監査のコストはまったくの無駄となってしまう。この無駄な投資が人質の役割を果たし，信頼できる経営者というシグナルを投資家に送っているという解釈が可能である。逆に低品質企業の経営者は，監査を受ければ低品質企業であることが暴露されるだけであるから，監査を受けようとはしない。これを資本市場における監査のシグナリング機能と呼ぶが[8]，これについては次の章で詳しく分析を加える。

5 情報開示ゲームの有限回・無限回繰返し

(1) 有限回繰返しとゲームの均衡

経営者と投資家の情報開示ゲームにおける取引の繰返しという要素が，ゲームの均衡にどのような影響を与えるかについて触れたい[9]。まず投資家と経営者が有限回取引を繰返す場合について論じる。有限回取引が繰返される場合

---

(8) シグナリングの例として一般財の市場における宣伝（Nelson 1974・Kihlstrom and Riordan 1984・Milgrom and Roberts 1986）や資本市場において新株発行の際に経営者が所有している株式の割合 (Leland and Pyle 1977) などがあげられる。なお高尾(1992)によれば，会計数値にもシグナリング機能があるとする。

には，最後の回がいつ来るかは分かっている。その最後の回は，取引が繰返されない1回限りのゲームと同様と考えることができる。それゆえに最後の回では経営者と投資家は図2-3右下の裏切り合いになる。

最後から1回前においてはどうであろうか。経営者と投資家とも次の回には相手が裏切ることが分かっている。このような状況では両者が最後から1回前も裏切り合うことが合理的と考えられる。このように背理法（backwards induction）による類推を続けると，有限回取引を繰返す場合には双方の総裏切りが唯一のナッシュ均衡となってしまう。このような場合に監査を受けることが有効であることは言うまでもない。

(2) 無限回繰返しと「フォーク定理」

企業のゴーイング・コンサーンを考えると，経営者と投資家は現実の世界で無限回繰返しゲームを行っていることになる。取引が無限回繰返される場合には最後の回がいつ来るか分からないため，背理法による類推は不可能になる。無限回繰返しゲームでは「フォーク定理」（folk theorem）からナッシュ均衡が多数存在することが知られており[10]，その中には評判の機能が働き，経営者と投資家が自然に相互協調を選択することがあることが知られている。重要な点はその場合には監査の需要がなくなることを意味することである。

例えば投資家が経営者を信頼して最初は投資を選択するが，一端それが低品質企業であって裏切られたことが分かるとその後は2度と投資しないという戦略をとったとする。これは「トリガー（trigger）戦略」と呼ばれる。もし経営者が最初から最後まで努力を回避し総裏切り戦略を選択するとすれば，図2-3

---

(9) 「囚人のジレンマ」が繰返されるゲームでは，原則として両者の協調と裏切りの回の位相が完全にずれた時の累積利得は，毎回協調した時のそれより少なくなくてはならない。経営者の利得は囚人のジレンマの関係にあり，$10+(-5)<5+5$ を満たす。
(10) Fudenberg and Tirole (1986, p.547) は，次節で考察するプレイヤーの情報が非対称な有限回繰返しにおいて，協調が成立する「フォーク定理」の条件についても考察している。また Bendor (1987) は，利得に確率分布を取り入れると，協調行動が成立しにくくなることを指摘している。

から彼の総獲得利得は最初の回の10だけとなる。ところが高品質企業を選択し続けた場合における総利益の現在価値が10以上すなわち割引係数δが1/2以上であれば，経営者が自主的に高品質企業の選択をとる可能性があり，投資家との相互信頼は監査を受けなくても永久に続く[11]。それは次の式で表される。

$$10 \leq 5(1+\delta+\delta^2\cdots) = \frac{5}{1-\delta} \Leftrightarrow \delta \geq 1/2$$

（3） Axelrodのコンピュータ・トーナメント

また Axelrod (1984) は[12]，「囚人のジレンマ」にある2人のプレイヤーが200回対戦を繰り返すコンピュータ・トーナメントを実施し，その中に協調関係が生まれることを示した。彼の実施した最初のトーナメントでは，心理学・経済学・政治学・数学・社会学の各分野の専門家から14のプログラムの参加があった。そして特に彼の2度目のトーナメントでは参加者を公募した結果，10歳のパソコン・マニアから情報工学・物理学・経済学・心理学・数学・社会学・政治学・進化生物学の大学教授まで6カ国62のプログラムの参加があった。

さらに2度目のトーナメントの参加者には，1度目のトーナメントの結果を資料として配付した。そしてこの2度のトーナメントでもっとも優秀な戦略は，2度とも「しっぺ返し」（tit for tat）というものであった。この戦略は，非常に単純なもので，最初はどんな相手に対しても協調を選択するが，次の回には前に相手がとった戦略とまったく同じものを選択するというものである。

---

(11) 加藤（1993b・1995）を参照されたい。なお製品の品質ゲームである Klein and Leffler (1981) と Shapiro (1983) を参考にした。この2つのモデルは，品質ノイズの要素を含めて分析した Allen and Faulhaber (1988) によって拡張され，品質ノイズが多いと消費者はメーカーを一律に不誠実とみなしてボイコットする点が指摘されている。Rotemberg (1991) は，取引が1回限りのスポット市場において品質ノイズが消費者の定着を妨げる可能性を指摘するが，消費者と長期契約を結ぶことが定着化を促進し，補助的な対策によって品質ノイズも防止できるとしている。

(12) Axelrod (1984), pp. 27-54.

「しっぺ返し」は必ずしもどの戦略に対しても最善とは限らない。そのことは，たとえば最初から最後まで裏切って来る相手には，こちらも最初から裏切り続けた方が良いということからも理解できる。またこのトーナメントには，人間のように相手の行動を理解しようとするプログラム，最初は相手の出方を見て，相手が馬鹿正直に協調し続けるなら，こちらは裏切るというプログラム「試し屋」(tester)，最初に協調を続けて相手と信頼関係を作り，後で時々裏切るという悪賢いプログラム「精神安定剤」(tranquilizer)も参加した。

その中で「しっぺ返し」が優勝したということは特筆すべきことであり，しかもこの戦略が協調を優先するプログラムであったことである。このトーナメントでは，裏切りを優先するプログラムは，余り芳しくない成績しかあげられなかった。また協調を優先すると言っても，上にあげた不寛容な「トリガー戦略」は最善の戦略ではなかった。

このトーナメント結果は，2人のプレイヤーを経営者と投資家とに置き換えることで，その取引の長さからそのまま，情報開示ゲームの無限期間モデルとして応用が可能である。そしてそれから得られる結論は，非常に重要な意味を持つ。つまり経営者と投資家がともに協調を選択して，監査の購買を必ずしも必要としなくなる場合が存在することを暗示するからである。

6 経営者のタイプの情報と情報開示ゲームの有限回繰返し

(1) ゲームの基礎的考察

図2-3において投資家は経営者のタイプについて次のような情報を持つとする。それは，$1-x$ の確率で「裏切り」という通常の有限期間モデルにおける均衡戦略をとる経営者がおり，x の確率で「しっぺ返し」のみを選択する経営者がいることである。このような場合に経営者と投資家がどのような戦略をとるのが最善であるかを，Kreps et al. (1982) のモデルを応用して検討していく。

すでに Axelrod (1984) のコンピュータ・トーナメントで触れたように，「し

っぺ返し」戦略は，投資家にとって海千山千の経営者の戦略にもっとも効果的に対処できるものである。この戦略は，最初はどのような相手に対しても協調を選択するが，その後は相手のとった行動とまったく同じ行動を次の期に選択するというものである。この仮定のもとに，図2-3のゲームの期間がなお n 期間残されている有限期間モデルを考える。なお割引変数 $\delta=1$ と考え，現在と将来の利得はまったく同じ比重を持つものとする。

通常の有限期間モデルでは投資家が経営者のとる戦略について何の情報も持たないため，相互裏切りが最後まで続く。しかしたとえ「しっぺ返し」を選択する経営者が x の確率でいても，投資家が直前の回に裏切れば次は必ず経営者に裏切られる。まず投資家が直前の回に投資を選択して協調した場合，この後に彼が受け取り可能な利得の下限は $5xn-5$ で表される。

なぜなら投資家が経営者に裏切られるまで投資を選択し協調を続け，1度裏切られたら2度と協調しない「トリガー戦略」をとった場合を考えてみるとよい。投資家は，この戦略をとることによって「しっぺ返し」戦略を選択する経営者に対して $5n$ を獲得し，裏切り続ける経営者に対しては最悪でも5の損失を被るに止まる。この時に獲得可能な利得は，$5xn-5(1-x) \geq 5xn-5$ となり，投資家が純粋に確率的に獲得可能な利得を下回り下限を構成する。

次に投資家が直前の回に投資を選択せず裏切った場合，この後に彼が受け取り可能な利得の下限を考える。この場合経営者は次の回に必ず裏切るため，次の次の回においても投資家は，経営者が「しっぺ返し」戦略をとるか否かを以前とまったく同じ確率 x で見積もる。そのため，投資家が投資を選択して協調しても失うものはその場限りの -5 に止まり，その後最低でも $5x(n-1)-5$ が受取り可能である。以上から投資家が受け取り可能な利得の下限は $5x(n-1)-10$ となる。経営者が「しっぺ返し」を選ぶとすると，少なくとも投資家の利得の下限に $-5-10=-15$ を加えた利得は獲得可能である。ゆえに経営者の獲得利得の下限は $5x(n-1)-25$ となる。

経営者が努力を選択せず裏切れば，投資家は投資を選択せず必ず裏切り返す。それゆえ両者が協調し合う場合とは，投資家が投資を選択して協調した時

に，経営者が必ず努力を選択して協調する条件を求めることである。投資家が投資を選択して協調した時，経営者が努力を選択せずに裏切れば，相手が最後まで裏切り続ける戦略をとると投資家は判断する。

この場合経営者は，その場で10を手に入れるが，その後の獲得利得はゼロとなるので，10が最大獲得可能利得である。経営者が努力を選択して協調すると，投資家に裏切られた場合には -5 となるが，その後は最低でも $5x(n-2)-25$ が獲得可能である。ゆえに $5x(n-2)-30>10$ の条件を満たす時，すなわち残りの回数 n が $(8+2x)/x$ を超える場合には，経営者は「しっぺ返し」を選択して協調した方が間違いなく賢明な選択になる。

つまり残りの期間 n が $1+(8+2x)/x$ あれば，経営者も投資家もその間協調を続けることになる。その期間の長さは，残りの期間 n とは全く無関係であり，むしろ「しっぺ返し」をとる経営者の割合に強く左右される。ここで $x=1$，$n=12$ とすると，経営者と投資家の間に裏切りが生じる可能性があるのは最後の1期間だけで，あとの期間は両者とも協調を続けると考えられる。

（2） モデルの一般化

投資家が経営者のタイプについて情報を持つ有限回繰返しゲームを，Kreps and Wilson (1982) および Milgrom and Roberts (1982) の有限期間参入阻止ゲームをもとに定式化する。ただし論点の核心を理解するために2期間モデル（$n=1,2$）による分析を行った。この分析は Tirole (1988) の製品の品質ゲームに基づいたものである[13]。なお便宜上投資家も経営者も，相手のとった行動を，第1期の終了時点で即座に知ることができ，第2期の行動を決める参考にするとする。

図2-3の情報開示ゲームでは投資家も経営者も，お互いがどのようなタイプに属しているかについて何の情報もないというのが前提であった。しかしここでは投資家は，少なくとも x_1 の確率で努力（e）を選択する誠実な経営者がお

---

(13) Tirole (1988, pp. 123-126)。なお加藤 (1994 b) も参照されたい。

り，$1-x_1$ の確率で努力を選択しない不誠実な経営者がいると認識しているとする。経営者が，実際に努力を選択したか否かは，投資家にとって第1期が終わってみないと分からない。また経営者は，投資家のタイプについて相変わらず何の情報も持っていない。ただし誠実な経営者は常に努力を選択し，不誠実な経営者はこの期間における利益の最大化のみを考えるので，第2期には常に努力しないを選択することが予想される。

不誠実な経営者は，第1期に投資家の期待に反して努力しないを選択するとそのコスト5が節約可能になる。しかしその結果投資家は，この経営者が不誠実で第2期にも努力しないを選択すると判断する。このため投資家はもはやこの企業に対して投資せず，第2期における経営者の利得はゼロとなる。

これとは逆に不誠実な経営者は，第1期に努力を選択して，第2期には努力を選択せずに最大 10δ の利得を獲得可能である。それは，投資家が彼を誠実な経営者と評価し，第2期にもその企業を価格 $p=10$ で買おうとするからである。なお δ は1期後の利得の現在価値を表す割引係数である（$0<\delta\leq1$）。ここで $5>10\delta$ なら，不誠実な経営者は第1期から努力を選択しない戦略が支配的となり，投資家の企業に対する予想提示額は $p=10x_1$ である。

逆に $5<10\delta$ であるなら，不誠実な経営者は努力を選択して誠実な経営者という評判を立てた方が有利である。このため不誠実な経営者も最初の期間には誠実な経営者の真似をして努力を選択する。誠実な経営者も不誠実な経営者も努力を選択した場合には，企業の品質を見るだけでは経営者のタイプを見分けることはできない。

第1期における企業の品質が，投資家に何も新しい情報を与えないとすると，第2期においても投資家は，第1期と同じ確率 x_1 で不誠実な経営者の割合を評価する。このため $5<10\delta x_1$ であれば，不誠実な経営者も第1期には努力を選択してくることになる。ただし彼は，第2期にその仮面をはがしその本性を現す。投資家もそのことは分かっており，これが $10\delta x_1$ に反映される。

$10\delta<5<10\delta x_1$ の場合には，第1期に不誠実な経営者が努力を選択するか否かは不特定になる。ここで不誠実な経営者が努力を選択する確率を θ とする。

ベイズの公式から，第1期に投資した企業が高品質になった場合に，投資家が経営者を誠実であると見積もる事後確率は $x_2 = x_1/[x_1+(1-x_1)\theta]$ である。努力の選択が不特定になるためには $5=10\delta x_2$ であればよい。ゆえに $\theta = x_1(2\delta-1)/(1-x_1)$ となる。2期間モデルでは誠実な経営者の割合が小さいと，θ が小さくなり不誠実な経営者が努力を選択しない可能性が無視できない。しかしそうでなければ，不誠実な経営者も努力を選択することが理解できる。この傾向は割引係数 δ が1に近づけば，さらにはっきりしたものになる。

この2期間モデルは，n 期間モデルとして一般化が可能であり，その均衡条件も，上と同様な論理を用いて求めることができる[14]。一般に n が十分に長く割引係数 δ が1に近いと，誠実なタイプの経営者の割合 x_1 が少しでもあれば最初のうちはかなり長く不誠実な経営者も，誠実な経営者同様に企業を高品質にしようと努力を選択する。しかしその後努力を選択し続けるか努力を回避するかどちらの可能性も考えられるようになり，一端努力を回避するとそのまま最後まで回避続ける。

7　情報開示ゲームと日本における資本市場

有限回・無限回繰返しの情報開示ゲームにおいて，経営者と投資家に自然に信頼関係が発生する可能性があることは，例えば日本の資本市場について次のような解釈を可能にする。日本企業における株式の持ち合いは，経営者と投資家の緊密な関係の維持を意図している。これは，たとえ毎期ごとに現実の株式の売買がなくとも，経営者と投資家がゴーイング・コンサーンという無限回繰返しゲームにおいて常に相互協調を選択しているのに等しい。その場合当然監査の需要は希薄になる。日本において会計監査制度の有効性が常に疑問視されたのはこのような点に起因するのかもしれない。株式の持ち合いの解消が，監査制度の有効性を再認識させつつあるのも同様な理由からと考えられる。

---

[14]　n 期間モデルの証明は上記2つのオリジナル論文より，Tirole (1988, pp. 128-129) の証明がより理解しやすい。

また情報開示ゲームにおいて，取引が長く続くと考えられる有限回繰返しゲームでは，経営者と投資家の間に信頼関係が生まれる可能性も無視できない[15]。特に少数の誠実な経営者の存在が，投資家との間に協調関係を生み出す可能性は，少数のエリート企業を上場企業として，資本市場の信頼性を高めようとした制度的枠組み作りに生かされている。市場におけるこのような評判の効果については多数の研究があり[16]，のちに述べる実験市場において[17]明らかな影響力を持つことが確認できる。

さらに有限回繰返しゲームに見られるこのような協調関係も，取引が残り少

---

(15) Dawkins (1989, pp. 231-233) によれば，生物にも同様な行動が見られる。吸血こうもりは，吸ってきた血を吐き出して他のこうもりに分け与える不思議な行動をする。調査によると，このような利他主義的行動はほとんど全て，同じ洞窟に住み取引が長く続いているこうもり同士の間で発生した。また Axelrod (1984, p. 178) は，同様な行動が人間の日常生活にも見られるとし，大リーグの審判の逸話を紹介している。この審判には不調な日があり，その日にはストライクとボールの区別がつけられなくなった。審判は，キャッチャーが信頼できる選手の時にはそっと次のように頼んだ。ストライクの時にはミットをちょっと動かさずに静止させ，ボールの時にはすぐにピッチャーに投げ返してくれ。審判との長いつきあいを考えて，この取引を悪用するキャッチャーは1人もいなかった。1度だけピッチャーがキャッチャーの（隠れた）判定に不服を言ったことがあっただけである。

(16) この分析は Fudenberg and Levine (1989・1992・1998, pp. 261-263)・Schmidt (1993) により拡張化が図られた。また Cripps et al.(2004) によれば，長期間評判の効果が維持されるためには，相手のタイプに対する不確実性を常に作り出していく必要があるとする。また具体的な応用例として，企業が買収により取得した評判を，どのような場合に維持し高めようとするかを分析した Mailath and Samuelson (2001)，ランダムマッチング・ゲーム方式により，評判という看板がどのような世代的影響を与えるかを分析した Tadelis (2002)，大修理は儲け主義という悪評の発生を防ぐため，簡易修理に終始してしまう修理工の行動を分析した Ely and Välimäki (2003) など幅広いテーマで応用されている。

(17) Andreoni and Miller (1993) は，Kreps, et al.(1982) のモデルを実験的に検証している。実験では協調を選択して評判を重視するコンピュータ・プレイヤーの割合を変えて人間のプレイヤーとゲームをさせており，その実験結果は理論モデルとの強い整合性を示している。

(18) Axelrod (1984, pp 103-104) によれば，このことは生物の行動にも見られる。普段は有益でさえある腸内バクテリアが，宿主の人間の病気や老齢によって突然裏切りを始め生命を脅かしたり，老齢になると癌ウイルスの裏切りによって癌の発症が高まったり，高齢出産の際に染色体が裏切り「ダウン症候群」の発生が高まる例などがあげられている。

なくなると消滅していく。このことは，粉飾決算という経営者の裏切りがほとんど経営の悪化した企業で発生し，企業の寿命のカウント・ダウンが始まった時期に集中することに表れている[18]。

第3章

監査のシグナリング・ゲーム

1 監査のシグナリング機能

　第2章の図2-3における情報開示ゲームにおいては，経営者が企業の品質に関して持っている情報を投資家に伝達する手段はない。そのために経営者と投資家の裏切り合いが発生し，市場は努力を選択しない不誠実な経営者と投資をボイコットする投資家で溢れてしまう。もし市場に，経営者が自主的に監査を買って企業の品質を投資家に伝達できれば，このような現象を防ぐことができるかもしれない。

　監査を買うことが，努力を選択した誠実な経営者であるというシグナルになる可能性である。監査を買う時のコストが経営者の誠実な行動を引き出す人質として機能するのである。しかし監査が常に正しく企業の品質を評価できるとするのは，幾多の粉飾決算事件で監査が無力であったことを考えると現実的ではない。監査が完璧ではないとすると，不誠実な経営者が監査を買って誠実な経営者のふりをする可能性を排除できない。

　労働市場の学歴を例にとってシグナリング機能を最初に分析したものがSpence (1973) である。監査のシグナリング機能の分析は，Datar et al. (1991) が新規上場企業における監査の役割と監査の品質について，モデル分析をしたものが代表的な例である[1]。ここで展開するモデルは，Wallin (1992) のモデルをヒントにしているが[2]次の点で大きく異なる。それは監査報告における

---

(1) Christensen and Feltham (2003, pp. 492-494) にも監査済み財務諸表のシグナリング効果の分析がある。

誤謬の可能性を考慮した点である。監査の購買が誠実な経営者を示すシグナルであるためには，不誠実な経営者が監査を買う時のコストが誠実な経営者が監査を買う時より相対的に割高にならなければならない[3]。この条件が満たされるかを決定するのが正しい監査報告の確率である。

なおモデルの拡張では，Wallin (1992) と同様に，経営者が把握できない環境の変化の要素も考慮した。ただしモデルは，監査報告書の報告内容ではなく，監査を買う行為そのものが誠実性のシグナルとなるとして作られている。これは，日本における上場企業の監査報告書が画一的に無限定適正意見となり[4]，報告書の内容より監査を受けていることのみが重視されていることに対応している。また経営者には完全に努力回避的な者と機会主義者がいるとした。

2 基本モデル

(1) 分離型均衡

設定は図2-3の情報開示ゲームと同じであるが，経営者は監査を自主的に買えるとした。ただし経営者は，そのコスト1を自ら負担しなければならない。監査を買うか否かは任意であり，経営者は監査を買わないという選択も可能である。監査が買える市場では，投資家は経営者が監査を買ったか否かとその監査結果を即座に知ることができる。投資家の投資意思決定は，監査結果を知った後に行われる。なおゲームでは監査は完璧でなく，1/10の確率で高品質企業を低品質企業または低品質企業を高品質企業と見誤るとする。

監査が購買可能な市場における経営者と投資家の状況は，図3-1のような監

---

(2) 加藤 (1993・1994 b・1995) を参照されたい。
(3) モデルについては加藤 (2001 d・2003 acd・2004 b) と Kato (2004・2005) を参照されたい。なおモデルの作成については Cho and Kreps (1987)・Fudenburg and Tirole (1991, pp. 446-460)・Binmore (1992, pp. 454-467 and pp. 541-544)・梶井・松井 (2000, 73-94頁) も参考にした。
(4) 従来の監査基準では，企業に重要な会計方針の変更があると全て自動的に継続性違反となり，2号限定意見が付されていた。しかし新監査基準に移行した2003年4月期の上場企業の監査からは限定意見は皆無となり，全て無限定適正意見が表明されている。

図 3-1 監査のシグナリング・ゲーム（分離型均衡）

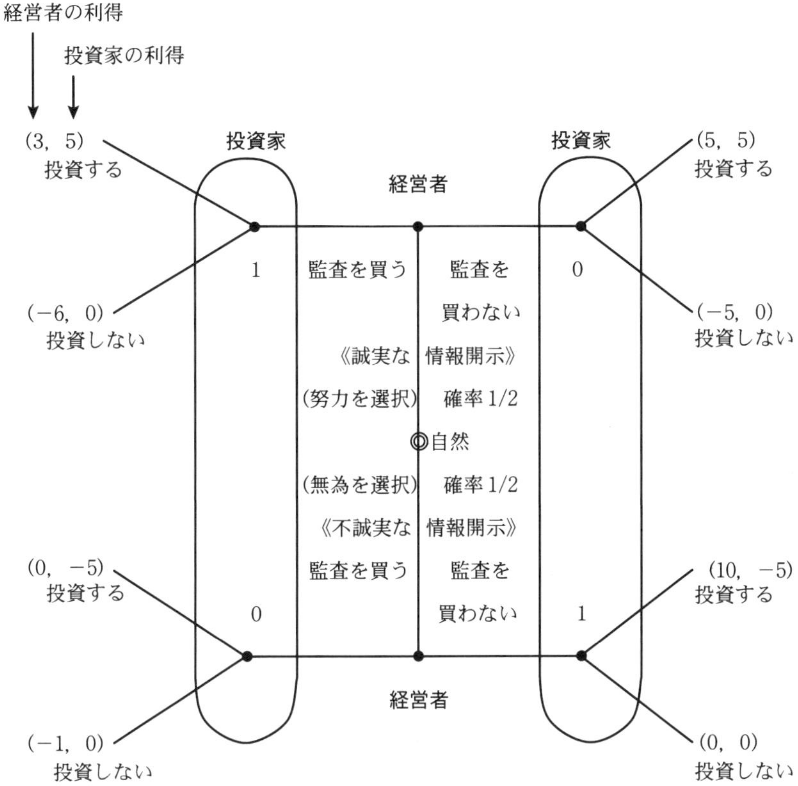

経営者の利得
投資家の利得

(3, 5) 投資する
(−6, 0) 投資しない
(0, −5) 投資する
(−1, 0) 投資しない

(5, 5) 投資する
(−5, 0) 投資しない
(10, −5) 投資する
(0, 0) 投資しない

投資家　経営者　投資家
1　監査を買う　監査を買わない　0
《誠実な情報開示》
（努力を選択）　確率1/2
◎自然
（無為を選択）　確率1/2
《不誠実な情報開示》
監査を買う　監査を買わない
0　　　　　　　　　　　1
経営者

査のシグナリング・ゲームとして表すことができる。投資家は，経営者が努力を選択し誠実な情報開示をしたか，努力を選択せずに不誠実な情報開示をしたかを判別することはできない。図3-1の楕円で囲った情報集合がそのことを表し，その中では投資家は同じ行動をとらなければならない。

　ノイズがなく監査が完璧であれば，努力を選択し誠実な情報開示を行い監査を買った経営者は必ず投資家によって投資されるであろう。この場合経営者の獲得報酬は $10−5−1=4$ である。ところが監査は $1/10$ の確率で誤りを犯し，たとえ高品質企業であっても，低品質企業という監査結果を投資家に知らせてしまう。その場合投資家は投資をしないと予想されるため，努力のコスト5と

監査のコスト1は無駄になる。以上から経営者の期待獲得報酬は$4\times0.9-6\times0.1=3$となる。

また監査が完璧であれば，努力をせずに不誠実な情報開示をした経営者が監査を買っても，監査結果は常に低品質となる。この場合投資家は投資しないので監査コスト1が常に無駄になる。ところがここでは監査は1/10の確率で誤りを犯し，低品質企業であるのに高品質企業という監査結果を投資家に知らせてしまう。投資家がそれを信じて投資すると，不誠実な経営者は$10-0-1=9$をポケットに収めることができる。ゆえに不誠実な経営者が監査を買った時の期待獲得報酬は$(-1)\times0.9+9\times0.1=0$となる。

さて監査を買うことによって，経営者の情報公開の誠実性を判断できる状況が図3-1のゲームで記述できているかを検討したい。言い換えると，次の2つの条件を同時に満たすことが証明できればよいことになる。まず投資家は，監査を買った経営者が経営する企業に投資し，監査を買わない経営者が経営する企業には投資しないという戦略をとっている必要がある。次に経営者は，努力を選択し誠実な情報開示をしている場合には監査を買い，努力を回避し不誠実な情報開示をしている場合には監査を買わないという戦略をとっていることである。

そこで仮に投資家の戦略を楕円で囲んだ右の情報集合では投資しない，左の情報集合では投資するとする。この戦略に対して経営者は，上の節では監査を買った方が監査を買わないよりも良い行動である。下の節では監査を買っても買わなくても利得はゼロであるから，監査を買わないことが最適行動の一つである。ゆえに経営者の戦略として，誠実な情報開示をする経営者は監査を買い，不誠実な情報開示をする経営者は監査を買わないというのは，投資家の戦略への最適な反応といえる。

次に投資家の方は経営者の戦略に最適に反応しているかを検討する。そのためには，情報集合の中の節に合理的な確率の見積りを考慮する必要がある。経営者の戦略からすると，もし監査を買っていれば，この経営者は当然誠実な情報開示をしているはずであるから，左側の情報集合では上の節に確率1を割り

振るのが合理的である。監査を買っていない経営者は不誠実な情報開示をしているはずであるから，右側の情報集合では下の節を確率1に見積るのが合理的である。

投資家は左側の情報集合では，上の節にいると信じているため，投資すれば獲得報酬は5，投資しなければゼロと考えているはずである。そのため投資するのが最善である。逆に右側では下の節にいると信じているため，投資しないが最善となる。ゆえに上に示した2つの条件を満たした戦略の組がナッシュ均衡を構成していることが確認できる。今検討した均衡は，片方のプレイヤーが選択する観察可能な行動から，自分だけが知っていた情報の内容が，相手プレイヤーにわかるタイプである。これは分離型均衡（separating equilibrium）と呼ばれる。

(2) 混在型均衡

しかし図3-2の場合のように，誠実な情報開示をしている経営者も不誠実な情報開示をしている経営者も監査を買ってしまう状況も均衡状態として考えられる。投資家は，分離型均衡と同様の戦略をとるが，経営者は上の節でも下の節でも監査を買う行動をとるとする。もともと経営者は，下の節では監査を買っても買わなくても利得は変わらなかったので，これも投資家に対する最適な反応となっている。

企業の方をみると，右の情報集合では，分離型均衡と同様に，経営者は不誠実な情報開示をすると信じてもよい。しかし左側の情報集合では，どの経営者も監査を買う以上，誠実な情報開示がされると判断するのは合理的ではない。監査を買ったか否かで判別できないので，上下の節の合理的な確率の見積りは1/2になる。この場合投資をしたときの獲得報酬は，上の節にいるなら5で下の節にいるなら−5であり，平均利得はゼロとなる。投資をしなかったときの利得はいずれにせよゼロである。

つまり投資するは最適戦略の一つである。ゆえにどの経営者も監査を買う戦略をとる時には，投資家も投資するという戦略は最適反応となっておりナッシ

図 3-2 監査のシグナリング・ゲーム（混在型均衡）

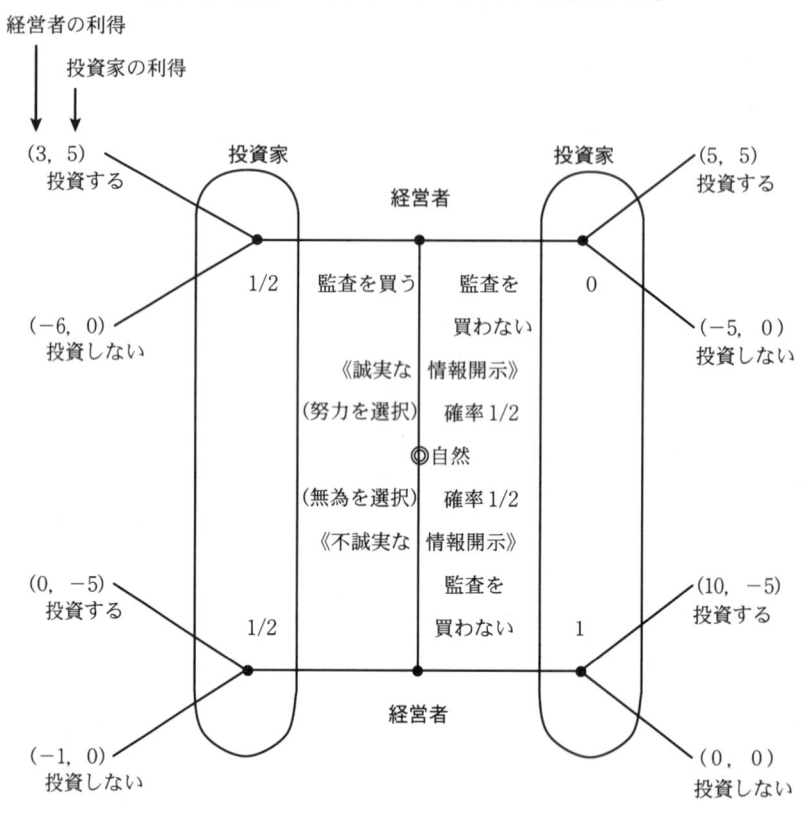

経営者の利得
投資家の利得

(3, 5) 投資する
(−6, 0) 投資しない
(5, 5) 投資する
(−5, 0) 投資しない

投資家　経営者　投資家

1/2　監査を買う　監査を買わない　0
《誠実な》情報開示》
（努力を選択）確率 1/2
◎自然
（無為を選択）確率 1/2
《不誠実な》情報開示》
1/2　　　　　　監査を買わない　1

(0, −5) 投資する
(−1, 0) 投資しない
(10, −5) 投資する
(0, 0) 投資しない

経営者

ュ均衡の条件を満たしている。しかしこれは，相手に情報内容がわからないような均衡であり，混在型均衡（pooling equilibrium）と呼ばれる。この場合混在型均衡をどうしても避けたいなら，監査が誤る確率を 1/10 よりほんの少しだけ上げてやればよい。このシグナリング・ゲームは，取引が 1 回限りの場合のみを前提としている。そのため取引が複数回繰返される場合に厳密に当てはめることはできないが，一定の判断基準を示すことができると考えている。

3 モデルの拡張

(1) 保守的な監査戦略がとられない場合にシグナリングが成立する条件
① 保守的な監査戦略と保守的でない監査戦略

ここでは設定はほぼ同様にして基本的モデルを拡張した。経営者が努力を選択するコストを5とおき、努力を選択しなかった時にはこのコストはゼロである。経営者が努力を選択した時に企業が高品質になり、経営者が努力を選択しない時に企業が低品質になる確率を α とおいた。言い換えれば α は経営者の意図通りのことが企業の品質に発生する確率である。

経営者が監査を買う時に払うコストを C とおき、監査が正しい報告をする確率を β で示した。これは企業が高品質の時に正しく投資家に高品質と報告し、低品質の時には正しく低品質と報告する確率である。ここでは、監査は高品質企業を低品質企業と誤る可能性 $1-\beta$ も考慮されている。これは、従来の保守的な監査戦略とは一線を画する。しかし King and Schwartz (1998)[5] は、保証業務までを視野に入れた場合このような監査戦略の重要性を指摘している。

従来の保守的な監査戦略とは、利益の過少表示より過大表示の指摘を優先する立場である。この立場に立つと逆粉飾の摘発はほとんど重要視されない[6]。ただし Antle and Nalebuff (1991)[7] は、監査人が高品質企業を低品質企業と見誤った場合、企業がそれに抗議して監査の拡大を求める。そのため、一般にこのような誤謬は起きにくいとしている。高品質企業を低品質と見誤る可能性を排除し、低品質企業を高品質企業と誤って報告する確率のみを $1-\beta$ とした保守的な監査戦略については次で検討する。

---

(5)　King and Schwartz (1998), p. 12.
(6)　Devine (1963), pp. 128-131.
(7)　Antle and Nalebuff (1991), p. 32.

② 半顕在化均衡

最初に努力を選択しない不誠実な経営者が監査を買わなくなり始める分岐点を求める。これは，不誠実な経営者が監査を買う確率が1である混在型均衡と区別して半顕在化均衡（semi-revealing equilibrium）と呼ぶ。半顕在化均衡領域では経営者が努力を選択すれば，その期待利得は努力を選択しないときより必ず高くなる。そのため完全に努力回避的な経営者以外は努力を選択して監査を買うと考えられる。しかし完全に努力回避的な経営者はなお監査を買うために，監査の購買だけでは経営者の誠実性を見分けることはできない。

投資家の提示価格は $p=10$ で表され，企業に投資するときには常にこの価格を提示してくるか，投資しない（$p=0$）かのいずれかである。また企業が高品質であった場合の清算価値を15，低品質であった場合の清算価値を5とおく。投資家は投資した企業が高品質であれば，転売により投資価格10を差引いた5を獲得できる。ところが投資した企業が低品質であれば，転売により5しか獲得できないので5の損失を被る。なお α と β で表されるパラメータは $[0,1]$ の間で一様に分布しているとする。この場合の経営者と投資家のすべての戦略と利得は図3-3に示されている。

経営者が努力を選択して監査を購買した時の期待利得は次のように求められる。経営者が努力を選択しても企業が高品質になる確率は α である。経営者が監査を買うと β の確率で $5-C$ を獲得できる。ところが $1-\beta$ の確率で低品質企業という監査結果を得るため，投資家は投資せず努力と監査のコスト $5+C$ が全て無駄になる。一方経営者が努力を選択しても，$1-\alpha$ の確率で低品質企業になり，経営者は監査を買っているのでやはり $5+C$ が無駄になる。ところが $1-\beta$ の確率で監査は低品質企業を高品質企業と報告してしまう。この場合投資家は誤って投資してしまうことが期待される。これを式で表すと下のようになる。

$$(3\text{-}1) \quad \prod_{e=5}^{1} = \alpha\beta(5-C) - \alpha(1-\beta)(5+C) - (1-\alpha)\beta(5+C) + (1-\alpha)(1-\beta)(5-C)$$

図 3-3 保守的な監査戦略をとらない場合における経営者と投資家の選択可能な戦略

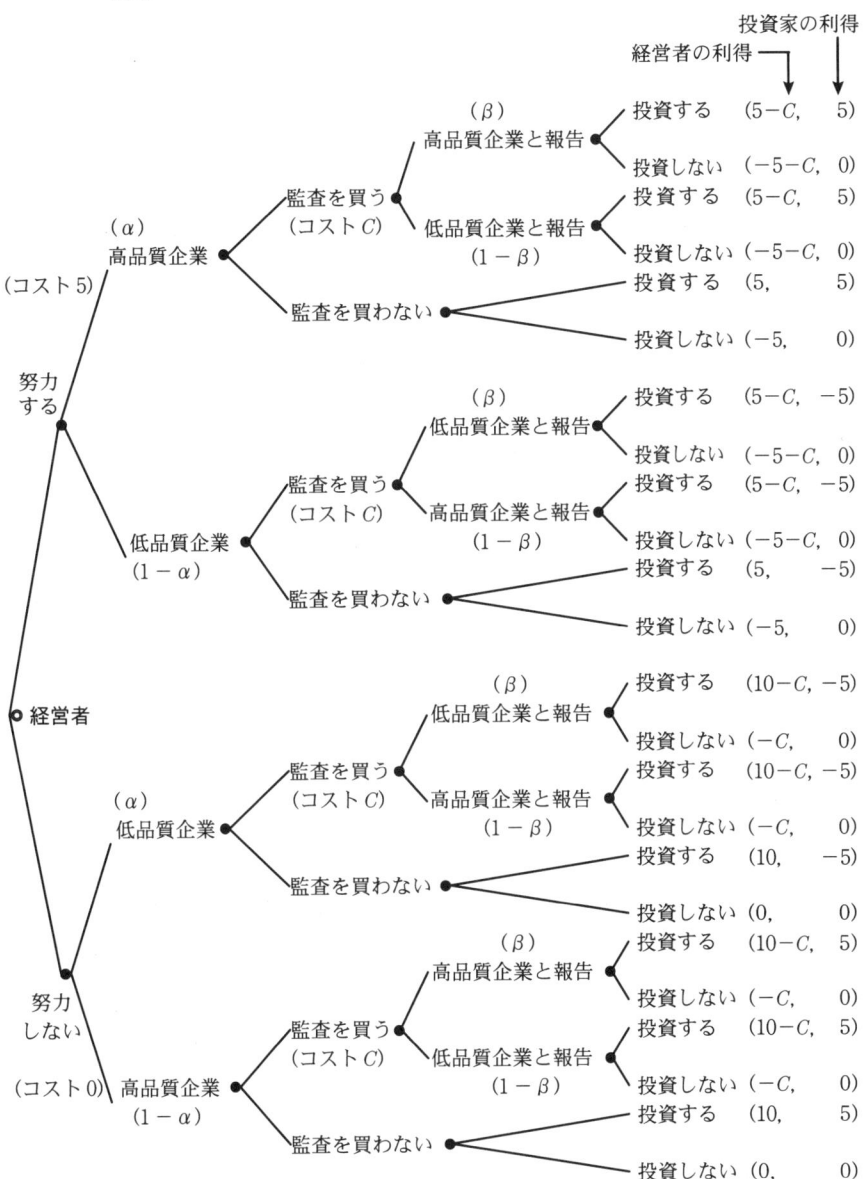

                                                                        投資家の利得
                                                        経営者の利得

                                                (β)   投資する   (5−C, 5)
                                            高品質企業と報告
                                                                  投資しない (−5−C, 0)
                                監査を買う   投資する   (5−C, 5)
                                (コストC)   低品質企業と報告
                    (α)   (1−β)   投資しない (−5−C, 0)
                    高品質企業   投資する   (5,   5)
                                監査を買わない
(コスト5)   投資しない (−5,   0)
努力
する   (β)   投資する   (5−C, −5)
                                            低品質企業と報告
                                                                  投資しない (−5−C, 0)
                                監査を買う   投資する   (5−C, −5)
                                (コストC)   高品質企業と報告
                    低品質企業   (1−β)   投資しない (−5−C, 0)
                    (1−α)   投資する   (5,   −5)
                                監査を買わない
                                                                  投資しない (−5,   0)

○ 経営者   (β)   投資する   (10−C, −5)
                                            低品質企業と報告
                                                                  投資しない (−C,   0)
                                監査を買う   投資する   (10−C, −5)
                                (コストC)   高品質企業と報告
                    (α)   (1−β)   投資しない (−C,   0)
                    低品質企業   投資する   (10,   −5)
                                監査を買わない
                                                                  投資しない (0,   0)
努力
しない   (β)   投資する   (10−C, 5)
                                            高品質企業と報告
                                                                  投資しない (−C,   0)
(コスト0)   監査を買う   投資する   (10−C, 5)
                                (コストC)   低品質企業と報告
                    高品質企業   (1−β)   投資しない (−C,   0)
                    (1−α)   投資する   (10,   5)
                                監査を買わない
                                                                  投資しない (0,   0)

逆に努力を選択せずに監査を買った不誠実な経営者の期待利得は次のように求められる。経営者が努力を選択しない場合には α の確率で低品質企業となる。この場合に監査を買うと β の確率で低品質企業と報告されるため，投資家が投資せず監査のコスト C が無駄になる。ところが $1-\beta$ の確率で高品質企業という誤った報告をする可能性があり，この場合投資家が投資してしまうので $10-C$ を獲得できる。

一方 $1-\alpha$ の確率で経営者が努力を選択しなくても，高品質企業になる可能性がある。監査を買っていると β の確率で高品質企業と報告されるので，投資家は投資し $10-C$ を獲得できる。ところが $1-\beta$ の確率で高品質企業を低品質企業と報告するために，投資家が投資せず監査のコスト C が無駄になる。これを式で表すと下のようになる。

$$(3\text{-}2) \quad \prod\nolimits_{e=0}^{1} = -\alpha\beta C + \alpha(1-\beta)(10-C) + (1-\alpha)\beta(10-C) - (1-\alpha)(1-\beta)C$$

努力を選択しない経営者がすべて監査を買わないようにするためには，少なくとも次の条件が満たされなければならない。つまり努力を選択して監査を買った誠実な経営者の期待利得が，努力を選択せずに監査を買った不誠実な経営者の期待利得と同じかそれ以上であることである。

$$(3\text{-}3) \quad \prod\nolimits_{e=5}^{1} \geq \prod\nolimits_{e=0}^{1}$$

なお (3-3) の条件が満たされれば，努力を選択しない不誠実な経営者も全て監査を買ってしまうという混在型均衡を少なくとも避けることができる。また投資家が監査の購買を目当てに投資行動を決めるとすると，経営者が努力さえ選択すればその期待利得は，努力を選択しない時より確実に高くなる。このため (3-3) の条件を求めることは，誘引両立制約 (incentive compatibility constraint) または自己選択制約 (self-selection constraint) を求めることにほかならない。ところが完全に努力回避的な経営者はなお監査を買い続けるため，分離型均衡は実現せず半顕在化均衡と呼ばれる。(3-3) 式をまとめると具体的に次

のような条件が求められる。

$$(3\text{-}4) \quad \frac{1}{4} \geq \alpha + \beta - 2\alpha\beta \Leftrightarrow \alpha \geq \frac{1}{2} + \frac{\frac{1}{8}}{\beta - \frac{1}{2}}$$

これは，$\alpha=1/2$ と $\beta=1/2$ を漸近線とする双曲線と $\alpha=1$ と $\beta=1$ の直線で囲まれる部分を示す（$0 \leq \alpha \leq 1, 0 \leq \beta \leq 1$）。漸近線は $\alpha=1$ の時に $\beta=3/4$，$\beta=1$ の時に $\alpha=3/4$ を通り，図 3-4 の太線で表されている。図からも分かるように，経営者が努力を選択した時に，意図通りに高品質企業が実現する確率（α）が 3/4 を割ると（3-3）の条件はいずれの場合にも成立しなくなる。そのことは監査が正しい報告をする確率（β）が 3/4 を割った時にも言える。これらのことから，$1-\alpha$ と $1-\beta$ で表されるノイズが大きくなると，混在型均衡の領域に入ってしまい，努力を選択しない不誠実な経営者も監査を買ってしまうことが理解できる。

図 3-4　保守的な監査戦略がとられない場合における半顕在化均衡と分離型均衡の条件

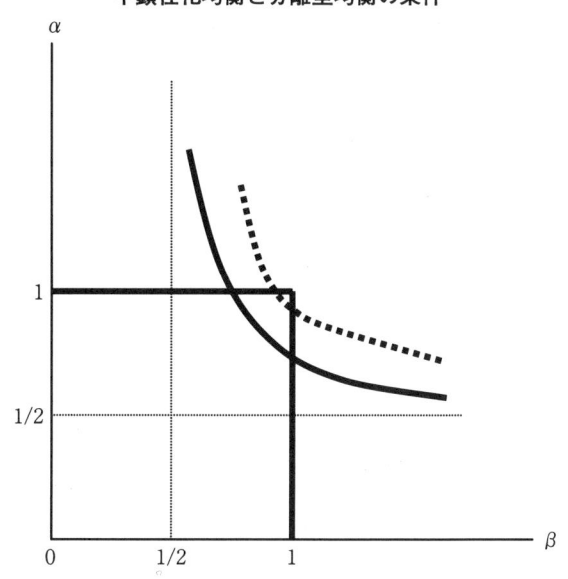

具体的にいえば，$\alpha<3/4$ になると監査が正しい報告をする確率が1であっても，経営者は努力を選択しない不誠実な行動をとった方が得になる。監査が正しい報告をする確率が低下し $\beta<3/4$ となっても同様のことが言える。α が比較的小さく 3/4 を少し超える程度では，監査が正しい報告をする確率はかなり1に近くなければならない。またこれらの現象は，監査のコスト C の大小とはまったく関係ない[8]。

③ 分 離 型 均 衡

完全に努力回避的な経営者はもはや監査を買わず，努力を選択した経営者だけが監査を買う分離型均衡について検討する。すでに $\alpha=1$ とした基本モデルにおいて監査が正しい報告をする確率が9/10を上回れば，分離型均衡が成立することが指摘されている。一般に分離型均衡が成立するためには，経営者が努力を選択せずに監査を買い投資家が投資した時の期待利得が，監査を買わなかったために投資家が投資しなかった時の期待利得を下回ればよい。経営者が努力を選択せず監査も買わず投資家も投資しなかった時の利得はゼロである。ゆえに (3-2) から次のことが成立すればよい。

$$(3\text{-}5) \quad \prod_{e=0}^{1} \leq 0$$

この式をまとめると次のようになる。

---

[8] ここでの議論は，どの程度の認識のずれが相手とコミュニケーションをとるうえで許容されるかを考察した Crawford and Sobel (1982) や Dessein (2002) のモデルの議論と一致する。彼らのモデルは「空約束」(cheap talk) モデルと呼ばれる。一般に「空約束」が効果を発揮するためには，次の3つの条件が必要とされる (Gibbons 1992, p. 211)。それは，(1) シグナルの送り手によって，受け手の行動に対する選好性が異なり，(2) シグナルの受け手の選好性が，送り手のタイプに左右され，(3) シグナルの送り手の行動に関する受け手の選好性が，送り手の利害に完全に反していないことである。ここで示した監査のシグナリング・ゲームでは，シグナルの送り手の経営者がすべて一律に，受け手の投資家の行動に対して同じ選好性を持つ。経営者は，常に監査を買って努力を選択する誠実なタイプに見せたいという設定である。それゆえに上の「空約束」モデルの議論がそのまま当てはまるわけではない。しかし「空約束」モデルでは，シグナリングが機能しないにもかかわらず，なぜ送り手から受け手へ情報が伝達されることがあるかが分析の焦点となる。そして情報が伝達される状況とは，ここで示されている半顕在化均衡と非常に類似したものに他ならない。

$$(3\text{-}6) \quad \alpha \geq \frac{1}{2} + \frac{\frac{5-C}{20}}{\beta - \frac{1}{2}} \Leftrightarrow C \geq 10(\alpha + \beta) - 20\alpha\beta$$

上の左式は分離型均衡が成立するための条件を示すものであり，$\alpha=1/2$ と $\beta=1/2$ を漸近線とする双曲線と $\alpha=1$ と $\beta=1$ の直線で囲まれる部分を示す ($0 \leq \alpha \leq 1, 0 \leq \beta \leq 1$)。この範囲は C の値にも依存する。なお上の右式は，個人合理性制約 (individual rationality constraint) または参加制約 (participation constraint) を示す C の範囲を示したものでもある。参加制約または個人合理性制約とは，このゲームでは完全に努力回避的な経営者の期待利得は少なくともゼロ以上である必要がある。さもないと，このタイプの経営者がゲームに参加する意欲が失われてしまう。$C=1$ とすると，漸近線は $\alpha=1$ の時に $\beta=9/10$ と $\beta=1$ の時に $\alpha=9/10$ を通り，図3-4の太い点線で表されたようになる。

(2) 保守的な監査戦略がとられた場合にシグナリングが成立する条件
① 半顕在化均衡

次に保守的な監査戦略がとられた時における半顕在化均衡について検討する。ここで保守的な監査戦略とは，監査が正しく報告する確率 β について，高品質企業は常に高品質企業と報告するとして ($\beta=1$)，低品質企業を高品質企業とする確率のみが $1-\beta$ の場合を指す。この場合の経営者と投資家のすべての戦略と利得は図3-5に示されている。

経営者が努力を選択して，監査を買った場合の期待利得は次のように求められる。努力を選択した場合には α の確率で高品質企業が実現し，監査を買うとすべて高品質企業と正しく報告することが期待される。その結果 $5-C$ を獲得できる。しかし逆に $1-\alpha$ の確率で低品質企業が実現してしまい，監査を購買すると β の確率で低品質企業という報告がされる。この場合投資家は投資をしないので努力と監査のコスト $5+C$ が無駄になる。ところが監査は $1-\beta$ の確率で低品質企業を高品質企業と報告する。投資家は誤って投資してしまう

図 3-5　保守的な監査戦略をとる場合における経営者と投資家の選択可能な戦略

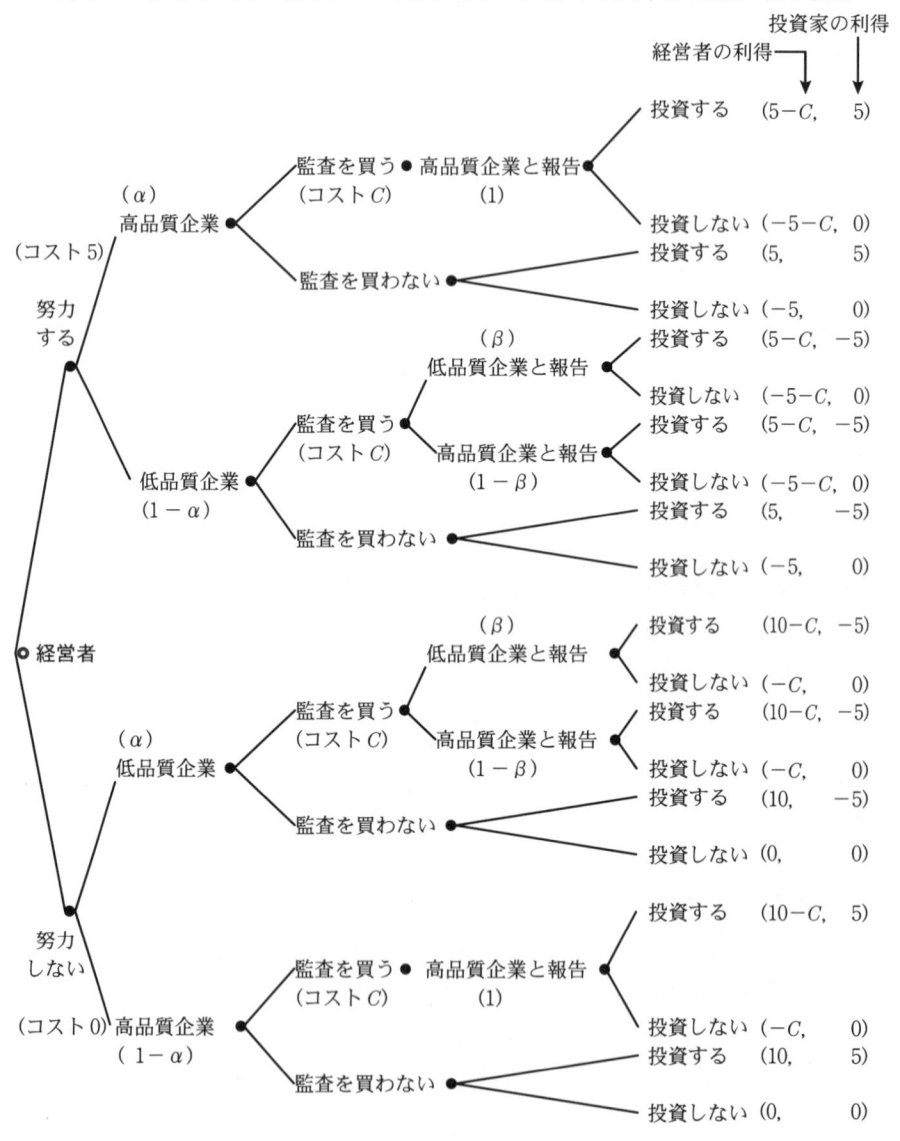

```
                                                                            経営者の利得┐  ┌投資家の利得
                                                                投資する      (5−C,      5)
                            監査を買う●高品質企業と報告●
                            (コストC)        (1)
            (α)                                                 投資しない    (−5−C,    0)
            高品質企業●                                          投資する      (5,        5)
                            監査を買わない●
(コスト5)                                                        投資しない    (−5,       0)
努力する                                 (β)                     投資する      (5−C,    −5)
                                        低品質企業と報告
                                                                投資しない    (−5−C,    0)
                            監査を買う●                          投資する      (5−C,    −5)
            低品質企業●    (コストC)    高品質企業と報告●
            (1−α)                        (1−β)                  投資しない    (−5−C,    0)
                                                                投資する      (5,       −5)
                            監査を買わない●
                                                                投資しない    (−5,       0)
●経営者
                                        (β)                     投資する      (10−C,   −5)
                                        低品質企業と報告
                                                                投資しない    (−C,       0)
                            監査を買う●                          投資する      (10−C,   −5)
            (α)            (コストC)    高品質企業と報告●
            低品質企業●                  (1−β)                  投資しない    (−C,       0)
                                                                投資する      (10,      −5)
                            監査を買わない●
努力                                                            投資しない    (0,        0)
しない
                                                                投資する      (10−C,     5)
                            監査を買う●  高品質企業と報告
(コスト0) 高品質企業●      (コストC)         (1)
        (1−α)                                                   投資しない    (−C,       0)
                                                                投資する      (10,       5)
                            監査を買わない●
                                                                投資しない    (0,        0)
```

ので，経営者がいずれにせよ $5-C$ を獲得できる。これを式で表すと下のようになる。

(3-7) 　$\Pi^2_{e=5} = \alpha(5-C) - (1-\alpha)\beta(5+C) + (1-\alpha)(1-\beta)(5-C)$

努力を選択せずに監査を買った，不誠実な経営者の期待利得は次のように求められる。努力を選択しなかった場合には α の確率で低品質企業が実現する。監査を買うと β の確率で低品質企業と正しく報告を受ける。その場合投資家は投資しないので監査のコスト C だけが無駄になる。ところが $1-\beta$ の確率で監査は低品質企業を高品質企業と見誤ってしまう。この場合投資家が投資してしまうので $10-C$ をポケットに入れることが期待できる。一方努力を選択しなくても $1-\alpha$ の確率で高品質企業が実現する。監査を買うと常に正しく高品質企業という報告を受けるため，投資家は投資を選択し，経営者は $10-C$ の獲得を常に期待できる。これを式で表すと次のようになる。

(3-8) 　$\Pi^2_{e=0} = -\alpha\beta C + \alpha(1-\beta)(10-C) + (1-\alpha)(10-C)$

努力を選択しない経営者がすべて監査を買わないようにするためには，少なくとも次の条件が満たされなければならない。つまり努力を選択して監査を買った誠実な経営者の期待利得が，努力を選択せずに監査を買った不誠実な経営者の期待利得と同じかそれ以上であることである。

(3-9) 　$\Pi^2_{e=5} \geq \Pi^2_{e=0}$

(3-9)の条件が満たされれば，努力を選択しない不誠実な経営者もすべて監査を買ってしまうという混在型均衡を少なくとも避けることができる。また投資家が監査の購買を目当てに投資行動を決めるとすると，経営者が努力さえ選択すればその期待利得は，努力を選択しない時より確実に高くなる。この誘引両立（自己選択）制約を求めれば，半顕在化均衡領域が特定できる。ただし完全に努力回避的な経営者はなお監査を買い続ける。(3-9)式をまとめると具体的に次のような条件が求められる。

(3-10)　$\dfrac{1}{2} \leq 2\alpha\beta - \beta \Leftrightarrow \alpha \geq \dfrac{1}{4\beta} + \dfrac{1}{2}$

　これは，$\alpha=1/2$ と $\beta=0$ を漸近線とする双曲線と $\alpha=1$ と $\beta=1$ の曲線で囲まれる部分を示す（$0\leq\alpha\leq1, 0\leq\beta\leq1$）。漸近線は，$\alpha=1$ の時に $\beta=1/2$，$\beta=1$ の時に $\alpha=3/4$ を通る。図3-6の太線で示されたものがそれである。図からも分かるように，経営者が努力を選択した時に，意図通りに高品質企業が実現する確率（α）が3/4を割ると，(3-9)の条件はいずれの場合にも成立しなくなる。このことは以前と同様である。

　ところが監査が正しい報告をする確率（β）については，1/2を割らない限り(3-9)の条件が成立する可能性があることが示されている。つまり α が大きく外部環境の影響が比較的小さい場合には，監査が正しい報告をする確率が3/4を割っても，監査はなお半顕在化均衡の範囲内に含まれる。監査の誤謬について低品質企業を高品質企業と見誤る可能性のみしか考慮しなければ，誤謬

図 3-6　保守的な監査戦略がとられた場合における
　　　　半顕在化均衡と分離型均衡の条件

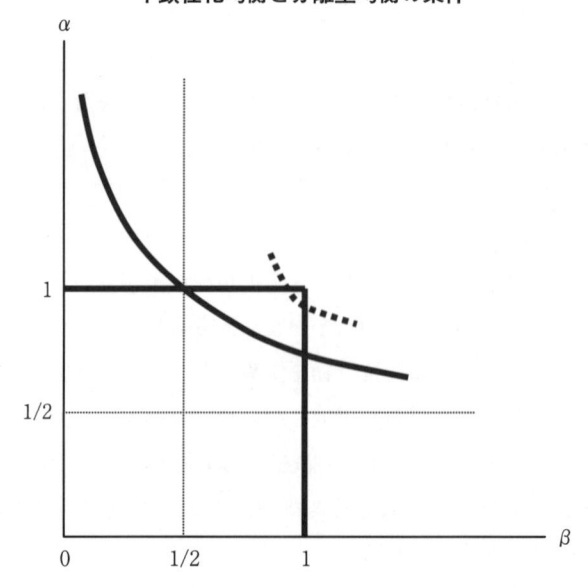

についてかなり寛大な監査であっても，機会主義の経営者を誠実な行動に導くことが可能である。

② 分離型均衡

完全に努力回避的な経営者はもはや監査を買わず，努力を選択した経営者だけが監査を買う分離型均衡について検討する。すでに述べたように分離型均衡が成立するためには，経営者が努力を選択せずに監査を買い投資家が投資した時の期待利得が，監査を買わなかったために投資家が投資しなかった時の期待利得を下回ればよい。経営者が努力を選択せず監査も買わず投資家も投資しなかった時の利得はゼロである。ゆえに（3-8）式から次のことが成立すればよい。

(3-11) $\Pi^2_{e=0} \leq 0$

この式をまとめると次のようになる。

(3-12) $\alpha \geq \dfrac{10-C}{10\beta} \Leftrightarrow C \geq 10 - 10\alpha\beta$

上の左式は分離型均衡が成立するための条件であり，$\alpha=0$ と $\beta=0$ を漸近線とする双曲線と $\alpha=1$ と $\beta=1$ の直線で囲まれる部分を示す（$0 \leq \alpha \leq 1, 0 \leq \beta \leq 1$）。またその範囲は C の値にも依存する。なお上の右式は，完全に努力回避的な経営者の個人合理性（参加）制約を示す C の範囲を示したものでもある。$C=1$ とすると，漸近線は $\alpha=1$ の時に $\beta=9/10$ と $\beta=1$ の時に $\alpha=9/10$ を通り，図3-6の太い点線で表されたようになる。

4　会計と監査に関する示唆

(1)　監査報酬が監査の信頼性に及ぼす影響

保守的な監査戦略をとるかとらないかにかかわらず，監査のシグナリング・ゲームにおいて分離型均衡が成立する条件は，多分に監査コスト C の影響を受ける。(3-6) と (3-12) から監査コスト C が小さくなるにつれて，経営者

の意図が企業の品質に反映される確率 α も監査が正しい報告する確率 β も一層高い水準が要求される。これは分離型均衡の成立自体が非常に困難になることを意味する。例えば保守的な監査戦略がとられるとして $\alpha=1$ とおく。監査コスト C がそれぞれ 3/2, 1, 1/2, 1/10 とすると，分離型均衡が成立するための条件 β はそれぞれ $\beta \geq 0.85$, $\beta \geq 0.9$, $\beta \geq 0.95$, $\beta \geq 0.99$ となる。

監査が誠実な経営者を見分ける完全なシグナルとなるためには，分離型均衡が成立しなければならず，さもなければ投資家の信頼は得られない。しかし監査コストが小さくなるにつれて，非常に高い水準の監査の正確性を要求される。同様のことは経営者が企業の品質を制御する能力についても言える。特に監査コストと監査が正しい報告をする確率の関係は非常に逆説的である。経営者が監査コストを抑えたい場合に，監査が投資家から信頼を得るためには，正しい報告をする確率を高めなくてはならない。

このモデルにおいて C は経営者にとって監査を買うコストである。しかし監査人にとっては監査報酬にほかならない。監査人が監査の精度を高めようとすると，コストの上昇から高い監査報酬は必要不可欠になる。ところがモデルでは，それをより一層低い監査報酬によって成し遂げなければならないことが示された。これは事実上ほとんど不可能である。そのため経営者による高い監査報酬の容認こそが，唯一の合理的解決策となる。

また監査報酬が小さい時に監査が投資家から信頼を得るためには，経営者に企業の品質を制御する高い能力が必要とされる。経営環境の変化が激しく経営者の制御が困難な現在において，これは決して易しいことではない。新しい金融商品の誕生により時価主義的な会計処理が未確立な分野が増加すると，経営者が把握していた企業の価値と現実との間に大きな乖離ができる。そのことがたとえ意図的ではなくても，投資家からは粉飾と疑われる恐れが多分にあり，資本市場と監査に対する投資家の信頼性を失わせることに繋がる。このことを防ぐためにも，経営者による高い監査報酬の容認は非常に重要である。

(2) 取得原価主義会計の限界

また保守的な監査戦略をとるかとらないかにかかわらず，このモデルから次のような点が指摘できる。これは分離型均衡領域では余り顕著ではないが，半顕在化均衡領域では顕著である。つまり企業の品質を意図通りに制御できる確率 α が一定の値を割ると，不誠実な経営者もみな監査を買ってしまい，誠実な経営者が監査を購買するというシグナリング機能はまったく失われてしまう。同様なことは監査が正しい報告をする確率 β が一定の値を割る時にも言える。つまり $1-\alpha$ と $1-\beta$ の確率で本来期待されることと反対の現象が起こり，投資家はそのノイズを通してしか経営者の行動を監視できないためである。

一般的にいって，$1-\alpha$ は経営者が制御できない企業の外部環境の変動を表すパラメータと考えてもよい。これを現在の会計の状況に置き換えると，企業の業績が時価情報によって左右される影響の大きさと解釈しなおしてもよいかもしれない。このゲームでは経営者は努力を選択したか否かによってのみしか，企業の業績を判断できない。経営者は投下した努力にかかったコスト，いわば取得原価により企業の業績を評価しようとする。ところが経営者は外部環境の変化によって業績が変動していることを把握できない。

それは，あたかも所有している有価証券の価格の変動や為替の変動のために，企業の業績が大きく変動してしまいそれを十分に把握できないようなものである。あるいは，新しい金融商品取引によって，業績が潜在的に大きく変動しているにもかかわらず，会計的測定方法が未確立なために，それが把握できない場合を考えてもよい。

経営者は，取得原価による業績評価と情報開示を行うが，時価による業績評価を行わないために，開示した情報が現実と乖離したものになる。たとえ常に努力を選択する誠実な経営者でも，α が小さくなると企業の品質は低品質となることが多くなる。経営者は高品質という情報開示を行うために，投資した投資家にとっては粉飾決算に他ならない。その結果投資家は，常に努力を選択しない不誠実な経営者との区別が非常に困難になり，すべての経営者を一律に不

誠実な経営者と評価して投資に非常に消極的になる。

　この場合に不誠実な経営者がすべて監査を買わない分離型均衡が成立するためには，監査が正しい報告をする確率 β は非常に小さくしなければならない。つまり環境変化が激しく時価評価による業績評価が必要な場合には，取得原価による業績評価の信憑性が大きく揺らぐことを示している。またこのような場合には，監査が正しい報告をする確率が非常に高くないと，誠実な経営者を見分ける監査のシグナリング機能はまったく働かなくなってしまう。そのため，経営者は努力を選択せずに監査を買うような不誠実な行動をとろうとする強い誘惑に駆られるであろう。

第4章

監査人と株主の監査の品質ゲーム

1 監査の市場

　この章では監査という財をやりとりする市場の構造的分析に焦点をあてたい。資本市場における監査は，企業を高品質にしようとする誠実な経営者を識別するシグナルとして機能していた。では監査の市場自体には，高品質の監査を識別するシグナルが存在しているのであろうか。監査が会計情報に与える付加価値として ASOBAC (1972) は統制と信頼性を挙げていた[1]。すでに述べたように，信頼性という付加価値の意味は監査のシグナリング機能と解釈できる。信頼性を左右する最初の統制の意味は，監査の品質の統制という概念に置き換えることが可能である。監査の市場においてこの統制機能が有効に働いているというシグナルを見つけることは可能であろうか。

　この章ではそのようなシグナルを発見することの困難性を最初に指摘する。次に市場の契約機構が監査品質の統制に重要な役割を果たすことを示し，監査の品質の統制方法としてどのような品質の監視形態が適切かを検討した。さらに監査の品質の統制手段としての監査基準の意義を考察し，最後にこれらの統制手段の限界について触れた。

---

(1) ASOBAC (1972), p. 29.

2 監査人の独立性の無機能化

　図4-1の監査人と株主による監査の品質ゲームは第2章の図2-2で紹介したメーカーと消費者の品質ゲームとほぼ同じものである。ただしここでは監査の購買は強制されており，株主がすでにそのコストを負担することを承認しているとする。株主の選択は二者択一的で監査人に対して高い監査報酬を支払うか低い監査報酬を支払うかのいずれかである。監査人は努力回避的であり，高品質の監査を行った時には1のコストがかかり（$e=1$），低品質の監査を行った時にはコストはかからないとする（$e=0$）。

　ここで監査の品質とは，DeAngelo (1981 a)[2]とWatts and Zimmerman (1986) に従って[3]，専門能力（competence）と独立性（independence）の結合確

図 4-1　監査人と株主の監査の品質ゲーム

			株　　主		
			高い監査報酬		低い監査報酬
			協　　調		裏　切　り
監査人	高品質監査	協調	3	3	0	4
	低品質監査	裏切り	4	0	1	1

（2）　DeAngelo (1981 a), pp. 115-116.
（3）　Watts and Zimmerman (1986), p. 314.

率で表されるものとした。そして高品質監査とは，例えば減損会計前倒し導入企業に対する，減損査定基準の独自作成である。そのためには，オフィスの評価や空きオフィス率の算定基準の独自調査など，監査人に余分な努力が求められる。また被監査会社に減損を受諾させる説得にかかる余分な手間暇も考慮しなければならない。その結果単に会社の提示した減損額をそのまま認める努力を節約した低品質監査よりは，企業の実態を反映した業績が実現できることになる。

　高い監査報酬の時には監査人は4を受け取るが，低い監査報酬の時には1しか受け取れない。株主も高品質の監査を受けた時には，企業の透明性に対する高い評価から高水準の株価を期待できるが，受けた監査が低品質であった時には，企業の透明性に低評価しか得られず低水準の株価しか期待できない。監査の品質ゲームにおける監査人と株主の関係は囚人のジレンマの関係となり，メーカーと消費者の品質ゲームとほぼ同様の結論が引き出される。監査人は自分の行った監査の品質を知っているが，株主には分からない。

　監査人は，努力すなわち $e=1$ を省いた低品質監査しか行っていないのに，高品質監査を行ったように見せかけて株主に高い監査報酬を吹きかけることが可能である。図4-1の左下の利得4がそれを示している。株主はこのような騙まし討ちの可能性を予測できるため，高い監査報酬を払うことには消極的である。たとえ監査人が高品質監査を行っても，図4-1の右上のように低い監査報酬しか払わないであろう。高品質監査と高い監査報酬という左上の選択 (3,3) が監査人と株主の両者にとってもっとも望ましいにもかかわらず，結局右下の低品質監査と低監査報酬 (1,1) が選択されてしまう。監査人と株主の「逆選択」(アドバース・セレクション) である。

　株主にとって，監査の品質を評価することは，監査の専門性の高さからも非常に困難である。「逆選択」を防止するためには，監査人の行った監査の品質に関する「隠れた情報」を株主に伝達する手段が必要になる。その手段も監査人が自らそのコストを負担していることを明示できない限り，品質保証のシグナルとして株主からの信頼は得られない。監査人の独立性や適格性を向上させ

るための投資がそれに当たる。

　ASOBAC (1972) が「監査機能がその責任を成し遂げる資質を持たない者によって果たされれば，会計情報の品質管理から得られる付加価値は失われる。」[4] とするのは，まさにこの投資を指していると考えられる。しかし株主は，監査人の独立性がコストを投下したからといって必ずしも向上するものとは理解しないだろう。ここに独立性の概念が一般に理解されにくく，監査の品質のシグナルとして不適切な面が現れている。

　監査の品質のシグナルとして唯一考えられるものは，DeAngelo (1981 b) の指摘にもある監査法人の規模である[5]。多くの被監査会社を抱えている監査法人は，1つの低品質の監査が他の被監査会社との契約の打ち切りにつながり，大きな利益を失うことになる。失われる利益の大きさが監査の品質を保証する人質となるため，大手の監査人の方がより高い品質の監査を維持しようとする可能性がある。またそのためにより多額の費用をかけて監査人の教育研修を行っている可能性があるからである。

　このことを受けて，DeAngelo (1981 b) はブランド投資による評判の形成と品質のシグナリングについても触れているが，その効果には疑問を示している[6]。しかしWilson (1983) は，評判がその機能を果すかは，被監査会社の獲得という短期的な利益の追及と投資家の信頼という両者の釣合いにかかっているとする[7]。そしてAntle (1984) は，評判による監査人の独立性の維持に期待を示している[8]。なお評判が監査報告に与えるプラスの影響は，King (1996) やMayhew et al. (2001) の実験で限定的であることが確認されている。さらにMayhew (2001) の実験では，監査人が評判形成に積極的になるのは，短期的利益の得られる場合に限られるとされている。

---

(4)　ASOBAC (1972), p. 29.
(5)　DeAngelo (1981 b, pp. 187-192)　なお加藤 (1990・1992・1994 b) も参照されたい。
(6)　DeAngelo (1981 b), pp. 193-194.
(7)　Wilson (1983), pp. 311-312.
(8)　Antle (1984), p. 18.

3 契約形態による監査品質の保証

経営者と投資家の情報開示ゲームで，取引が複数回繰返される場合に示唆されることについてすでに検討した。ここではそれを監査人と株主の取引の頻繁性に置き換えて応用したい。つまり取引が頻繁でないほど1回限りのゲームに近づき，取引が頻繁なほど無限回繰返しゲームに近づくというものである。監査という財は監査人と株主の間で毎年，義務付けが検討されている四半期監査も含めれば，3ヶ月ごとに取引されるものであり，取引は比較的頻繁である。監査人と株主の取引の頻繁性は，やはり監査の品質を維持する重要な要素となる[9]。

図4-1において毎年監査が行われる場合を考え，将来の獲得利得を現在価値に割引くためにδという記号を用いる。例えば経営者と投資家の情報開示ゲームと同様に，株主は監査人を信頼して最初は高監査報酬を選択するが，一端提供された監査が低品質で裏切られたと分かるとその後は2度と低監査報酬しか支払わないという戦略をとったとする。株主がトリガー戦略をとった場合に，監査人が最初から最後まで努力を回避し総裏切り戦略を選択すると，彼の総獲得利得の現在価値は次のようになる。

$$(4\text{-}1) \quad 4+1\times(\delta+\delta^2+\cdots)=4+\frac{\delta}{1-\delta}=\frac{4-3\delta}{1-\delta}$$

ところが逆に監査人が最初から高品質監査を選択し続けた場合における総獲得利得の現在価値は次のようになる。

$$(4\text{-}2) \quad 3\times(1+\delta+\delta^2+\cdots)=\frac{3}{1-\delta}$$

(4-2)が(4-1)以上の時，すなわち$\delta\geq 1/3=0.33$であれば，裏切ることしか考えない不誠実な監査人でさえ，自主的に高品質監査の選択をとる可能性が

あり株主との相互協調は永久に続く。監査が1年おきにしか行われない場合はどうであろうか。監査人が裏切った時と協調した時の利得はそれぞれ次のようになる。

$$(4\text{-}3) \quad 4+1\times(\delta^2+\delta^4+\cdots)=4+\frac{\delta^2}{1-\delta^2}=\frac{4-3\delta^2}{1-\delta^2}$$

$$(4\text{-}4) \quad 3\times(1+\delta^2+\delta^4+\cdots)=\frac{3}{1-\delta^2}$$

(4-4) が (4-3) 以上の時, すなわち $\delta \geq \sqrt{3}/3=0.58$ である必要がある。このように1年おきにしか監査が行われないと、将来の価値を比較的低く置く不誠実な監査人は、高品質監査を行うふりをして低品質監査しか提供しない強い

---

(9) この点に関して Adam Smith (1766, pp. 538-539) に次のような興味深い記述がある。少し長くなるが引用する。「商業が国のなかに起こると、誠実性と几帳面さが必ず伴う。このような美徳は、野蛮で未開な社会ではほとんど見ることはない。ヨーロッパでもっとも商業的な国であるオランダの人々は、やはりヨーロッパでもっとも約束を守る国民である。イングランド人は、スコットランド人よりは約束を守るが、オランダ人にはかなわないし、同じ国の中でも田舎より都会の方が約束ははるかによく守られる。誰かが言うように、このことを国民性に帰するのは正しくない。イングランド人やスコットランド人がオランダ人より約束をよく破るという生まれながらの理由はどこにも存在しないからである。これはむしろ自分の利害に基づくとした方がはるかに正確である。自分の利害は、すべての人の行動を支配する一般的規範として働き、損得を考慮した上で人々に一定の行動をさせる機能を持つ。そしてそれは、オランダ人と同様にイングランド人の体内にも深く刻みこまれている。商人は誠実性や几帳面さを失わないように、約束をきちんと守ったかについて1回ごとに大変気を使う。1日に20回も取引を行う人は、隣人を騙し討ちすることによって得るものは少ないであろう。嘘をつく人だという外見によって失うものの方が大きいからである。取引がめったに行われないところでは、どちらかというと騙し討ちが多くなりがちである。なぜならそうした汚名によって失うものより、相手をうまく騙して得るものの方が大きいからである。政治家と呼ぶ人種が、誠実性や几帳面さにおいて世の中でもっとも立派な人ではないのはこのためである。各国の大使はその点において一段と顕著である。彼らは勝ち取った利益がほんのちっぽけなものでも、そのことで賞賛されるのであり、騙まし討ちの技術を磨きそれを多用する。その理由は国と国が取引をすることが1世紀に2・3度しかなく、汚名で失うものよりちょっとした騙し討ちで得るものの方が多いからである。フランスは、ルイ14世の時代からイギリスに対してまさにこの通りの行動をとった。しかし国の利害や繁栄を損なうことは決してなかったのである。」

誘惑にかられるであろう。正規の監査以外に半年ごとに中間監査と3ヶ月ごとに四半期監査を行うことは，監査の高品質を維持するために重要な役割を果たすことも以上の分析から容易に理解できる。

いずれにしても，監査人と株主が長期間短期契約を結び続けることは，監査の品質維持に重要な貢献をしていることになる。このような契約機構は，監査人の独立性を向上させる投資より監査品質の維持にはるかに効果があると考えてもよい。一般財の取引に，品質の監視の困難度に応じた契約または取引形態が選ばれることは，山岸（1998）に興味深い指摘がある[10]。

4 監査の特殊性

監査という財は企業ごとのカスタマー・メイドであり，無形の工場施設を建設することに匹敵する。図4-2は，取引の頻繁性と取引される財の特殊性の関

図 4-2 取引する財の特性と品質の監視形態

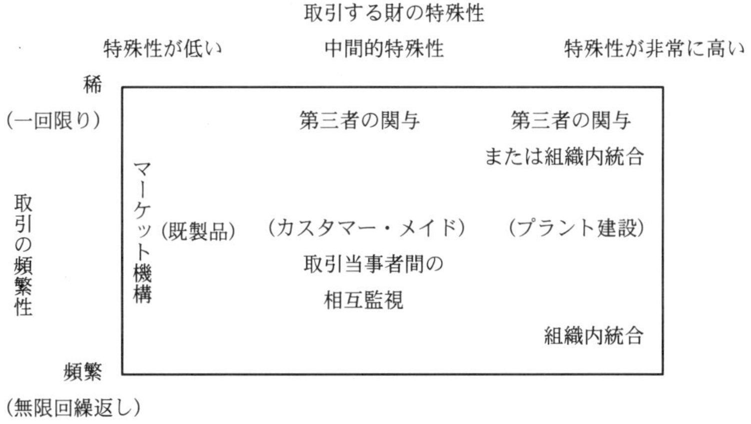

	取引する財の特殊性		
	特殊性が低い	中間的特殊性	特殊性が非常に高い
稀（一回限り）	マーケット機構	第三者の関与	第三者の関与または組織内統合
	（既製品）	（カスタマー・メイド）	（プラント建設）
		取引当事者間の相互監視	
頻繁（無限回繰返し）			組織内統合

取引の頻繁性

---

(10) 山岸（1998，76-78頁）において，東南アジアにおける米取引とゴム取引の契約形態の相違は，品質の監視の困難性と関係があるとする例が紹介されている。米取引は試食により品質の高低が簡単に確認できるのに対して，ゴム取引はそれが困難である。そのため米取引ではオープン市場を通した取引が選択されるが，ゴム取引では何世代にもわたる特定の仲買人を通した取引が選択される。

係について Williamson (1985) の図示に少し修正を加えたものである[11]。取引される財の特殊性が低く既製品で済めば，品質の監視は市場機構に委ねるのが望ましい。取引される財の特殊性が中間的でカスタマー・メイドを要求されるものであれば，取引の頻繁性によって望ましい監視形態は次の2つに分かれる。取引の頻繁性の低い建物のような場合には，品質の監視は建築士のように第3者が関与した方が望ましく，取引の頻繁性が高い商品のような場合には，品質の監視は取引の当事者による相互監視が望ましい。

取引される財の特殊性が非常に高いプラント建設のような場合には，取引の頻繁性によって望ましい監視形態はやはり次の2つに分かれる。取引の頻繁性の低い場合には，品質の監視は第3者が関与するか同一組織内に統合することが望ましい。もし取引の頻繁性が高ければ，同一組織内に統合することがもっとも望ましい。取引が頻繁で特殊性の非常に高い監査のような財の場合には，品質の監視が困難になるため，図4-2の右下のように取引の当事者が同一組織内で統合化する方が効率的になる。しかしこれは，監査人と株主が同一組織に属することを意味するため非現実な選択である。

5 監査基準の役割

ここで監査基準の果たすべき役割は，監査という財の特殊性が高まりすぎるのを防止することにある。品質を事後的に効率的に監視することは，余りにもカスタマー・メイドで特殊性の高い監査では不可能であるからである。Kreps (1990) はこれに関して次のような興味深い指摘を行っている。少し長くなるが引用する[12]。

「個々の監査は，それぞれが独自のものであり，監査人が行う監査判断は膨大な数に昇る。個々の監査がそれぞれの非常に特殊性の高い状況に合

---

(11) Williamson (1985, pp. 72-79) なお Kreps (1990, p. 753) の図も参考にした。
(12) Kreps (1990), p. 763.

わせて行われると，監査人が監査を誠実かつ忠実に行っているかを事後的に判断することはかなり困難になる。それゆえに監査の品質が問われた時に重要なことは，監査人がその業界のガイド・ラインつまり一般に公正妥当と認められた監査基準に準拠しているか否かになる。たとえそのガイド・ラインが，個々の監査において可能な限り最大の情報力を持たなくてもよい。監査人は，自分が受け取った情報に関する大雑把なシグナルを送っているにすぎない。大半の場合監査人は，無限定適正意見の表明により被監査会社が提供した情報が原則的に問題のないことを示すに過ぎない。一定の定められた手続と大雑把な監査報告によって始めて，監査人が本来すべきことを行ったか否かを事後的に監視することが可能になる。そしてそれによって独立した第三者としての監査人の評判を維持することが可能になる。」

監査基準のこのような機能によって，監査という財は，図4-2右下における特殊性の非常に高い状態から中央の下における特殊性の中間的状態へと移行させることが可能である。するとこの場合取引の当事者である監査人と株主のみが，相互に財の品質を監視し第3者が関与しない方が望ましいことになる。

　監査の品質の監視手段としてピア・レビュー（peer review）がある。これは公認会計士の相互監視であり，その結果は株主などに公開されるが，それ以外の外部者の関与は受けない。それゆえに監査品質の効率的な監視手段として選択される。例えば取引が稀であると監査の品質の監視が困難になり，品質に関する不正に対する株主の制裁も遅れがちになる。この場合監査人の側に不正の誘惑が高まるため，むしろ第3者が関与した監視がより効率的になるであろう[13]。

---

(13) 加藤（2001a）を参照されたい。

6 歴史的経路依存性と監査品質の向上の困難性

監査人の独立性や適格性を促進させる投資と短期契約の長期間維持またはピア・レビューや監査基準の整備という統制手段が、図4-1の右下の均衡を左上の均衡に引き上げる可能性があることは明らかである。しかしこの手段が効率的にそれを成し遂げるかには大きな疑問がある。それは次の2つの理由からである。第1に専門知識の欠如や時間的制約から株主が、監査の品質を個別に監視することは非常に困難である。第2に監査判断の大部分は、その国の文化や慣習の影響を受け、意識的ではなくほとんど無意識に選択されるととらえることができるからである。

Mautz and Sharaf (1961) も、意識されないほど微妙な要素が監査判断における中立性に影響を与えるとしてこの可能性を示唆している[14]。つまりここでは監査判断は、最初は意識的に選択されるが、その後は単に文化や慣習の影響を受けその時点で最適な反応となるものが無意識に選択されるという立場をとった。このような前提に立って分析を行う場合、ランダムマッチング・ゲーム（random matching game）と言う繰返しゲームが威力を発揮する。今までの繰返しゲームとの相違点は、ゲームの当事者に学習の要素がない点である。すなわち株主と監査人がランダムに出会い双方とも相手が以前にとった戦略をまったく記憶していないという設定である。

さて図4-1の監査の品質に関する囚人のジレンマが、監査人と株主の裏切り合いを生み、低品質監査と低監査報酬という右下の戦略が支配的になってしまっているとする。しかし現実には図4-3のように監査に対する認識に変化が起こり、右上や左下が (0,0) で表されているように、片方が一方的に利する戦略をとっても何の利益も生まれなくなったとする。

要するに高品質監査は高監査報酬がなければ達成できないという認識と、高

---

(14) Mautz and Sharaf (1961), p. 206.

6 歴史的経路依存性と監査品質の向上の困難性

図 4-3 監査の品質に関するコーディネーション・ゲーム

			株	主		
			高監査報酬		低監査報酬	
			協　　調		裏　切　り	
監査人	高品質監査	協調	3	3	0	0
	低品質監査	裏切り	0	0	1	1

品質監査を受けることによって企業の評価が高まるという認識が生まれたことである。このゲームは一般にコーディネーション・ゲームと呼ばれ，左上と右下に戦略補完的な2つのナッシュ均衡を持つ。しかし社会にとってもプレイヤーにとっても，図4-3の左上の高品質監査・高監査報酬という選択が明らかに有利な戦略になっている。

ところが監査人は，高品質監査をしようとした時の経営者の抵抗や社会や市場の無関心という苦い過去の経験しか記憶にない。株主も苦い思いをして高い監査報酬を呑んでも何の価値も無いという過去の思いを引きずっている。成熟化した新しい市場環境では高品質監査と高監査報酬が高く評価され，それを呑むことがおいしいと感じ取れるようになっている。しかしそれを呑む勇気がないために，右下の低品質監査・低監査報酬という社会にとって望ましくない従来の均衡が，最初に選ばれたそのままに継続してしまう。これを歴史的経路依存性 (path dependence) と呼ぶ。

囚人のジレンマにおけるランダムマッチング・ゲームにおいても，長期間の

繰返しが相互協調を選択させ，高品質監査・高監査報酬を実現させることを指摘する文献もある[15]。しかし歴史的経路依存性が少なくとも高品質監査の実現を長期間阻む可能性を，次の章で世代交代方式のランダムマッチ型監査の品質ゲームを用いて示したい。

---

(15) Kandori (1992)・Ellison (1994) を参考にされたい。

第5章

監査の高品質化の困難性

1 集団的評判モデル

　この章では歴史的経路依存性が高品質監査の実現を長期間阻む可能性について分析していく。すでに述べたように，監査は社会における文化や慣習の影響を受けて，その時点で最適の反応となるものが無意識に選択される可能性がある。慣習そのものがどのように選択されるかについては，Kandori (1992) や Young (1993) の分析がある。

　しかしここでは Tirole (1996) の集団的評判に関するモデルを応用した[1]。彼のモデルは，社会におけるある集団の「評判」がどのように形成され進化していくかについて，その集団が行う作業の品質を基に検討している。公認会計士の評判が監査の品質に負うところが大きい点から，このモデルを応用する妥当性は充分にあると考えた。モデルは，すでに述べたように世代交代式ランダムマッチを用いている。

2 基本モデル

　モデルの基本的設定は次の通りである。1つの非常に大きな定常的経済において $(-\infty < t < \infty)$，t 期に市場に参入しているエイジェントは少なくとも $t+1$ 期まで $\lambda \in (0,1)$ の確率で参入を続ける。いなくなったエイジェントは常に新

---

(1) 加藤 (2000 b) を参照されたい。

しい者によって埋め合わされるため，全体の市場参入者は一定を維持している。プリンシパルは，1度かかわったエイジェントには2度とめぐり合わず，毎期必ず新しいエイジェントと遭遇する。プリンシパルは，エイジェントに作業1または作業2を課す。作業1は品質の高い効率的な作業を意味するが，作業2は作業1よりは質も効率性も劣る。プリンシパルは，雇用したエイジェントが作業の手抜きを選択するか否かには関心が低い。

　プリンシパルは，エイジェントに作業2を課すよりむしろ雇わないという想定も考えられる。しかしここではとにかくエイジェントを雇い作業2を課す方が常に最適であるとする。エイジェントは，雇われると次に作業の手を抜くか否かを選択する。つまりプリンシパルを騙すか否かを選択する。エイジェントが手を抜かなければ，作業1からのプリンシパルの利得は H となり，逆に手を抜けば D となる。同様にプリンシパルの作業2からの利得は，エイジェントが手を抜かないと h，手を抜けば d となる。作業1は，作業2より仕事の手抜きからより大きな影響を受けると考え，$H>h\geqq d>D$ の関係がある[2]。またプリンシパルは，エイジェントを常に雇うということから $d\geqq 0$ である。

　エイジェントには次の3つのタイプがある[3]。作業の手を抜かない正直タイプが α の割合で不正直な手抜きタイプが β の割合あり，それ以外に機会主義的なタイプが γ の割合ある。なお $\alpha+\beta+\gamma=1$ となる。

　正直タイプのエイジェントは，作業の手を抜き人を騙すことに強い嫌悪感があるため，決してそのような行動はとらない。このタイプは，手抜きのような不正直な行為が明るみに出て罰せられると，そのコストを非常に高く感じるエ

---

(2) 例えば監査という作業があるとする。品質の高い監査（作業1）をしようとすると，非常に精密な作業を要求され，手抜きによりその作業に大きな影響が及ぶ。しかし品質の低い監査（作業2）では，手抜きによる影響はさほど大きくない。品質の高い監査に要求されることは，車で言えば高性能のF1カーを走らせることに匹敵し，その整備に細心の注意が必要である。手抜き整備をすれば，レース上で車はすぐエンコして走らなくなる。監査の機能もこれと同様であり，特に高品質の監査は手抜きに非常に敏感であることを前提としている。

(3) Dixit (2003, p.453) の市場における経済的統治形態のモデルからも理解できるように，このようなタイプ分けを考慮することは，より深く現実的な分析を可能にする。

イジェントともいえる。逆に不正直な手抜きタイプのエイジェントは，人を騙すことによって大きな利益を得ると感じているため，常に与えられた作業の手を抜く。このタイプのエイジェントは，極端に言えば自分の評判が損なわれようとまったくかまわず，目前のことしか眼中にないようなタイプと言えるかもしれない。

　このように作業の手を抜かない正直タイプと不正直な手抜きタイプは，機械的に常に同じ行動しかとらないため，分析の焦点は機会主義的なタイプの行動がどうなるかという点に絞られる。機会主義的タイプは，人を騙すことに対して特に嫌悪感があるわけではなく，手抜きを行った時の利益とそれによって失う評判を秤にかけて行動するタイプということができる。

　エイジェントには作業1または作業2が与えられ，プリンシパルを騙すような手抜きは行われないため，エイジェントの利益はそれぞれ B と b で表される。なお $B>b≧0$ である。逆にエイジェントが手抜きを行うことから得る短期的利益は，単純化のために作業1と作業2を問わず $G>0$ である。ただしこのような手抜きを行ったことから法律的懲罰に到るような核心的な証拠はまったく存在せず，単に G を得ることにより，法律的懲罰を受ける可能性が高まるに過ぎない状況を想定している。またエイジェントが将来に対して行う割引係数を δ_0 で表し，$\delta=\delta_0\lambda≦1$ とする。

　エイジェントは，自分自身が上の3つのどのタイプに属するかを知っている。またプリンシパルは，少なくとも α と β と γ の割合はわかっており，エイジェントの過去の行動についても不完全ながら把握している。不完全な把握とは，エイジェントが実際に過去に k 回手抜きを働いている時に，x_k の割合でプリンシパルはそれを発見できるというものである。プリンシパルのエイジェントに関する知識は二者択一的で，手抜きを1度だけ働いたという知識があるかまったく何の知識もないかのいずれかである。ここで次の仮定を置く。

(5-1) 　$x_0=0<x_1<x_2<x_3<\cdots<1$ ですべての k について
$$(x_{k+1}-x_k)<(x_k-x_{k-1})$$

上の仮定が意味することは，エイジェントが手抜きを行った回数が多くなれば多くなるほど，発見される可能性は高くなる。しかし発見される可能性そのものは，手抜きを行った回数が多くなるに従って増加するが，その増加率が逓減するというものである。この仮定によりエイジェントが，作業の手抜きをはじめると，そのまま手抜きを続けてしまうという現実に起こりがちな状況が想定されることになる。

もしすべての機会主義タイプが，いつも正直に行動して作業の手を抜かないなら，プリンシパルは，過去に作業の手を抜いたと記憶しているエイジェントだけに作業2を与えればよい。なぜならそのエイジェントは必ず手抜きを行う不正直なタイプであり，$d>D$ である。ところがそうでないとすると，手抜きを働かなかったからと言って，そのエイジェントは，手を抜かない正直タイプか機会主義タイプでもあるし，または不正直なタイプでありながら，たまたま手抜きを過去に発見されたことがないだけかもしれない。手を抜かない正直なタイプと機会主義タイプの割合は $(\alpha+\gamma)$ である。

Y を過去の手抜きが見つからないで通ってきた平均的確率とすると，不正直なタイプでたまたま過去に手抜きを発見されたことがないエイジェントの割合は βY となる。なお Y は次のように表される。新たに市場に参入する，新生児とも呼べる者の割合は $(1-\lambda)$ であり，まだ1度も手抜きを働いていない者の割合である。1歳児とも呼べる新規参入して1年経っている者の割合は $(1-\lambda)\lambda$ で表され，不正直なタイプの場合すでに1度手抜きを働いていることになる。以上から，

(5-2) $\quad Y = (1-\lambda)[1+\lambda(1-x_1)+\lambda^2(1-x_2)+\cdots\lambda^k(1-x_k)+\cdots]$

手抜きが今までに1度もなかったエイジェントが，次に手抜きを働かない確率は，$(\alpha+\gamma)/(\alpha+\gamma+\beta Y)$ である。ゆえにプリンシパルは，次の仮定が成立する時だけに，作業1を課すであろう。

2 基本モデル

(5-3) $\quad \dfrac{\alpha+\gamma}{\alpha+\gamma+\beta Y}(H-h)+\dfrac{\beta Y}{\alpha+\gamma+\beta Y}(D-d)>0$

機会主義タイプが1度も手抜きを働かなければ，手抜きが発見される可能性もないので，常に作業1を与えられるであろう．その時の利得は次のように表わされる．

(5-4) $\quad B+\delta B+\delta^2 B+\cdots = B/(1-\delta)$

機会主義タイプが1度手抜きを働いてその後そのまま手を抜き続けた場合に，手抜きが発見される確率を現在価値で割引いた値を Z とすると，それは次のように表される．

(5-5) $\quad Z = x_1 + \delta x_2 + \delta^2 x_3 + \cdots$

ゆえにこの場合の機会主義タイプの期待利得は次のようになる．

(5-6) $\quad (B+G)+\delta(B+G)\left[\dfrac{1}{1-\delta}-Z\right]+\delta(b+G)Z$

機会主義タイプが手抜きを行わない，いわゆる手抜きの少ない状態を保つためには (5-6) が (5-4) 以上である必要がある．この条件をまとめて整理すると次のようになる．

(5-7) $\quad \dfrac{G}{1-\delta} \leq \delta(B-b)Z$

プリンシパルが手抜きを発見する確率 x がゼロに近づけば，Z もゼロに近づき (5-7) の条件は満たされにくくなる．このことから，手抜きの少ない状態を保つためには，プリンシパルがエイジェントの過去の行動について十分な情報を持っている必要がある．また (5-1) からエイジェントが手抜きを行う動機が強いということは，それだけ過去にすでに手抜きが行われていることになる．それは1度手抜きを行うと，そのまま手を抜き続けることを意味する．

作業の手抜きの少ない状態を保持するためには，正直で手抜きを行わないという評判を保とうとする，十分な動機付けがエイジェントに必要である。

ここで機会主義タイプが常に作業の手抜きを行い，プリンシパルも作業2しか与えないとする。すると手抜きの発見自体が何の意味もなくなるので，機会主義タイプはやはり常に手抜きを行い，これが最適な行動となる。この場合過去に手抜きを発見されていない者が，作業の手を抜かない正直なエイジェントである確率は $\alpha/[\alpha+(\beta+\gamma)Y]$ であり，機会主義タイプか不正直な手抜きタイプである確率は $(\beta+\gamma)Y/[\alpha+(\beta+\gamma)Y]$ となる。以上から次のような条件が成立する時のみ，機会主義タイプが手を抜く，いわゆる手抜きの多い状態が保持される。

$$(5\text{-}8) \quad \frac{\alpha}{\alpha+(\beta+\gamma)Y}(H-h) + \frac{(\beta+\gamma)Y}{\alpha+(\beta+\gamma)Y}(D-d) < 0$$

(5-8) 式は，機会主義と不正直なタイプの割合 $(\beta+\gamma)$ が大きくなると負に近づく。このことは λ が1に近づくか，過去の手抜きが発見されなかった平均的確率 Y が小さくなる場合についても言える。つまり機会主義と不正直な手抜きタイプが充分に存在している場合やプリンシパルがエイジェントの過去の行動を正確に把握していない場合に，(5-8) 式が成立することになる。特にエイジェントの過去の行動を十分に把握できないということは，Z が小さくなることを意味し，(5-7) 式においてもその成立条件が保持しにくくなることを示している。

3　手抜きが恒常化する蓋然性

次にここでは1度限りのショックが前章で考察した均衡条件に与える影響を調べたい。分析を簡単にするために (5-1) でおいた仮定を単純化して次のようにした。

(5-9) $\quad x_1 = x_2 = \cdots x \in (1, 0)$

　上の式は (5-1) の仮定の特殊な場合であり，手抜きが明るみに出る確率は過去に何度手抜きを働いたかとはまったく関係がないことを示している。この仮定で特に言えることは機会主義タイプのエイジェントがいったん手抜きをはじめるとそのまま手抜きを続けることである。なおこの場合 $Y=1-\lambda x$ となり，$Z=x/(1-\delta)$ となる。これ以外の (5-3) と (5-7) と (5-8) の条件が前の節とまったく同様に成り立つとする。

　ここで経済がゼロ期に一次的なショックを受けたとする。その期における作業の手抜きから得る利益が余りに大きいので，ゼロ期にすでに市場に参入していた機会主義タイプはすべて手抜きを行うようになったとする。手抜きから得る利益 G を含め，このモデルで用いるパラメータはすべて第1期もそれ以降も同じとする。

　第1期に市場に参入し t 期まで引退しない機会主義タイプのエイジェントが，t 期までずっと作業の手抜きをしないと考える。なぜならこのもっともありそうな仮定から，最悪でも t 期において手抜きが少ない状態を保てる条件が導き出せるからである。ゼロ期またはそれ以前に市場に参入した機会主義タイプが，常に手抜きを行っているという条件下で，過去に手抜きを行った記録のないエイジェントが，t 期において手抜きを行わない確率 $p(t)$ は次のようになる。なお $Y=1-\lambda x$ である。

(5-10)
$$p(t) = \frac{\alpha + \gamma(1-\lambda)(1+\lambda+\cdots+\lambda^{t-1})}{[\alpha + \gamma(1-\lambda)(1+\lambda+\cdots+\lambda^{t-1})] + [\beta Y + \gamma(1-x)(1-\lambda)(\lambda^t + \lambda^{t+1} + \cdots)]}$$
$$= \frac{\alpha + \gamma(1-\lambda^t)}{[\alpha + \lambda(1-\lambda^t)] + [\beta Y + \gamma(1-x)\lambda^t]} = \frac{1 - \beta - \gamma\lambda^t}{1 - \beta\lambda x - \gamma x \lambda^t}$$

(5-8) から

(5-11) $\quad p(1)(H-h) + (1-p(1))(D-d) < 0$

(5-3) から

68　第5章　監査の高品質化の困難性

(5-12)　$p(\infty)(H-h)+(1-p(\infty))(D-d)>0$

(5-11) と (5-12) の前提および p は増加関数であることから，t が大きな数字になる場合には T という記号で表すとする。

(5-13)　$p(T)(H-h)+(1-p(T))(D-d)<0$

プリンシパルは T 期になっても過去に1度も手抜きを発見していない。しかしなおそのエイジェントを信頼することができない。信頼が回復されるまでには少なくとも $T+1$ の期間が必要になる[4]。さて次に $T+1$ 期以前においてプリンシパルはエイジェントを信頼していないとする。その時に第1期に市場に参入したエイジェントが，その期からずっと手抜きを続けることが支配的となる条件は次のようになる。

(5-14)　$G(1+\delta+\cdots\delta^{T-1})>\dfrac{x\delta^T(B-b)}{1-\delta}$

左辺は第1期から T 期まで手抜きを続けた時の獲得利得を，第1期において割り引いたものであり，右辺はそれが発見されて，$T+1$ 期以降作業1を与えられない時に被る不利益の上限である。(5-14) の条件をまとめると次のよ

---

(4)　ここでたとえば監査が手抜きの多い状態にある時に，その状態から抜け出して手抜きの少ない状態に移るためにどの程度の時間が必要か単純な数値例を示す。なお $H=4$, $h=3$, $d=2$, $D=1$, $x=1/10$, $\alpha=1/10$, $\beta=1/10$, $\gamma=8/10$, $\lambda=96/100$ とした。
$T=1$ の時 $p(1)=0.144$ から $p(1)(H-h)+(1-p(1))(D-d)=-0.712$
　　　………………………………
$T=15$ の時 $p(15)=0.492$ から $p(15)(H-h)+(1-p(15)(D-d)=-0.16$
$T=16$ の時 $p(16)=0.509$ から $p(16)(H-h)+(1-p(16)(D-d)=0.18$
　　　………………………………
$T=\infty$ の時 $p(\infty)=0.909$ から $p(\infty)(H-h)+(1-p(\infty))(D-d)=0.818$
　この単純な数値例では機会主義者が全体の8割を占める。これは，人口の大部分が機会主義者とする Dixit (2003, p. 454) の指摘に従った。$\lambda=96/100$ と世代交代が毎年全体の4％ずつ行われ，ほぼ40年目に世代の8割が入れ替わる。例えば25歳で公認会計士になった者が，65歳になる頃にはほぼ引退するという設定である。この場合においてさえ，監査の手抜きの多い状態が15年間続き，16年目になって始めてやっと均衡が監査の手抜きの少ない状態に戻ることが理解できる。

うになる。

(5-15)　$G(1-\delta^T) > x\delta^T(B-b)$

(5-15) 式は，T が十分に大きく，$k \geqq 1$ について x_k は常に一定である。この場合 (5-7) の条件は，$Z = x/(1-\delta)$ から $G = x\delta(B-b)$ となる。ゆえに (5-15) 式から第 2 期に新たに市場参入した者についても，それ以前に市場に参入した者がすべて手抜きを働いている場合には，参入したその第 2 期に手抜きを行い，そのまま手を抜き続けることが支配的戦略となる。

このような類推を続けると，すべての世代について同様なことが言え，始めに手抜きをはじめた世代が市場から大部分引退した後も，作業の手抜きは続くことになってしまう。逆に (5-15) 式の条件が満たされなければ，経済は長期的にみて作業の手抜きの少ない状態に戻っていく。つまりゼロ期に新規参入したすべての機会主義タイプのエイジェントが手抜きを行わず正直に行動し，プリンシパルは第 1 期から T 期まで作業 2 を課すが，$T+1$ 期以降は作業 1 を課すようになる。

この節で述べたモデルは，短期限りの手抜き追放運動が，その効果を表さない可能性も表している。たとえば第 1 期において国が，その期だけ有効な手抜き追放運動を強力に推進したため，機会主義タイプは手抜きにより利益 G を得ることはできるが，手抜きが発見され捕まり罰則が課される可能性が充分に高くなったとする。つまり支配的戦略として機会主義者が手抜きを働くことに対して充分リスクが高くなったとするのである。ただし第 1 期と第 2 期に新規参入した世代が，その後 T 期まで手抜きを続けて得る利益と $T+1$ 期以降も作業 1 を与えられない不利益を比較すると，前者が後者より大きいとする。この条件は (5-14) 式を参考に，次のように求められる。

(5-16)　$G(1+\delta+\cdots\delta^{T-2}) \geq \dfrac{x\delta^{T-1}(B-b)}{1-\delta}$

この式は (5-15) 式とほぼ同様の形にまとめることができるため，第 2 期以

降は手抜きが横行することが理解できる。すなわち1期限りの手抜き追放運動は，その期についてのみ手抜きを減少させることができるが，その後は何の影響もなくなることをよく示している。

(5-13)式はエイジェントに対する不信がプリンシパルから消えるのにかかる最低の期間を示すものであり，それを $T = T(\lambda, x, \rho)$ とおく。なお ρ はプリンシパルが作業1の選択を決定するために必要な，手抜きが行われないという最小の確率を示し，(5-13)式から $\rho \equiv (d-D)/[(H-D)-(h-d)]$ で表される。(5-10)式から T は λ と ρ に関して増加関数であり，x に関して減少関数である。

すなわち世代交代がゆっくりであればあるほど，またプリンシパルがエイジェントに対して抱く信頼感が高くなければならないほど，さらに過去の手抜きが発見される確率が低ければ低いほど，プリンシパルの不信が消え去るのに時間がかかることになる。(5-15)式をまとめて T の対数を求め，底を変換すると次のようになる。

$$(5\text{-}17) \quad T(\lambda, x, p) > \frac{\log\left(1 + \dfrac{x(B-b)}{G}\right)}{\log\left(\dfrac{1}{\delta}\right)}$$

この式はプリンパルの不信が消え去るのに必要な期間を示しているが，それとともに最近市場に参入した若い世代が作業の手抜きを行わずに我慢すべき期間も示している。いずれにしてもこのことは，手抜きの多い状態が唯一の継続的均衡であることを表している。

(5-10)式から x の増加は T を減少させるが，若い世代が手抜きを行わないように努めることを促進する効果も持つ。つまり相乗効果がもたらされるのである。ところが λ の増加による効果はあいまいである。それは最初の仮定で $\delta = \lambda \delta_0$ で一定であるとしたためである。δ_0 は利子率を示し一定であるとすると，λ の増加は相反した効果をもたらす。λ が増加すれば δ も増加し将来の現在価値も増加する。若い世代は手抜きを行わないという評判を保持しようと一

層努力するであろうが，世代交代は逆に遅れることになるからである。

また (5-17) 式から，少なくともどれだけの期間手抜き追放運動を続ければ，経済が作業の手抜きの少ない状態に戻れるかを求めることができる。その期間を τ とおくと，それは次のように示される。

$$(5\text{-}18) \quad T(\lambda, x, p) - \tau \leq \frac{\log\left(1 + \frac{x(B-b)}{G}\right)}{\log\left(\frac{1}{\delta}\right)}$$

第1期から τ 期まで手抜き追放運動を続けることによって始めて，$\tau+1$ 期からは機会主義者が手抜きを行わないことが長期的に利益となるのである。

4　公認会計士の集団としての評判と監査の品質

Tirole (1996) によれば[5]，第2節と第3節で展開した集団的評判モデルは，組織員や会員を自由に選択・排除できるどのような組織にも当てはまるとしている。ここではその分析対象を公認会計士という職業専門家集団に向けて検討を進めた。分析を始めるにあたり幾つかのやや非現実な仮定をおいた。

まず公認会計士に対する需要は非弾力的であり，時間に関係無く一定である。次に公認会計士の候補者数も常に一定であり，1期間で行う1人の会計士あたりの業務量も常に一定である。退職した会計士の割合は $(1-\lambda)$ で表され，退職または免許を剥奪された会計士は即座に補充される。さらに公認会計士として新規採用する時点では，候補者がどのようなタイプに属するのかを把握することはできない。また公認会計士は会計監査のみを提供するとしたが，この仮定については監査業務の拡充として保証業務の提供を含めた議論を後で行いたい。

次に上の集団的評判モデルが単純に応用できるように，プリンシパルを会計

---

(5) Tirole (1996), p. 15.

監査の利用者であり，エイジェントを公認会計士とした。会計監査の利用者とは主に被監査会社の株主を指し，公認会計士に対して監査の報酬を支払う。前に述べた集団的評判モデルと同様に，会計士には3つのタイプがある。

正直タイプの会計士の割合は α あり，このタイプは努力することに何のコストの負担も感じない。そのため常に高品質の監査を提供する。不正直な手抜きタイプの会計士の割合は β である。このタイプは努力することに対して非常に高いコストの負担を感じるため，常に低品質の監査を提供する。もう1つのタイプは機会主義タイプの会計士であり，γ の割合だけ存在する。このタイプは，高品質の監査を提供するために努力することに対して G のコストの負担を感じる。

第2節のモデルをそのまま応用すれば，会計監査の利用者は，公認会計士が正直タイプと考えれば作業1を課し，不正直な手抜きタイプと考えれば作業2を課すことになる。作業1を課すとは，会計監査の利用者が高品質の監査に相当する監査報酬 B を会計士に支払うことを意味し，作業2を課すとは低品質の監査に相当する監査報酬 b しか支払わないことを意味する。

しかしここで提供される監査は高品質 H か低品質 $L(H>L>0)$ であり，t 期において提供された監査業務に対して利用者が支払う報酬額は，過去に提供された全監査業務の平均品質に等しい。監査の利用者は，過去の各期間に全公認会計士が行った監査の平均的品質について把握しているが，自分自身が株主となっている個々の企業に対する監査の品質について何も把握していない。つまり監査の利用者は，業務の提供を受ける個々の会計士が，過去にどのような品質の仕事をしたかについては観察していないと考えた。

監査の利用者が高品質の業務の提供を受ける事後確率を v_t とすると，過去に提供された監査業務の平均的品質をもとに，会計士が請求できる監査報酬額は $p=v_t H+(1-v_t)L$ となる。監査報酬額が公認会計士全体の評判に比例していると考えるのである。

機会主義の公認会計士は，低品質の監査を提供するのには何のコストもかからないが，高品質の監査を提供するには努力というコストの支払いを甘受しな

ければならない。高品質の監査とは監査基準の求める品質水準を十分に満たすものであり、低品質の監査とは逆に監査基準の定める品質基準を満たさないものである。商社の監査で売掛金の確認を怠るなど通常実施されるべき監査手続を意図的に省略した場合などを考えればよい。

会計士が実際過去に k 回低品質の監査を提供している時に、1度でもそれが発見される確率を x_k とする。x_k は第2節の (5-1) の仮定を満たすとする。しかし第2節と異なりここでは、低品質の手抜き監査を行っていることが1度でも発見されると、その会計士の免許は即座に剥奪され公認会計士集団からは除外される。λ は次の期まで会計士を継続できる。いわゆる生き残り率を示すことから、割引係数 δ は、会計士自身が将来に対して行う割引係数 δ_0 の λ 倍と考える。

ここでの分析では公認会計士市場が定常な均衡状態にあるとする。そして監査が高品質である状態とは、機会主義タイプの会計士が全て高品質の監査を提供している状態を指し、逆に監査が低品質の状態とは、機会主義タイプがすべて低品質の監査を提供している状態を指すとした。

まず監査が高品質の状態とはどのようなものを指すかについて考察する。毎期低品質の監査を提供する会計士が、手抜きを発見されずに次期まで生き残る確率の現在価値は次のようになる。なお $x_0 = 0$ とおく。

$$(5\text{-}19) \quad \tilde{Y} = (1-\lambda) \sum_{t=0}^{\infty} \lambda^t (1-x_0) \cdots (1-x_t)$$

λ^t は t 期まで会計士を辞めない確率であり、$(1-x_0)\cdots(1-x_t)$ は会計士が手抜きを発見されて免許を剥奪される確率である。なお第2節 (5-2) の Y は次のように表しなおすことができる。

$$(5\text{-}20) \quad Y = (1-\lambda) \sum_{t=0}^{\infty} \lambda^t (1-x_t)$$

Y と $\tilde{Y}$ の相違点は、手抜きを発見された時に集団から除外されることが、一時的ではなく永久的であるということである。免許を剥奪された会計士に代

わる候補者は，正直タイプ・不正直な手抜きタイプ・機会主義タイプがそれぞれ $\alpha \cdot \beta \cdot \lambda$ の割合いる中から補充される。ゆえに監査が高品質の状態において，利用者が会計士に支払う監査報酬額は次のように表される。

$$(5\text{-}21) \quad p_H = \frac{\alpha+\gamma}{\alpha+\gamma+\beta\widetilde{Y}} H + \frac{\beta\widetilde{Y}}{\alpha+\gamma+\beta\widetilde{Y}} L$$

$\widetilde{Z}$ は，会計士が手を抜いて低品質監査を行ったことが発覚する確率を現在価値で割り引いた値とする。第2節の Z との違いは，手抜きを行い低品質の監査を行ったことが発覚した会計士が，免許剝奪を受け永久的に会計士集団から追放されることを考慮している点である。機会主義タイプの会計士が高品質の監査を提供する条件は，常に低品質の監査より高品質の監査を提供することを優先させるものでなければならない。それは次のようになる。

$$(5\text{-}22) \quad \frac{p_H - G}{1-\delta} \geq p_H \sum_{t=0}^{\infty} \delta^t (1-x_0)\cdots(1-x_t) \equiv p_H \left[\frac{1}{1-\delta} - \delta\widetilde{Z}\right]$$

$\delta\widetilde{Z}$ は，低品質の監査を提供したために，公認会計士として職業を継続できる期間が減少した分を現在価値で割り引いたものと考えることもできる。(5-22) 式をまとめると次のようになり，この条件が満たされる時に監査が高品質の状態に均衡していく。

$$(5\text{-}23) \quad \frac{G}{1-\delta} \leq \delta p_H \widetilde{Z}$$

次に会計士の監査が低品質の状態について検討する。このような状態では，正直タイプの会計士だけが高品質の監査を提供する。機会主義タイプの会計士は，低品質の監査しか提供しないため，当然免許の剝奪も多くなる。この場合に監査の利用者が支払う監査報酬は次のようになるであろう。

$$(5\text{-}24) \quad p_L = \frac{\alpha}{\alpha+(\beta+\gamma)\widetilde{Y}} H + \frac{(\beta+\gamma)\widetilde{Y}}{\alpha+(\beta+\gamma)\widetilde{Y}} L < p_H$$

監査が低品質の状態で均衡する条件は（5-24）式から次のように求められる。

(5-25) $\quad \dfrac{G}{1-\delta} \geq \delta p_L \tilde{Z}$

（5-25）式から監査が低品質の状態では，機会主義タイプの会計士が，監査の手を抜き低品質の監査を提供することを止めさせるに足る利益が生まれないことが理解できる。またこのような状態は，第3節の分析から分かるように，最初にその原因を作った世代が大部分引退した後でさえ継続し，それから抜け出すには非常に長い時間が必要である。

確かに世代交代率（$1-\lambda$）が高まり，公認会計士協会や監督機関の努力により低品質監査の発見率 x が高まり，G の減少で高品質監査を提供しようとする会計士の姿勢が強まれば，そこから抜け出す時間は多少早まる，しかしそれに時間がかかることには変わりない。つまり公認会計士にとって，高品質の監査を行うという評判は非常に貴重で，1度失うと取り戻すのは非常に困難で時間のかかることになる。

第3節の分析はさらに，短期的で一時しのぎの公認会計士協会による低品質監査の追放運動が，このような状況をまったく変えることができないことも示している。このような状況から即座に脱出し，提供される監査が高品質である状態に戻るためには，実行可能かどうかは別にして，過去に低品質の監査を提供した記録のない者も含め，現役の全公認会計士の免許を剥奪し，新人と総入れ代えを行うことしかない。

近年公認会計士業務が拡張し，「合理的保証」と「限定的保証」から成る保証業務という枠組みが提唱されている。保証業務の分野で公認会計士による業務独占が確立されているものは，財務諸表監査など一部に限られている。そのため会計士は，一般のコンサルティング会社などとの激しい競争に曝される危険性が高い。保証業務においても，その利用者が会計士に対する報酬の支払いを負担する。競争の激化により保証業務の利用者は，会計士に対する支払い報酬を減らすことができ，それだけ余剰利益を得ることができる。その余剰利益

をυとすると，それは，競争の程度を表す変数としても用いることができる。たとえば（5-23）の条件は p_H を $p_H - v$ と置き換えることにより次のように書き直すことができる。

$$(5\text{-}26) \quad \frac{G}{1-\delta} \leq \delta(p_H - v)\tilde{Z}$$

他業種との競争が激化すれば，υは大きくなり（$p_H - v$）は小さくなる。すると（5-26）の条件を満足させることがより困難になることが容易に理解できる。この結果会計士の提供する保証業務が，高品質の状態から低品質の状態に転落する可能性が十分に考えられる。また（5-23）と（5-25）の条件は相互に一致しない。そのため同じ保証業務を利用者に提供していても，公認会計士は業務が高品質の状態を保持しているが，他の提供者は業務が低品質の状態を保持している場合が考えられる。このように複数の均衡が同時に存在していることもありうることになる。

5　分析の解釈

この章で行った分析から指摘できることをまとめると次のようになる。
① 会計監査がいったん低品質の状態に入り込むと，そこから抜け出すことは容易でなく非常に時間がかかる。
② いったん監査が低品質の状態に陥ると，公認会計士協会などによる一時的な低品質監査追放運動はまったく効果を発揮しない。その効果が生まれるためには，低品質監査追放運動を非常に長期間にわたって地道に行う以外に方法はない。
③ 監査が低品質の状態から即座に抜け出し，高品質の状態に戻るためには，非常に過激な方法しか残されていない。それは，過去に低品質監査を行った記録のあるなしに関係なく，現役の公認会計士全員の免許を剥奪し，新人と総入れ替えすることである。

④ 公認会計士が提供する保証業務については，会計士の独占が認められていないことが普通であるため，コンサルティング会社など他業種との激しい競争に曝されることになる。競争は，会計士が高品質の保証業務を提供することから得る利益を減少させ，業務を低品質の状態に転落させる危険性をはらんでいる。

⑤ 保証業務については，業務が低品質の状態に転落する均衡条件と高品質の状態に戻る均衡条件に一貫性がない。そのため1つの市場において，複数の品質が同時に存在する可能性がある。

またここで行った分析について次のような批判が考えられる。年々公認会計士試験の合格者が増加する日本において，会計士の総数は一定であり退職者と免許剥奪者の和だけが毎期入れ替わるという仮定は非現実だとする意見である。また免許剥奪者の数だけ即座に補充されるという仮定も問題とされるであろう。

しかし公認会計士の合格者の増加は，会計士の総数を増やし競争を生み出そうとするものである。そのため，将来品質の高い監査ができる公認会計士の数は逆に限られてくる可能性がある。つまり品質の高い監査ができる監査法人に用意されている会計士の席は限定されてしまう。そう考えると，このゲームを公認会計士と大手監査法人の間におけるランダムマッチング・ゲームとして解釈し直すこともできる。その場合にはこの仮定が逆に現実的となるかもしれない[6]。

---

(6) Tirole (1996, pp. 15-18) はまさにその分析の対象を企業としている。

第6章
組織的自己革新と他の国の監査市場との融合

1 低品質監査・低監査報酬の早期解決策

　前章と前々章で，歴史的経路依存性のために最初に選択された低品質監査が長期間続き，高品質監査への移行がなかなか進まない可能性について分析した。特に前章ではこの状況を瞬時に解消するためには非常手段に訴えるしかないという指摘をした。この章では，瞬時ではないが，早期に歴史的経路依存性の呪縛を解き放つ策として次の3つの方法を考えた[1]。

① 政府の政策的介入
② 公認会計士協会などによる組織的自己革新
③ 他の国の監査市場との融合

　この章の分析では高品質監査には高監査報酬が必要不可欠として，監査人と被監査会社の株主に対して両者を一体にした解決策を検討した。第4章の図4-3のコーディネーション・ゲームにおいて，左上の（高品質監査，高監査報酬）の組合せを a 均衡，右下の（低品質監査，低監査報酬）の組合せを b 均衡と呼ぶことにする。次に上にあげた3つの解決策について詳しく分析していく[2]。

---

(1) 奥野・瀧澤（1996，288-293頁）を参考にした。
(2) 加藤（1997）も参照されたい。

2 政府の政策的介入

　政府の政策的介入としては，(低品質監査，低監査報酬)という戦略 b を採用した監査人になんらかの強制的罰則を課す方策の検討がまずもっとも基本となるであろう。例えば法律の改正を行い，重い罰金を課すことがあげられる。またたとえ罰金でなくとも，粉飾決算に目をつぶった監査人の責任を明確にするために，株主・債権者に損害賠償訴訟を促進させる法律的または行政的介入も考えられる。また低監査報酬しか容認しない被監査会社の株主に対しても何らかの罰則が必要である。そのため監査報酬の公開が必要不可欠になる。

　このような罰則を導入して，(低品質監査，低監査報酬)という戦略 b をとった監査人と株主は，一律に3のマイナスを被るようになったとする。第4章の図4-3の左下と右上と右下における利得にマイナス3のペナルティーを課したものが図6-1である。監査人と株主が(低品質監査，低監査報酬)という戦

図 6-1　政府の政策的介入

			株　　主		
			高監査報酬		低監査報酬
			協　　調		裏　切　り
監査人	高品質監査	協調	3	3	0	-3
	低品質監査	裏切り	-3	0	-2	-2

略 b をとった場合，その獲得利得は全てマイナスとなってしまう。その結果（高品質監査，高監査報酬）という戦略が監査人にとっても株主にとっても支配的戦略となり，初期の（低品質監査，低監査報酬）という b 均衡から（高品質監査，高監査報酬）という a 均衡に移行させることが可能となる。

しかし監査の品質を個別に監視することが困難で監査判断の選択が無意識的な場合，厳格な会計基準や監査基準を強制化し違反者を処罰する第1の方法の効果には限界がある。またこのような措置が政策立案者の意図通り実行されるかも疑問がある。監査の品質改善と低監査報酬の改善にはむしろ次の第2と第3の方法の方が望ましいかもしれない。

3 公認会計士協会などによる組織的な自己革新

(1) ランダムマッチング・ゲームの限定的合理性

（低品質監査，低監査報酬）という b 均衡が支配的になっている状況を，（高品質監査，高監査報酬）という a 均衡に移行させる別の試みとして，組織的な自己革新の効率性について検討する。これはランダムマッチング・ゲームに突然変異の考え方を導入したものである。ランダムマッチング・ゲームのプレイヤーの行動は，次の原則に必ず従って行動するという限定的合理性を持っている。

その原則とは慣性と近視眼的行動である。慣性とは次のようなものである。社会において各人が，毎期ロボットのように一定の戦略をとることである。また戦略を変えると，いろいろな面倒が生じ犠牲を払わなければならないので，社会の一部の人だけが，毎期戦略を変更する可能性があると考える。このような場合，社会の戦略分布は徐々に変化するが，一時に大局的な変化は起こらない。これが慣性である。また近視眼的行動とは，社会の各人が戦略を変更する場合には，その時点で最適と考えるものを選択することを意味する。ただしその選択の際に，他の人が戦略変更をして最適戦略が変化してしまうことまでは考慮しない。

(2) KMRモデル

　ゲームの前提からも理解できるように，局所的な突然変異ではゲームの進化に大局的な変化をもたらすことは困難である。このような大きな変化をもたらすためには，ゲームにおける一定の割合のプレイヤーが，同時に突然変異を起こすと想定すればよいかもしれない。このような考え方をもとに，社会の変化が起こる可能性を示唆したものが，Kandori et al. (1993) と Young (1993) である。ここでは主に KMR モデルといわれる前者のアプローチをもとに考察を進めていく。

　KMR モデルでは具体的な例として，ある大学の寮で 10 人の寮生達が，2 つの機種のコンピュータを使う場合をとりあげている[3]。ここで便宜上 1 つは古い機種のコンピュータであり，もう 1 つは，新しい機種のコンピュータとしよう。この 2 つのコンピュータには互換性がない。寮生はレポートの共同作成やソフトウェアの共用のために，同じ機種のコンピュータを持っていた方が便利である。このため，古い機種のコンピュータの使用が寮内で支配的な場合，新しい機種のコンピュータが寮内でなかなか普及しないことが考えられる。新しい機種を利用した方がレポートの作成も早くでき，幅広いソフトウェアが利用可能にもかかわらず，この状況は継続していく可能性がある。

　ところがこの寮では学生の入れ代わりが比較的頻繁に起こり，新しい寮生が新しい機種のコンピュータを持ち込むことがある。つまりこの新寮生が，突然変異を起こす遺伝子の役割を担うと考えてもよい。そしてこのような寮生が，同時に一定数以上入寮すると，寮内におけるコンピュータの機種の転換が急速に進む可能性がある。

　この例は，古い機種のコンピュータか新しい機種のコンピュータを選択利用するという典型的な戦略的補完性のあるゲームである。KMR モデルは，有限のプレイヤーがお互いに一様に等しい確率で出会うという，ランダムマッチング・ゲームを基礎としている。これは，第 4 章の図 4-3 に示したゲームと基本

---

[3] Kandori et al. (1993), pp. 34-35.

的に同じ構造であると考えてよい。ここでは彼らの学生寮の例と同様に、監査人1人と被監査会社の株主1人による10のペアで構成されるある国の監査市場を考えてみる。

(3) 進化的安定戦略 (ESS)

第4章の図4-3のゲームは、すでに述べたように（高品質監査、高監査報酬）という a 均衡と（低品質監査、低監査報酬）という b 均衡を持っている。これは、2つのナッシュ均衡を持つ戦略的補完性のあるゲームであることを意味する。監査市場がどちらの均衡に支配されているかは、歴史的初期における（高品質監査、高監査報酬）という戦略 a と（低品質監査、低監査報酬）という戦略 b をとる監査人と株主のペアの割合によって決定される。

（高品質監査、高監査報酬）という戦略 a を選択する監査人と株主のペアの割合を $p(0 \leq p \leq 1)$ とすると、a 戦略をとるペアの期待利得は $3p$ である。逆に b 戦略をとるペアの期待利得は $1-p$ となる。縦軸に獲得利得と横軸に p をとってこれをグラフに表したのが図6-2である。

グラフの太線からも分かるように、$p>1/4$ の時は $3p>1-p$ となる。この場合には b 戦略を取っているよりも、a 戦略を取っていた方が常に利得は高くなる。そのため a 戦略を取るペアの数は増加し続け、最終的に $p=1$ になりすべてのペアが a 戦略をとるまで続く。逆に $p<1/4$ の時は $3p<1-p$ となる。この場合には a 戦略を取るよりも、b 戦略を取る方が常に利得は高くなる。そのため b 戦略を取るペアの数は増加し続け、最終的に $p=0$ になりすべてのペアが b 戦略をとるまで続く。

このような均衡を M-Smith (1982) の定義に従って[4]、進化的安定戦略 (evolutionarily stable strategy ; ESS) と呼ぶ。このゲームのように、通常のゲームの均衡であるナッシュ均衡と進化的安定戦略 (ESS) が一致するとは限らない。

---

(4) M-Smith (1982), p. 14.

図 6-2 監査の品質に関する進化的安定戦略（ESS）

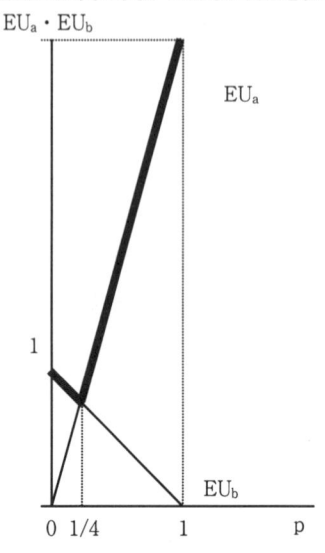

進化的安定戦略に従えば，b 均衡から a 均衡にすべての監査人と株主のペアが移行可能であるが，歴史的初期条件として（高品質監査，高監査報酬）戦略 a をとるペアが 1/4 以上を占めていなければならない。戦略 a をとるペアの割合がゼロの場合には，ペアの割合が何らかの方法で突然増加することがない限り，（高品質監査，高監査報酬）という a 均衡に永遠に到達できない。そこで KMR モデルに従って，b 均衡から a 均衡に監査市場を移行させるために，監査人と株主のペアの戦略に突然変異の考え方を導入してみた。

（4） 突然変異的改革

つまり各ペアは，毎期確率 ε で突然変異を起こし，ある一定の確率で戦略 a か戦略 b を選択する。また $1-\varepsilon$ の確率で通常のその時にもっとも最適となる戦略を選択するとする。この結果監査人と株主のペアの選択する戦略は，毎期確率的な変動にさらされることになる。この市場では，歴史的初期条件によって b 均衡が支配しているとする。これが a 均衡に移行するためには，最低全体の 1/4 以上，つまり 3 人のペアが同時に突然変異を起こす必要がある。そし

てその確率は ε^3 となることが理解できる。逆に a 均衡が支配している市場が b 均衡に移行するためには，最低全体の 3/4 以上，つまり 8 人のペアが同時に突然変異を起こさなければならない。そしてその確率は ε^8 となる。

突然変異を起こさなければならないペアの数だけからも，b 均衡を覆すことは容易で，a 均衡を覆すことが困難であることが理解できる。この時 ε をゼロに近づけていくと，a 均衡と b 均衡に移行する確率もゼロに近づく。しかしここで a から b に移行する確率の方が，b から a に移行する確率よりはるかに早い速度でゼロに近づくのに注目すべきである。つまり ε を小さくしていくと，監査人と株主のペアが選択する戦略は確率的変動にさらされながらも，長期的にはほとんどの期間でより望ましい a 均衡が支配する。

KMR モデルにおけるシミュレーションによれば[5]，突然変異率と市場における監査人と株主のペアの数をそれぞれ 0.1 と 10 人とおくと，b 均衡を覆すのにはゲームを 14 回繰返すだけでよいが，a 均衡を覆すには 270 万回ゲームを繰返さなければならない。つまり（高品質監査，高監査報酬）という戦略 a が，ほとんどの期間を支配することになる。

ここにおける突然変異は，広い意味での変革の試みと解釈でき，試行錯誤から生まれる一種の自己革新の試みと定義づけることができる。（低品質監査，低監査報酬）という戦略 b が支配している監査市場において，監査人と株主の自己革新の試みとは，（高品質監査，高監査報酬）という戦略 a を自主的に選択することである。

しかも KMR モデルの指摘の通り，ある 1 組の監査人と株主のペアだけがこれを単独に採用しただけでは，制度の大きな変革は期待できない。そのためには，一定の割合のペアが，組織的に（高品質監査，高監査報酬）という戦略 a を同時に採用する必要がある。つまり公認会計士協会のような自律組織が，監査人と株主に高品質監査と高監査報酬を受容させる自己革新運動の核となる必要が生まれるのである。

---

(5) Kandori et al. (1993), p. 51.

(5) 段階的改革の重要性

またいきなり第4章の図4-3における左上の（高品質監査，高監査報酬）という利得の組合せ (3, 3) に移行するには，急激な環境変化に対応する必要があり，突然変異的な自己革新運動の生存率も低くなる。その場合には相対的に自己革新運動が行い易い（中品質監査，中監査報酬）という利得の組合せ (2, 2) を経た方が，より移行が迅速に進むかもしれない。環境変化もより緩やかで突然変異的自己革新運動の生存率も高くなるからである。

（低品質監査，低監査報酬）という利得の組合せ (1, 1) から（中品質監査，中監査報酬）という利得の組合せ (2, 2)，または（中品質監査，中監査報酬）という利得の組合せ (2, 2) から（高品質監査，高監査報酬）という利得の組合せ (3, 3) に移行する突然変異率を ε とおく。単純化のためにここでは単発的な突然変異でも均衡の移行は可能とする。図6-3からいきなり（高品質・高監査報酬）という a 均衡に移行する期間は $1/\varepsilon^2$ かかる。それに対して（中品質・中監査報酬）を経た場合には $1/\varepsilon+1/\varepsilon=2/\varepsilon$ となる。ここで $\varepsilon=0.1$ とおくと，かかる平均期間は前者が100で後者が20となり，明らかに後者の時間が短くなることが理解できる[6]。

ここで言う会計士による監査品質改善のための自己革新運動とは，具体的には次のような例をあげることができる。それは，公認会計士協会の先導による監査指針の厳格化である。例えば建設会社などが大量に保有する不動産については，現在の日本の会計基準では減損処理を行う必要はない。しかしこれらの不動産の大部分は時価が著しく下落しており，減損処理を行わなければ投資家の意思決定を誤らせかねない。しかしこの場合いきなり監査人が，評価減が生じている不動産すべてに対して減損処理を被監査会社に求めてもなかなか受け

図 6-3 監査人と株主ペアの突然変異率 ε と監査品質の改善可能性

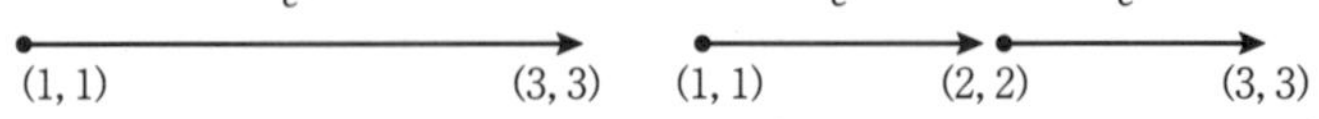

```
        ε²                    ε           ε
●─────────────────────▶   ●──────────▶ ●──────────▶
(1, 1)              (3, 3)  (1, 1)   (2, 2)   (3, 3)
```

---

[6] Ellison (2000, p.29) を参考にした。なお加藤 (2001 ab) も参考にされたい。

入れられないであろう。

　すべての不動産の減損処理を求めることが高品質監査の基礎になるとしても，このような突然変異的改革が現在の日本で現実に生き延びることは非常に困難である。その場合にある監査人が，例えば簿価の50％以下に評価減しているものについて減損処理を被監査会社に求めたとする。これが国際的に見て中品質監査の水準しか満たさないとしても，被監査会社がこの要求に従おうとする可能性は，全不動産の減損を要求する時よりはるかに高いはずである。また監査人は減損を求めない時と比較して，被監査会社を説得するための十分な資料の用意など余分な努力をしなければならない。この努力は，被監査会社の財務諸表に計上される評価損によってある程度まで株主にも監視可能である。

　なおこのような動きも，単発的である場合にはその効果も限られたものになる。不動産会計における単発的な監査品質の改善運動を会計士全体に広げるためには，減損を求めるという突然変異を起こす監査人を同時に一定以上の数にしなければならない。それは，公認会計士協会などが50％以下に評価減している不動産のみに減損を求める監査指針を打ち出すことによって実現化できる。また同時に株主に対する監査報酬の改善を求める啓蒙運動も欠かせない。

(6) 米国会計基準採用企業を中心とした改革

　最後にKMRモデルを応用する上で問題になることは，監査人と株主のペアの総数が増加すると，組織的な自己革新運動を経ても（高品質監査，高監査報酬）というa均衡になかなか到達できないことである。たとえ（中品質監査，中監査報酬）の過程を経ても，（高品質監査，高監査報酬）に到るまでには天文学的な時間がかかってしまう。監査人と株主のペアの総数が100人で（低品質監査，低監査報酬）から（中品質監査，中監査報酬）へと突然変異する割合を5％とする[7]。Ellison (1993) のシミュレーションによれば[8]，全体

---

(7) Ellison (1993, p. 1050) の設定では，監査人と株主のペアは2εの確率で（中品質監査，中監査報酬）という戦略と（低品質監査，低監査報酬）という戦略をランダムに選択する。

88　第6章　組織的自己革新と他の国の監査市場との融合

の75%が図6-3の（中品質，中監査報酬）という組合せ（2,2）に達するには，普通のランダムマッチでは8.13×10^{17}回，つまり1000兆の813倍ゲームを繰返さなければならない。

ところがEllison（1993）はローカル・インターアクション・ゲーム（local interaction game）という考えを導入し，ランダムマッチを一定の集団ごとにすることにより，この速度を劇的に速めることを示した。例えば（低品質監査，低監査報酬）という戦略bをとる監査人と株主のペア10組が1つの円形に並んでいるとする。

（中品質，中監査報酬）という戦略を仮にc戦略と呼ぶ。例えば$b, b, b, b, b, b, b, b, b, b$と並んでいる中で連続する2つのペアに突然変異が起こって，$b, b, b, b, c, c, b, b, b, b$となったとする。ここで2つのペアだけのランダムマッチを考えれば，隣のペアがc戦略をとった瞬間にb戦略をとっているペアもc戦略をとった方が有利になる[9]。その結果c戦略をとっている両隣のbはcに移行し$b, b, b, c, c, c, c, b, b, b$となり，次第に$c$戦略をとるペアが増加していく[10]。

このような形で（中品質，中監査報酬）という戦略cを伝染（contagion）[11]させることができれば，大多数の監査人と株主のペアがc均衡に到達できる時間を劇的に早めることができる。例えば上のシミュレーションで，監査人と株主のペアを12ペアずつにグループ分けしてランダムマッチを行うと，45回ゲームを繰返すだけで（中品質，中監査報酬）という組合せ（2,2）に到達することができる[12]。日本における米国会計基準採用企業の監査品質と監査報

---

(8)　Ellison（1993），p. 1061.
(9)　c戦略をとっている監査人と株主のペアの割合をpとすると，c戦略を取った時の利得は$2p$で表され，b戦略を取った時の利得は$1-p$で表される。$2p>1-p$から$p>1/3$であれば，すべてのペアがc戦略を取るようになる。ゆえに2つのペアにおけるランダムマッチではどちらかがc戦略をとれば$p\geq1/2$となり，この条件を満たすことになる。
(10)　Ellison（1993，pp. 1052-1053）なお松井（2002，170-171頁）も参照した。
(11)　Lee and Valentiny（2000）とMorris（2000）はローカル・インターアクション・ゲームをさらに拡張して，このような表現を用いている。
(12)　Ellison（1993），p. 1065.

酬はそれ以外の企業より高いと言われる[13]。このことは，監査の品質と監査報酬の改善の自己革新運動を，最初は米国会計基準採用企業を含めた一定の狭い集団の枠ごとに行うことが効果的であることを示唆している。

4 他の国の監査市場との融合

ある国が（低品質監査, 低監査報酬）という均衡 b にある時に（高品質監査, 高監査報酬）という均衡 a に移行させる最後の手段として，a 均衡にある国の監査市場と融合させることを検討する。分析は奥野・松井（1995）のモデルに従った[14]。まず歴史的初期条件が，図6-4のように与えられていた国Aがあったとする。この国は，監査人と株主の全ペアが，（高品質監査, 高監査報酬）という戦略 a を選択するようになるであろう。その後社会に変動が起こり，第4章図4-3のように a 戦略と b 戦略に関する戦略的補完性のあるコーディネーション・ゲームに変化しても，この国では歴史的初期条件から a 均衡が支配することになる。

それに対して，現在第4章図4-3のようにA国と同じ状況にあるが，歴史的初期条件から（低品質監査, 低監査報酬）という戦略 b が支配的となっている国を想定し仮にB国と呼ぶ。この2つの国の間で，公認会計士の資格や会計基準の相違など様々な非関税障壁が取り除かれ，監査市場の統合化が図られたとする。

この両国の監査市場の規模や市場の開放度を示すにあたり次のパラメータを用いる。まずA国とB国の監査人と株主のペアの合計に対するB国のペアの割合を n とおく。n が小さい時にはB国の市場がA国と比較して相対的に小さく，逆に n が大きい時には市場が相対的に大きいことを示す。次に両国の市場の開放度を β というパラメータで表すとする。β がゼロの時には，両国

---

[13] 日本経済新聞（2004/4/21）によれば，キャノンなど米国会計基準採用企業の監査報酬は非常に高いとされる。
[14] 奥野・滝沢（1996, 290-293頁）も参照した。

図 6-4　A国の監査市場における監査の品質と監査報酬の歴史的初期条件

		株主			
		高監査報酬		低監査報酬	
		協　調		裏　切　り	
監査人	高品質監査 協調	3	3	4	0
	低品質監査 裏切り	0	4	1	1

の市場はお互いの国にまったく開放されていない状態である。これに対してβが1の時には，両国の市場は完全に統合され，まったく同等の条件で監査の品質と監査報酬が決定される状態である。

この2つのパラメータ（n, β）の相互作用を示したものが図6-5である。右上と左下のセルは，B国とA国の監査人と株主のペアが出会って影響を与え合う場合であり，両国の監査市場の開放度βの影響も受けることになる。次にこれらのパラメータの変動によって，A国とB国にどのような均衡が現れるかを見ていく。

この2つのパラメータの値によっては，A国またはB国で（高品質監査，高監査報酬）という戦略aと（低品質監査，低監査報酬）という戦略bをとる監査人と株主のペアが両方存在し，それがナッシュ均衡になっている場合も考えられる。ここでB国でa戦略をとる監査人の割合をp，A国でa戦略をとる監査人の割合をqとし，A国でa戦略をとる時とb戦略をとる時の期待利得を求めてみる。

図 6-5 監査市場の規模 n と監査市場の開放度 β の関係

	B	A
B	n	$\beta(1-n)$
A	βn	$(1-n)$

A国で a 戦略をとる時の期待利得は $n\cdot 3p+\beta(1-n)\cdot 3q$ である。これに対してA国で b 戦略をとる時の期待利得は $n(1-p)+\beta(1-n)(1-q)$ である。A国で a 戦略と b 戦略が共存している場合，この2つの期待利得は等しくなり，それがナッシュ均衡になりえる。ところがA国で a 戦略をとる期待利得は，p の増加関数で表されているのに対して，A国で b 戦略をとる期待利得は，p の減少関数で表されている。このことは，p の割合がそれより少し増えると，たちまち a 戦略の期待利得が b 戦略の期待利得を上回ることを意味する。同様なことがB国についても言え，両方の戦略をとる監査人が共存する均衡は，進化的安定戦略（ESS）とは言えないことになる。

この結果ここで考察すべき均衡は，それぞれの国で全ての監査人と株主のペアが，a 戦略か b 戦略のどちらかをとっている場合に限定できる。A国の監査人と株主のペアが全て b 戦略をとり，B国のペアが全て a 戦略をとっている均衡を (B,A) と表すとすると，ここで検討の必要な均衡は，$(A,A)\cdot(A,B)\cdot(B,A)\cdot(B,B)$ の4つに絞られることになる。(A,B) と (B,A) を対称的で同じものとみなすと，実際に考察すべき均衡は，3つに限られる。

まず (A,A) と (B,B) 均衡が，パラメータ (n,β) のいずれの値に対して

も存在することに注意すべきである。A国とB国の監査市場が，双方の監査人と株主のペアに開放され始めた時，初期条件 (A, B) で表される均衡が，どのように変化するかがここでの焦点となる。要するに市場開放に伴い，（低品質監査，低監査報酬）という戦略 b が支配するB国が，（高品質監査，高監査報酬）という戦略 a の支配するA国の影響を受けて，どのように進化するかが問題となる。

では (A, B) 均衡の存在範囲を求めるために，B国で b 戦略をとった場合が最適になる条件を求めると次のようになる。

$$n \geq 3\beta(1-n) \Leftrightarrow \beta \leq \frac{n}{3(1-n)}$$

最初の式の左辺における n はB国で b 戦略をとった時の期待利得であり，右辺における $3\beta(1-n)$ は，B国で a 戦略をとった時の期待利得である。またA国で a 戦略をとった時が最適になる条件を求めると，次のようになる。

$$3(1-n) \geq \beta n \Leftrightarrow \beta \leq \frac{3(1-n)}{n}$$

最初の式の左辺における $3(1-n)$ は，A国で a 戦略をとった時の期待利得であり，右辺における βn は，A国で b 戦略をとった時の期待利得である。以上の2つの条件を図示すると図6-6のようになる。

まずこの図から $n<3/4$ の場合には，両国の市場が融合する割合 β の値が大きくなるにつれて (A, B) 均衡が成立しなくなり，両国とも（高品質監査，高監査報酬）という a 均衡が支配する (A, A) 均衡の範囲が増加していくことである。この時A国は常に a 均衡が支配しているので，始め（低品質監査，低監査報酬）という戦略 b が支配していたB国の均衡が，a 均衡に移行していると理解できる。逆に $n>3/4$ の場合，β の値が大きくなるにつれて (A, B) 均衡の範囲が狭まり，両国とも（低品質監査，低監査報酬）という b 均衡が支配的になる (B, B) 均衡に移行していく。

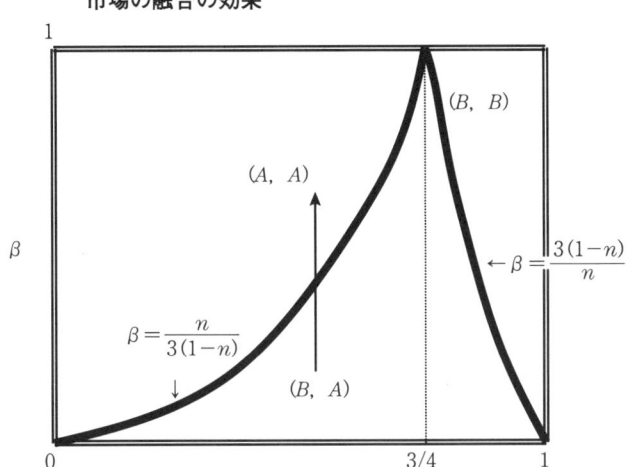

図 6-6　低品質監査・低監査報酬市場と高品質監査・高監査報酬市場の融合の効果

グラフ：縦軸 β、横軸 $n \to$。左下 $(0,0)$ から右上へ曲線 $\beta = \dfrac{n}{3(1-n)}$ が上昇し、$n=3/4$ で頂点 (B, B) に達し、そこから右下へ曲線 $\beta = \dfrac{3(1-n)}{n}$ が下降して $(1, 0)$ に至る。グラフ内の点として (A, A)、(B, A) が示され、矢印が付されている。

　以上から，B 国の相対的監査市場の規模を示す n の値が余り大きくなければ，両国の監査市場の開放により，市場全体がより望ましい均衡へ移行する可能性があることが理解できる。監査人と株主のペアに（低品質監査，低監査報酬）という b 均衡が支配的な B 国が，（高品質監査，高監査報酬）という a 均衡が支配的な A 国と市場の統合化をすれば，監査市場の改革を進めることが可能になる。

　他の国の監査市場との統合化には，会計基準や監査基準の国際調和化や公認会計士の資格の互換性など様々な解決すべき問題がある。しかしこのような問題は会計のグローバリゼーションによって解決されつつあり，非常に有効な施策になる可能性が高い。例えばアメリカの監査市場と日本の監査市場を統合化することは，低品質監査と低監査報酬を解消する有効な手段である。この場合に問題となることは，日本の大手監査法人とアメリカの大手会計事務所との提携関係である。日本市場の分割化とローカル化に結びついているこのような関係は解消されるべきである。

5 低品質監査と低監査報酬の解決に向けて

以上の分析から示唆される低品質監査と低監査報酬の解決策について次のようにまとめることができる。

① 法律による懲罰などの政府の政策的介入は一見理論的には効率的であるが、必ずしもその意図通りに進むとは限らない恐れがある。

② 公認会計士協会などによる自己革新の試みは単発的なものでは不十分であり、組織ぐるみの持続的な改革のみが効果を発揮する。

③ 公認会計士協会などによる自己革新の試みは、急激なものより段階的なものの方が効率的である。

④ 低品質監査と低監査報酬の解消には、米国会計基準採用企業など高品質監査と高監査報酬を実現している幾つかの企業を核として進めることが望ましい。

⑤ 高品質監査と高監査報酬を実現しているアメリカの監査市場との融合は、低品質監査と低監査報酬の解消に有益な方法である。

最後に監査報酬の改善は企業の経営者に求められることであり、株主とは直接関係がないとする批判が考えられる。しかしアメリカでは企業改革法によって、監査報酬を決定する取締役会の監査委員会はすべて外部の取締役から構成されなければならなくなった。このことからも、監査報酬の最終的な決定権は経営者にはないことが理解できる。日本における問題は、高監査報酬が高品質監査に必須とする自覚が株主や投資家の間になく、経営者に対する充分な圧力を形成できないことである。この章の基礎になる考えは、株主が高監査報酬を出す企業を高く評価し、そのコストを最終的に負担する意思を示すことがもっとも重要だというものである。

第7章
監査の制度化のコストとベネフィットと適正な監査政策

1 監査の制度化の意義と課題

　監査制度の有効性は，制度の効率性と密接な関係があると考えてもよい。即ち制度化が生み出したコストと利益を秤にかけることである。すでに考察してきたように，監査の制度化が生み出した利益は決して否定できない。しかしその利益に対してどのようなコストが犠牲にされているかについては十分に理論的な議論がされているとは言えない。利益とは，それにかかるコストとの相関関係を考慮しながら議論されるべきである。またこのコストの節約は適正な監査政策をとることによって可能と考える。本章の目的は，監査の制度化の意義と適正な監査政策についてコスト・ベネフィット分析によって考察することである[1]。

　適正な監査政策については，監査をモラル・ハザードの防止手段とするDemsky and Feltham (1978)[2]・Evans (1980)・Baiman et al.(1987) によるものがある。しかしここで検討する Morton (1993) のモデルはむしろ，監査を逆選択（アドバース・セレクション）の防止手段と考えるものである。

　前者のアプローチによると，エイジェントは自分があげる成果を完全に制御できないため監査は必ず実施される。ところが後者のアプローチによると，エイジェントは開示報告の内容を完全に把握しているとされる。それならば，エイジェントは監査が実施されれば露見確実な虚偽の開示報告は一切行わないと

---

(1) 加藤 (1999 ab) を参照されたい。
(2) Demsky and Feltham (1978), pp. 349-350.

考えることができる。この場合に確率的でランダムな監査が有効性を発揮する。これは，適正な監査政策と監査コストの節約に関して新しい視点を与えてくれる。

2 監査の制度化のコストとベネフィット

(1) モデルの基本設定

ここではまず監査の制度化の意義について，制度化から受ける利益と支払うコストの観点から検討する。次に制度の維持にかかるコストを節約し，監査制度の効率性を上げる可能性があるかについても吟味してみたい。そのためにRasmusen (2001) の監査ゲームを応用して分析する[3]。このゲームでは税務署と納税者の監査ゲームとしてモデル化されているが[4]，税務署を公認会計士の依頼人である株主，納税者を経営者と置き換えることにより，企業を対象とする監査実施ゲームとして考えることも可能である。

公認会計士による監査の目的を，ここでは最小のコストで経営者の虚偽報告を発見することとする。経営者は，虚偽報告が発見されないと考える時には，必ず虚偽報告を行うとする。もちろん虚偽報告をしない正直な経営者もいる。しかしこの分析の焦点は，虚偽報告をする誘惑に駆られる経営者に対してどのような経済的インセンティブを与えてそれを防止するかという点である。そのためこのような多少極端な仮定をおいた。

公認会計士が虚偽報告を発見する場合の利益を4と置き，株主が公認会計士を雇う時に支払うコストを C とする。監査から得る利益は，そのコストより必ず大きくなくてはならないので，$C<4$ とする。経営者が真実な報告をする場合に，その義務感から支払うコストを1とし，虚偽報告を発見されて受ける

---
(3) Rasmusen (2001, pp.79-81) なお岡田 (1996, 58-59頁と100-102頁) の査察ゲームも参考にした。
(4) Border and Sobel (1987)・Sansing (1993)・Rhoades (1999) も税務監査を対象にして，税務当局の最適な監査政策を検討している。

図 7-1 監査実施ゲーム

	経営者	
	虚偽の報告 (θ)	真実の報告 ($1-\theta$)
株主　監　査 (γ)	$4-C, -F$ →	$4-C, -1$
	↑	↓
監査なし ($1-\gamma$)	$0, 0$ ←	$4, -1$

法的罰則その他の社会的制裁を F とする。虚偽報告を発見されて受ける社会的制裁は，当然真実の報告をする義務感より大きくてはならないので，$F>1$ とする。

株主が信頼して監査を行わないことをよそに，経営者が虚偽報告を行っている場合には，経営者は何の罰則を受ける可能性もない。ゆえにその利得をゼロとする。この場合株主は，公認会計士を雇う監査コストを節約できるが，経営者の虚偽報告を発見できない。そのため監査から受ける利益も享受できない。以上から，株主の利得もやはりゼロとなる。株主が経営者を信頼することを止めて公認会計士を雇った場合，株主の受け取る利得は $4-C$ である。それに対して経営者は，虚偽報告が発見され制裁を受けるため，その利得は $-F$ となる。

株主が公認会計士を雇い虚偽報告が不可能になると，経営者は真実の報告をしなければならない。その場合経営者の利得は -1 となり，株主の利得は $4-C$ のままである。株主が公認会計士を雇わなくても，経営者が真実の報告をして -1 の利得を甘受してくれれば，株主の利得は 4 となり最大となる。株主が会計監査人を雇って監査を行う確率を γ，経営者が虚偽の報告をする確率を θ とすると，このゲームは図 7-1 のように表すことができる。

(2) 任 意 監 査

最初に株主と経営者が相手の行動を観察することなく，同時に行動を起こす場合を想定し，これを監査実施ゲーム①と呼ぶことにする。このゲームの均衡点は次のように求められる。まず株主にとって，公認会計士を雇って監査を行

う場合の期待利得 π を求める。

(7-1)　$\pi_{株主}(監査) = (4-C)\theta + (4-C)(1-\theta)$

次に株主にとって，公認会計士を雇わず監査を行わない場合の期待利得を求める。

(7-2)　$\pi_{株主}(監査なし) = 0 + 4(1-\theta)$

(7-1) = (7-2) から

(7-3)　$\theta^* = \dfrac{4-(4-C)}{(4-(4-C))+((4-C)-0)} = \dfrac{C}{4}$

ゆえに経営者が虚偽の報告をする確率は $\theta^* = C/4$ である。経営者にとって，虚偽の報告を行った場合の期待利得は次の通りである。

(7-4)　$\pi_{経営者}(虚偽の報告) = -\gamma F + 0$

経営者にとって，真実の報告を行った場合の期待利得は次の通りである。

(7-5)　$\pi_{経営者}(真実の報告) = -\gamma - (1-\gamma)$

(7-4) = (7-5) から

(7-6)　$\gamma^* = \dfrac{-1-0}{(-1-0)+(-F-(-1))} = \dfrac{1}{F}$

ゆえに株主が公認会計士を雇って監査をする確率は $\gamma^* = 1/F$ である。均衡点における株主の期待利得は次のようになる。

(7-7)　$\pi_{株主}(監査) = \pi_{株主}(監査なし) = \theta^*(0) + (1-\theta^*)(4)$
　　　　$= 4 - C$

均衡点における経営者の期待利得は次のようになる。

(7-8)　$\pi_{経営者}(真実の報告) = \pi_{経営者}(虚偽の報告) = \gamma^*(-F) + (1-\gamma^*)(0)$
　　　　$= -1$

つまり経営者と株主が同時に行動を起こす場合を想定した監査実施ゲーム①

では, 経営者が虚偽報告をする確率は $C/4$ であり, それに対して株主は $1/F$ の確率で監査を行えばよいことになる。その結果株主と経営者の期待利得はそれぞれ $4-C$ と -1 となる。ここでは, 経営者も株主も互いに相手がどのような行動をとるか分からずに行動を起こす。つまり株主が監査を選択するか監査なしを選択するかは経営者にはあらかじめ分からない。監査実施ゲーム①は, 公認会計士を雇って監査を行うか否かが株主の自主性に任されている任意監査の状況を示していると言える。

任意監査の状況では, 仮に監査が完璧であるという前提があっても, 経営者が虚偽報告をする可能性が $C/4$ だけ存在する。また監査のコストが高くなればなるほど $C/4$ が高くなるため, 経営者が虚偽報告をする確率は高くなる。さらに虚偽報告を発見された時に受ける経営者の法的罰則その他の社会的制裁が高ければ高いほど $1/F$ が低くなり, 監査を行う確率は少なくてすむ。

(3) 監査の制度化

監査の制度化とはどういう意義を持つのであろうか。経営者が株主の行動を見て行動を起こすとしよう。この新しい想定でのゲームを監査実施ゲーム②と呼ぶことにする。このゲームは, 監査実施ゲーム①と異なり, ゲームのプレイヤーに先手と後手のあるゲームと考えることができる。つまり監査実施ゲーム②では経営者は, 相手の行動に対して完全な情報を持つことになる。この場合の均衡点は簡単で, 図7-1の右上のようになる。

つまり株主は公認会計士を雇い監査を選択し, 経営者はその選択を見て真実の報告を行うことを選択するであろう。株主が監査なしを選択すれば, 経営者は虚偽報告を選択すると考えられるので, 両者にとってこのこと以外の選択の余地は残されていない。この場合株主と経営者の利得は, それぞれ $4-C$ と -1 となり, 株主と経営者が同時に行動を起こすという最初の想定と利得の変化はない。ただし最初の想定と比較すると, 株主による監査が常に行われるため, 監査が増加し経営者の虚偽報告は減ることになる。

経営者が株主の行動を見て動くとすると, 経営者の虚偽報告は大幅に減り監

査の有効性は飛躍的に高まる。これが監査の制度化のもたらす利益であり，制度化の意義にほかならない。監査の強制化は，株主が経営者にあらかじめ監査が行われることを告げることを意味する。経営者が，株主の行為を見て虚偽の報告を止め，真実の報告を選択せざるをえなくなる仕組みを作ることでもある。ところが監査実施ゲーム②の想定では，経営者の虚偽報告は減少し監査のもたらす利益は高まるものの，真実の報告を選択した経営者に対しても監査は常に行われる。そのため監査に関して無駄なコストが発生していることになる。このコストを削減させる方法を次に検討してみたい。

（4） 監査のランダム化

監査実施ゲーム①と監査実施ゲーム②では株主が，監査か監査なしかのどちらかを選択するという二者択一的な想定であった。このような二者択一的な想定ではなく，監査を行うか否かを株主がランダムに選択する場合を考えてみよう。これを監査実施ゲーム③として検討する。株主が経営者に対して監査を行うか否かをランダムに選択し，監査を選択する割合を $a(0 \leq a \leq 1)$ とすると予告したと考える。監査の目的は，この監査実施ゲームでは経営者の虚偽報告を防止することであり，a を1とすれば監査実施ゲーム②と同様になる。しかしもしここで経営者が真実の報告を行った場合の利得が，虚偽の報告を行った場合と同じか少しでも高ければ，経営者は真実の報告を選択するはずである。

$$(7\text{-}9) \quad -1 \geq a(-F) + (1-a)(0)$$

その均衡点は，$a=1/F$ であり，少なくともこの割合で監査されれば，経営者は真実の報告を行うと考えられる。監査が行われる割合は，監査実施ゲーム①とまったく同じになる。ところが株主にとって監査コストは，aC となり，監査実施ゲーム①の場合における監査コスト C よりは少なくてすむ。なぜなら監査実施ゲーム①と異なり，たとえ経営者が真実の報告を選択してきた場合にも監査が選択される可能性がかなり排除できるからである。この結果監査実施ゲーム③における株主の利得は，$4-aC$ となり，監査実施ゲーム①や監査実

施ゲーム②と比較して，監査コストが減った分だけいずれよりも大きくなる。それに対して経営者の利得は，-1のままである。

ここで検討した監査実施ゲームで明らかになった重要な点は次の通りである。まず監査の実施について，株主と経営者が互いに相手の出方が分からないという任意監査的な想定を変える。株主が監査を必ず行うことを経営者にあらかじめ通告するという設定を新たに設ける。つまり監査を制度化して監査の実施が強制されたことを経営者に示すことである。

その結果株主と経営者間における情報の不完全性を解消することができ，経営者の虚偽報告は大幅に減少し監査の有効性は飛躍的に高まる。これが監査の制度化の意義と言ってもよい。さらに，全ての経営者に対して監査を実施するか否かという二者択一的選択を捨てて，株主が経営者に対して確率的でランダムな監査の選択とその割合を予告すれば，監査のコストを削減できることが示された。

ここで提示された監査の確率的ランダム化は，モデル自体が強制捜査権を持つ当局が実施する税務監査を雛型としたRasmusen (2001) に基づいている。株主や監査人が税務当局のような強い権限を持たない会計監査制度には，そのまま適用することは困難である。また各企業の経営者が適正な開示を行ったか否かを外部から判断することは不可能に近い。そのためにむしろ，このような監査政策は，各企業の監査の中で監査人が個々に実施することが望ましいと考えられる。次の節ではそれについて具体的な検討をしたい。

3 適正な監査政策

(1) Mortonの監査実施ゲーム

前節で監査の制度化のコスト・ベネフィット分析をするとともに，制度化から生まれるコストの削減可能性についても考察した。これを基礎に適正な監査政策の検討を進めたい。そのためにMorton (1993) の監査実施ゲームを援用した。このモデルの特色は，Rasmusen (2001) のモデルが考慮に入れていない，

株主による企業の市場価値の期待値と経営者の株主に対する開示値が考慮されている点である。

このゲームでは，株主がリスク中立的な[5]経営者による企業価値の開示数値 r を見て，監査を行うか否かを決定する。また経営者は，自分の経営している企業の真の市場価値を充分に把握している。

ここで監査のコストを $c(c>0)$ とする。監査が行われた場合には，経営者の把握している企業の市場価値 x が開示され，虚偽の報告はすべて発見される。この場合に経営者は，開示数値と自分の把握評価値の差額 $(x-r)$ を株主に全額明け渡さなければならない。それと同時に隠していた額に応じた罰金を支払わなければならない。その率を L とおく。なお x の範囲は株主が企業に対して抱く市場価値を反映し，$0 \leq x \leq X$ の範囲で $F(x)$ で表される累積確率密度関数に従って分布しているものとする。また確率密度は $f(x) \equiv F'(x)$ で表され正の連続した関数とする。

逆にもし監査が行われなければ，経営者の虚偽の報告は発見されず，開示数値と経営者の把握評価値の差額をそのまま手にすることができる。その際に株主は，経営者の開示数値だけしか手にすることができない。経営者が真実の開示を行った場合には，監査が行われても行われなくても，その利得はゼロとする。監査が行われる確率を p とすると，このゲームは図 7-2 のように表すことができ，経営者の期待利得 μ は次のように表される。

図 7-2 Morton の監査実施ゲーム

		経営者		
		虚偽の報告		真実の報告
監 査 (p)		$x+L(x-r)-c,\ -L(x-r)$	→	$x-c,\ 0$
株主		↑		↓
監査なし $(1-p)$		$r,\ x-r$	←	$x,\ 0$

---

(5) Mookerjee and I. Png (1989) は保険会社がリスク回避的な被保険者に対して監査を行うとして，最適な監査政策を検討している。

3 適正な監査政策

$$(7\text{-}10) \quad \mu(p, r, x) = (1-p)(x-r) - pL(x-r)$$
$$= [1 - p(1+L)](x-r)$$

ゆえに $p = 1/(1+L)$ の時に経営者の期待利得はゼロになる。株主の期待利得 π は次のように表される。

$$(7\text{-}11) \quad \pi(p, r, x) = (1-p)r + p[x + L(x-r) - c]$$

(7-10)と(7-11)から株主の期待利得は次のようになおすことができる。

$$(7\text{-}12) \quad \pi(p, r, x) = x - pc - \mu(p, r, x)$$

$r(x)$ が経営者の把握した企業価値 x の開示数値であるとすると、経営者の開示戦略は次の条件を満たさなければならない。

$$(7\text{-}13) \quad r(x) \in argmax \; \mu[p(r), r, x] \quad (0 \leq r \leq X)$$

argmax は経営者の利得 μ を最大にする r の集合を表す。また株主にとって最適な監査政策とは(7-12)を前提に次の条件が満たされなければならない。

$$(7\text{-}14) \quad \max E_x \pi \{p[r(x)], r(x), x\} \quad (0 \leq p(r) \leq 1)$$

経営者が真実の開示を行った時の期待利得が、虚偽の開示を行った時の期待利得と同じか少しでも大きければ、経営者は真実の開示を行うと考えられる。真実の開示をした時の経営者の利得はゼロであるから、(7-10)より監査を $p^* = 1/(1+L)$ の確率で行えば十分になる。株主の期待利得(7-12)を最大化するためには、経営者の利得をできるだけゼロに近づけ、監査コストをできるだけ小さくすればよい。ゆえにその場合の監査を行う確率は $p^* = 1/(1+L)$ がやはりもっとも最適となる。

次にこの時に確かに経営者が真実の開示をするかを証明するには、表明原理 (revelation principle) を用いる[6]。経営者は株主にそっと自分が把握している企

---
(6) 佐藤(1993, 73頁注)の解説が理解しやすい。詳しくは Myerson (1991, pp. 261-262) や Binmore (1992, pp. 530-532) を参照されたい。

業の評価値 χ を報告したとする。その結果表明原理により，監査の確率 $\hat{p}(\chi)$ と経営者の報告書の数値 $\hat{r}(\chi)$ が決まったとする。その時経営者が真実を開示して $\chi=x$ となるような開示戦略が存在し，その利得も変化を受けないことが証明できる[7]。

（2） 最適な監査政策と開示戦略

Morton (1993) によれば，株主の最適な監査政策と経営者の最適な開示戦略は次のようになる[8]。

(7-15)　　$r<r^*$ の時
$$p(r)=1/(1+L)$$
　　$r\geq r^*$ の時
$$p(r)=0$$
$r^*\in(0, X)$

(7-16)　　$x<r^*$ の時
$$r(x)=x$$
　　$x\geq r^*$ の時
$$r(x)=r^*$$

(7-15)は，経営者の開示値が最適値を超えた場合には一切監査を行わず，その値を超えない場合だけ監査を $1/(1+L)$ の割合で行うというものである。その理由は，経営者が実際の企業の価値よりも小さめの開示を行い利益を隠そうとする可能性の方が高いからである。(7-10)から $1/(1+L)$ の割合で株主は監

---

(7) 監査政策 $p(r)$ とそれに対応する最適な開示戦略 $r(x)$ があり，(7-13) を満たすとする。それに対する表明原理を $\hat{r}(x)=r(x)$，$\hat{p}(x)=p(r(x))$ と定義する。経営者が $\chi\neq x$ となる開示を選好するということは，$\hat{p}(\chi)$，$\hat{r}(\chi)$ を選択した時の利得が $\hat{p}(x)$，$\hat{r}(x)$ を選択した時の利得より望ましいことを意味する。もしそうであるならば，経営者は $r(x)$ と開示するよりむしろ $r(\chi)$ と開示するであろう。しかしそれは (7-13) の条件に反することになる。
(8) 詳しい証明は Morton (1993, pp. 834-837) を参照されたい。

査を行えば，経営者の期待利得をゼロとすることができる。それゆえこの割合で監査が行われればよいことになる。

一方(7-16)のように，経営者の開示戦略は経営者が把握した企業の市場価値に依存する。企業の評価値が最適値より充分に大きい場合には $(x \geq r^*)$，r^* で開示を行い，その差額は自分の懐に入れる戦略が賢明である。その理由は，この場合には(7-15)から株主の監査は行われないはずであるからである。経営者はそれより低い数値の開示は行わないと考えられる，なぜならこれより低いと，監査が行われ，経営者の利得はゼロになってしまうからである。逆に企業の評価値がこの値を超えない場合には，当然 x と報告するであろう。なぜなら経営者は監査を免れることができず，自分の把握している企業の評価値を開示することが一番賢明であるからである。

以上から，株主は $r<r^*$ の地域間で，経営者の虚偽の開示を防ぐのに充分な確率でランダムに監査を行えばよいことになる。経営者の虚偽の開示は r^* を越える地域でのみ行われ，監査も行われないため決して明るみに出ない。このような監査政策では，すべての経営者の虚偽開示を発見することはできないことを考慮する必要がある。

(3) 監査コストと罰則および新しい追加情報の影響

最適な監査政策を求める (7-15) 式で示された監査の実施確率 $p(r)$ とそれに対応する最適な開示戦略 (7-16) から，株主の期待利得は次のように表される。

$$(7\text{-}17) \quad \prod(r^*, c) = \int_0^{r^*} \left(x - \frac{c}{1+L}\right) dF(x) + r^*[1 - F(r^*)]$$

r^* は(7-17)を最大化する点であり，x が $[0, X]$ の範囲において一様に分布しているもっとも単純な場合を考えると，上の式は次のように表される。

$$(7\text{-}18) \quad \prod(r^*, c) = \frac{r^* \left(X - \dfrac{c}{1+L}\right) - \dfrac{r^{*2}}{2}}{X}$$

図 7-3 最適な監査政策をとった場合における株主の期待利得

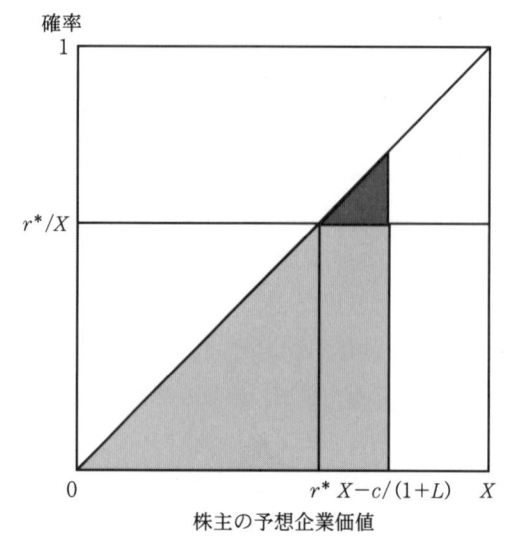

(縦軸: 確率, 横軸: 株主の予想企業価値。縦軸に 1 と r^*/X、横軸に 0、r^*、$X-c/(1+L)$、X が示されている。)

図 7-3 は (7-18) の範囲を示したものであり，薄い色の部分が株主の期待利得の範囲を示し，濃い色の部分がこの監査政策によって発見できず，株主が手にできない利得を示す。r^* に関して上の式を偏微分してまとめると，

$$(7\text{-}19) \quad r^* = \max\left(X - \frac{c}{1+L},\ 0\right)$$

(7-19) から経営者の最適な開示値は，株主が企業に対して抱く市場価値の上限 X と監査コストを監査の実施率で割った $c/(1+L)$ に依存する。監査コストが高くなるか，経営者に対する罰金率が低くなると，監査を実施する範囲が減少する。新しい追加情報の影響で X が上昇すると株主は自分の期待利得も多くなると考える。そのため監査の範囲は増加する。監査コストが株主の抱く企業の市場価値に対して，$c \geq X(1+L)$ が成立するほど充分に大きくなると，監査はまったく実施しない方が効率的になる。その場合 $r^*=0$ となるが，X の方が r^* より常に大きいため，全ての開示報告に対して監査を実施することは決して最適と言えない。

上に示されたことは大半が一般化可能である[9]。監査コストが低くなると，監査の対象が増加しより多くの開示報告が監査の対象となる。同様のことは罰金率が上昇する場合にも言える。しかし監査の実施率 $1/(1+L)$ は，罰金率 L に依存するが監査コスト c に依存しないため，監査コストの影響は受けない。また企業の市場価値を増加させる新しい追加情報を株主が受け取った場合，いままで合理的と考えられていた開示の数値が合理的でなく虚偽開示の可能性が出てくる。しかしここでは監査政策を変えなくても対応が可能なことが示されている。

4 適正な監査政策の構築に向けて

監査の制度化がもたらした利益は，経営者の虚偽報告の激減である。監査の制度化は，株主と経営者間における情報の不完全性を解消する効果があった。ところが制度化は，監査の必然化を余儀なくした。現行の監査制度における課題は，むしろどのように個々の監査の監査コストを削減するかである。

ここで示唆された監査政策は，次の点に関してはモラル・ハザードを基礎とした Demsky and Feltham (1978)・Evans (1980)・Baiman et al.(1987) のモデルと一致している。それは，経営者の開示した報告利益が過少と評価される場合において監査を実施することである。しかし逆選択（アドバース・セレクション）を基礎としたモデルでは次の新しい点が指摘できる。それは，経営者が開示した数値を過少と評価しても必ず監査を実施する必要はなく，確率的でランダムな監査でもその目的は充分に果されることである。

Fudenberg and Tirole (1995) によれば，経営者が自分の地位の維持を投資家と債権者からとりつける手段として会計の平準化が用いられる。そのような状況では監査を必ず行うという監査政策は行き過ぎであり，報告利益を基にしたランダムで内部的な監査政策が望ましいとしている[10]。また Newman et

---

(9) 詳しい証明は（Morton 1993, pp. 837-838）を参照されたい。

al.(2001) は，過少な報告利益に焦点を当てたランダムな監査を基にリスク・アプローチの是非を検討している。

---

(10) Fudenberg and Tirole (1995, p. 92) なお Dewatripont and Tirole (1994) と内川 (1998) も参照されたい。

第8章

監査市場の競争と監査人の独立性

1 監査市場の競争

　本章では監査市場における競争が監査人の独立性に及ぼす議論を概観し，独立性の概念の推移と監査人の在任価値について考察する。監査市場における競争が独立性に及ぼす影響についてはアメリカで様々な議論がなされてきた。アメリカの監査市場は自由競争市場であり，監査人が顧客に提示する監査報酬は，常に潜在的な競争者の提示額を考慮しなければならない。このため，監査人の交代も決して例外的ではない。以前コーエン委員会は，アメリカにおける会計事務所の顧客獲得を巡る過当競争が，監査人の独立性を損なうことを指摘した。特にそこで問題とされたことが，顧客を獲得するために，意図的に原価を割り込むような大幅の監査報酬の値下げ（low-balling）が提示される点である。

　これとは別に，社会学的な分析手段を用いて競争が監査人の独立性に及ぼすマイナスの影響を指摘しているのが Goldman and Barlev（1974）と Nichols and Price（1976）である。前者は独自のパワー・モデルを，後者は Emmerson（1962）のパワー・モデルを用いて，監査市場における競争が被監査会社の監査人に対する圧力の源泉となることを示し，競争の制限を提言している。さらに Kato（1989）は，Pfeffer and Salancik（1978）のパワー・モデルを用いて[1]，独立性と競争の問題を検討している。このような競争と公認会計士のパワーの

（1） Pfeffer and Salancik（1978），p. 45-53.

問題（accounting power）は，最初に Sterling (1973) によって指摘された。

これに対して，監査市場における競争が，監査人の独立性にプラスの影響を及ぼすという議論ももちろん幾つかあげられる。その代表的なものとして Burton (1980) の議論がある。彼は，監査市場における競争を訴訟とともに監査人の独立性を守る拮抗的経済圧力（countervailing economic pressures）の1つとする[2]。

そして監査人の独立性がいかに大切であるとしても，それに払うコストとともに評価されなければならないと主張する。彼は，監査市場における競争を，監査の効率化を促す重要な手段として位置付けている。さらに独立性という表現についても，一般の誤解を生む可能性から「第3者の立場に立つ偏見のない専門職業性」（unbiased professionalism from a third party perspective）という表現がより適切であるとしている[3]。

また DeAngelo (1981 a) は[4]，監査市場の競争が監査人の独立性に直接影響を及ぼすわけではないとして次のような議論を展開している。顧客獲得時に，意図的に原価を割り込むような大幅の監査報酬の値下げが起こることは，一種の経済メカニズムが働いた帰結であり，それ自体が，監査人の独立性を直接損なうわけではない。この経済メカニズムとは，監査人が，被監査会社を始めて監査する時に生じる初期監査コストの存在と関係がある。

このコストは，監査人と被監査会社の双方にかかり，両者が契約を継続していく場合だけに有効で他に移転不可能なコストである。その意味では他に代替利用や売却不可能な資産と同様な価値を持つ[5]。彼女は，これを被監査会社にかかる関係特殊的な準レント（client specific quasi-rents）と呼ぶ。外部の監査人が，在任中の監査人と競争する場合，この準レントが存在する分だけ不利になる。このためコストを割った，監査報酬の大幅な割引を迫られる。つまり監

---

(2)　Burton (1980), p. 53.
(3)　*Ibid*.
(4)　伊豫田 (2003, 124-132頁) も参照されたい。
(5)　Klein et al. (1978) に詳しい。

査人の独立性を損なう要素は，この準レントの存在自体にあり，監査市場の競争そのものとは直接関係が薄いとしている。

次節では監査人の独立性の概念に関する変遷を簡単にふりかえり，新たな定義付けの可能性を示したい。

2 監査人の独立性における概念の推移

(1) 古典的アプローチ

ここではまず監査人の独立性の定義における変遷について簡単にふりかえる。監査人の独立性については，Carey (1956) による見解が先駆的なものであり，監査人の独立性を次の2つの要素に分類している[6]。1つは，全ての職業的専門家が共通に保持しているはずの独立性である。もう1つは監査人が監査報告を行う時に，たとえ無意識にも判断を狂わせるようなあらゆる利害から独立していることである。

Carey (1956) が指摘したこの2つの独立性を，Mautz and Scharaf (1961) は，「実務家的独立性」(practitioner-independence) と呼んでいる。そしてこれを「計画における独立性」(programming independence)，「調査における独立性」(investigative independence)，「報告における独立性 (reporting independence)」という3つの段階に分けている[7]。

「報告における独立性」には，次の4点を上げている。第1に，ある利害関係者に対して，監査報告書の記載内容が与える影響を変えようとする義務感に一切とらわれないようにすることである。第2に，重要事項を公式の監査報告書に記載せず，非公式の報告書に紛れ込ませるような行為を避けることである。第3に監査報告書にわざと曖昧な表現を用いて記載することを避けることである。第4に，報告書の記載内容について，監査人の判断を覆そうとする行為に対してどんな場合にも関わりを持たないことである。ここで述べた Carey

---

(6) Carey (1956), pp. 20-21.
(7) Mautz and Scharaf (1961), pp. 205-207.

(1956) の独立性と Mautz and Scharaf (1961) の実務家的独立性は，通常「事実における独立性」(independence in fact) と呼ばれるものである[8]。

Carmichael and Swieringa (1968) は[9]，Carey (1956) が示した独立性の2つの要素について，前者を「専門職業的独立性」(professional independence)，後者を「監査独立性」(audit independence) と呼び，後者をさらに「客観的独立性」(objective audit independence) と「主観的独立性」(subjective audit independence) に分けている。「客観的独立性」とは，意図的な偏見にとらわれないことを指し，「主観的独立性」とは，無意識のうちに偏見にとらわれることを避けることを指す。この「主観的独立性」は，Mautz and Scharaf (1961) の「報告における独立性」の第2と第3に対応していると考えられる。

ASOBAC (1972) は[10]，財務諸表の作成者と利用者の間にある利害対立があるため，監査機能が，財務諸表の作成者やその利害関係者から独立した人によって果たされなければならないとする。そして監査人の独立性とは，監査人の行為・行動・意見表明に対していかなる影響行使も制約もないことと定義づける。また監査人の独立性に影響を与える要素として，選任権に関した組織上の地位 (organizational status)，精神的心構え (mental attitude)，調査上と報告上の自由 (investigative and reporting freedom)，経済的利害 (financial interest) を強調する。

(2) 社会学的アプローチと経済学的アプローチ

独立性の問題を社会学的な立場から分析した Goldman and Barlev (1974) と Nichols and Price (1976) は，監査人の独立性をそれぞれ次のように定義している。前者の定義によれば，監査人は専門的な訓練を受けプロフェッショナルとして行動するように教育されているため，被監査会社が職業規範に沿わな

---

(8) 本章の考察では，監査人の独立性に関するもう1つの要素として重要視される「外見における独立性」(independence in appearance) については除外する。
(9) Carmichel and Swieringa (1968), pp. 697-699.
(10) ASOBAC (1972), pp. 31-33.

い監査報告書を作るように圧力をかけてきても,それに屈しないように努めているとする[11]。後者によれば,監査人の独立性とは,被監査会社が監査人や監査報告書に影響を与えようとした時,それに監査人が抵抗する力であるとしている[12]。いずれの定義においても,独立性を,監査人の行為特に監査報告書の記載内容を変更しようとする圧力に対する抵抗力としている点に特色がある。

独立性の問題を経済学的な立場から分析した DeAngelo (1981 a) は,監査人の独立性を次のように定義している[13]。現在および潜在的な株主・経営者・取引先などを含めた監査業務の消費者にとって,監査の価値とは次のものに依存している。それは,会計システムにおける誤謬や違反行為を発見し,それを被監査会社の圧力に屈せず選別開示する監査人の力である。

そして監査人の独立性とは,被監査会社の違反行為を発見した時にそれを監査人が報告できる確率と定義している。この定義では,監査人が必ずしも100％被監査会社の圧力に屈せずに,違反行為を報告できるとは期待していない。またこの定義は,上の社会学的なアプローチによる独立性の定義からの影響があり,特に報告における独立性が重視されている点にもその影響が見られる。

Antle (1984) は,ゲーム理論的設定において監査人の独立性について次の3つの定義をしている[14]。第1に「強い独立性」とは,自分の利害をまったく顧ないで株主の利害にとって最善の選択をすることを指す。第2に単なる「独立性」とは,自分の利害を考慮した上で,同じ期待利得が得られる組合せが複数あるなら,その中で株主がもっとも望む選択を経営者の利害に関係なく実施することである。第3に「独立性の欠如」とは,監査人が経営者から得る賄賂 (side payment) のために,第1と第2の独立性の条件が満たされない場合を指す。第3の条件は監査人と経営者の癒着 (collusion) の条件として,Baimen et

---

(11) Goldman and Barlev (1974), pp. 709-710.
(12) Nichols and Price (1976), p. 336.
(13) DeAngelo (1981 a), pp. 115-116.
(14) Antle (1984, pp. 8-10.) なお佐藤 (1988) も参照されたい。

al. (1991)[15] や Laffont and Tirole (1993)[16] に受け継がれている。

　監査人の独立性の定義における変遷をふり返ると，監査人の監査報告における独立性が予想以上に重視されていることが理解できる。また Mautz and Scharaf (1961)・Carmichel and Swieringa (1968)・ASOBAC (1972) の頃までは，監査人の独立性に絶対的で一元的，完全な独立性を求めていた。しかし最近では社会学的アプローチや経済学的アプローチを経て，監査人の独立性とは，相対的で一元化が不可能なものであり，完全な独立性とは実際に存在しないと解釈されている。つまり理想的状態にある無重力の実験室で行われていた監査人の独立性の研究を，重力のある現実の世界に引き戻して議論している。

（3） Magee and Tseng のアプローチ

　本節では次に，上の経済学的アプローチを引き継いだ Magee and Tseng (1990) の独立性の定義を検討したい[17]。彼らによれば，独立性とは「被監査会社の財務諸表に一般に認められた会計原則を適正に適用すること」としている[18]。被監査会社が監査を受けなければならない期間があと k 期残されてお

---

(15) Baimen et al. (1991), pp. 2-6.
(16) Laffont and Tirole (1993, pp. 480-481 and pp. 524-525.) によれば，もっとも単純な場合における癒着を防ぐ条件（collusion proof）を次のように求めている。なお伊藤 (2003, 68-78 頁) を参考にした。監査人の効用を w とおく。また企業の経営者が監査人に送る賄賂を $\tilde{w}$ とおく。裏取引の過程で無駄な費用が発生することを考慮して，ζ を賄賂の非効率を表すパラメータとする。すると経営者は，$(1+\zeta)\tilde{w}$ を少なくとも監査人に賄賂として送る必要がある。企業の経営者の効用を U とする。経営者が誠実なタイプか不誠実なタイプかというように，どのタイプに属するかを示すパラメータを θ とする。監査人が監査後に把握した企業の状況を示すパラメータが ψ である。監査人は ψ のみしか観察できない。監査人と経営者との癒着を防ぐためには，$\psi=\theta$ と把握されている時に，何も把握できなかったという監査報告 $r=\varnothing$ をさせず，正しい監査報告 $r=\theta$ をさせるようにしなければならない。監査人が $r=\varnothing$ と監査報告した時の経営者の効用を U_2 とし，$r=\theta$ と監査報告した時の効用を U_1 とする。すると次の条件が成立すれば，癒着は防げることになる。

$$w_1 - \tilde{w} \geq \frac{U_2 - U_1}{1+\zeta}$$

(17) Magee and Tseng (1990, pp. 320-323). なお加藤 (1998) も参照されたい。
(18) Magee and Tseng (1990), p. 332.

り，監査人が k 期の監査のある会計事象について u というシグナルを受け取ったとする。このシグナルは u_1 か u_2 で表され，全ての監査人もこの二者択一の形で同じシグナルを受取る。これは，たとえば償却可能資産の償却期間の判断や被監査会社が被っている訴訟の解決可能性の判断などを考えればよい。

それに対する監査人の判断 $\tilde{u}(u)$ は u_1 と報告するか u_2 と報告するかのいずれかである。監査人に u_2 と報告されると，被監査会社にとって好ましく，会社はそれにより利益を受ける。ここでどんな場合にも $\tilde{u}=u_2$ と報告する報告方針を「ひいきの報告方針」(client-preferred reporting policy) と定義する。逆に u_1 と判断したら u_1 と報告 ($\tilde{u}(u_1)=u_1$) し，u_2 と判断したら u_2 と報告 ($\tilde{u}(u_2)=u_2$) する報告方針を「中立の報告方針」(not-client-preferred reporting policy) と定義する。

監査人のタイプに関してもAとDというタイプがある。Aタイプの監査人は常に「ひいきの報告方針」をとる。このタイプの監査人は，受取ったシグナルについて u_1 と報告しても u_2 と報告しても，一般に認められた会計原則では認められており重要な相違がないとするためである。逆にDタイプの監査人は，両者の間に重要な相違があると考え，シグナルをそのまま伝える「中立の報告方針」をとる。Dタイプの監査人が u_1 というシグナルを受取ったにもかかわらず u_2 と報告 ($\tilde{u}(u_1)=u_2$) し，「ひいきの報告方針」をとった場合には E だけ不利益が増加する。

E は，Dタイプの監査人が，その選択により将来の訴訟リスクが高まると考えれば大変大きなものになる。逆にそれが，個人的な不愉快な感覚を呼び起こす程度であれば比較的小さなものにとどまる。

ここで全ての監査人が u_2 というシグナルを受け取る確率を φ とする。するとDタイプの監査人が，「ひいきの報告方針」をとった結果受ける不利益の予想額は，$\varepsilon \equiv (1-\varphi) \cdot E$ と表される。また「ひいきの報告方針」の結果，被監査会社が受け取る利益を B とすると，その期待値は $b \equiv (1-\varphi) \cdot B$ で表される。なお被監査会社が受け取る利得 B とは，監査人を交代することによっては変更不可能な契約事項に由来しているとする。たとえば流動比率・自己資本比率

など負債に関連する事項や役員賞与は，監査人を交代しても変更不能なものである。

もし「ひいきの報告方針」を認めない（認める）明解な会計原則が存在すれば，監査人は全てDタイプ（Aタイプ）になり，監査人の間で意見の不一致は生まれない。そのため独立性が問題となる場合は，重要性の判断のように，一般に認められた会計原則が監査人に判断の余地を残した分野に限られる。そこで監査人の独立性とは，Dタイプの監査人が「中立の報告方針」をとり，Aタイプの監査人が「ひいきの報告方針」をとることと定義できる。つまり監査人の独立性が損なわれる場合は，Dタイプの監査人が u_1 というシグナルを受取ったが，実際には u_2 と報告してしまった場合に限定される。

この定義では監査人の判断・信念と報告という行為を分離し，自分の判断・信念とはずれた報告行為のみを，独立性の欠如と見なしている。監査人の判断・信念は，監査人のタイプによって異なり，全ての監査人は，自分の利益のみを最大にする判断をする。ゆえにこの解釈で重要な点は，Dタイプの監査人がAタイプの監査人より特別に倫理的であるとか優秀であることではなく，監査の報告方針の決定に関して単に意見の不一致があることである。

3 監査人の在任価値

(1) Magee and Tseng の定義

被監査会社の獲得競争では，前期にその会社の監査を行った監査人の方が，初期監査コストを節約できる分だけ，コスト面で有利に立つことができる。これが，すでに述べた DeAngelo (1981 a) が指摘する被監査会社に関係特殊的な準レントである[19]。Magee and Tseng (1990) はこれを在任価値 (value of incumbent) と呼ぶ[20]。この節ではまず彼らに従って，在任価値の意味とその効果の考察を行う。次に在任価値の効果について他の論者の議論を簡単にまと

---

(19) DeAngelo (1981 a), p. 116.
(20) Magee and Tseng (1990), p. 318.

めたい。

　監査契約締結後，監査人と被監査会社に監査の実施に伴う投資が求められる。その投資は，監査人にとって被監査会社の事業状況の把握と会計システムや内部統制システムの理解などに払う習熟コスト ℓ であり，被監査会社にとっては監査人の習熟を助けるために払う習熟補助コスト c である。

　このようなコストは，監査人または被監査会社が代われば，双方ともに新たに払わなければならない投資である。そのため，このような投資を節約するためには，最初に締結した監査契約を継続した方がよいことになる。つまり監査人は，投資した ℓ を失うまいとし，被監査会社は投資した c を失うまいとして，監査契約の継続を図ろうとする。また現在在任中の監査人の監査コストを v で表す。なおこれらの監査にかかるコストはどの監査人も同じであるとする。

　n 期（あと n 期が残されている）において，現在在任中の監査人の提示監査報酬額を ρ_n とし，外部競争者の提示監査報酬額を p_n で表す。また σ を1期将来の現在価値を求める割引係数とする。n 期における在任価値 V_n は，n 期における監査報酬から監査コストを差引き，1期将来の在任価値を加えたものであり，次のように表すことができる。

$$(8\text{-}1) \quad V_n = \rho_n - v + \sigma \cdot V_{n-1}$$

外部競争者にとってこの在任価値はゼロであるから

$$(8\text{-}2) \quad p_n - (v + \ell) + \sigma \cdot V_{n-1} = 0$$

現在在任中の監査人は，外部競争者との価格競争に打ち勝ち，被監査会社との監査契約を継続できる範囲内で，もっとも高い監査報酬を提示すればよい。ゆえに

$$(8\text{-}3) \quad \rho_n = p_n + c$$

(8-1) と (8-2) と (8-3) から

$$p_n = v + (1-\sigma)\cdot\ell - \sigma\cdot c$$
(8-4) $\quad \rho_n = v + (1-\sigma)\cdot(\ell+c)$
$$V_n = \ell + c$$

なお被監査会社の寿命を N で表し，その寿命が終わった時（$n=0$）には，監査人の在任価値はゼロになる（$V_0=0$）ので，最後の期（$n=1$）における在任中の監査人と外部競争者の提示監査報酬額はそれぞれ $\rho_1 = v + \ell + c$ と $p_1 = v + \ell$ となる。

N 期は被監査会社が始めて監査を受ける期であり，その期には外部の競争者だけしか存在しない。その時における提示監査報酬額は次のように表すことができる。

(8-5) $\quad p_N = v + (1-\sigma)\cdot\ell - \sigma\cdot c < v + \ell$

(8-5) から被監査会社を獲得するために，監査コストを割り込んだ監査報酬の値引き (low-balling) が起こることが理解できる。また $\rho_{N-1} - p_N = c$ から外部競争者の値引きが発生する。なぜなら2度目の監査の時には，監査報酬額が被監査会社にかかる習熟補助コスト分だけ高くなるためである。(8-4) から，監査人が被監査会社と最初に監査契約を結んだ時にかかる習熟コスト ℓ は，監査報酬が毎期ごとに $(1-\sigma)\cdot\ell$ ずつ値上げされて回収されていくことが理解できる。同様に被監査会社にかかる習熟補助コスト c は，監査人が，契約を獲得した最初の期に $\sigma\cdot c$ だけ値引きをして肩代わりする。そして次の期以降に監査報酬を $(1-\sigma)\cdot c$ だけ値上げして，この値引き分を回収していく。

外部競争者の間で習熟補助コスト以上の値引きが起こると，被監査会社は毎期監査人を代えたほうが得になる。しかし値引きは，監査人に就任することにプラスの価値が見出せるから発生するのであり，習熟補助コストが上限になる。その時に監査人の在任価値はゼロになっている。なお監査報酬の値引きは，たとえ2期を超える複数期ごとに監査人を強制交代させても発生する。アメリカで起こる被監査会社獲得を目的とする監査報酬の値引きは，監査人の在

任価値と密接に関係している。

(2) その他の議論

以上の分析では，監査人の監査コストに差異がなく，市場の不完備性もない状況を想定している。ところが Kanodia and Mukherji (1994) と Gigler and Penno (1995) は，市場の不完備性と監査コストの相違の問題を追加して興味深い結論を導いている。

前者によれば，在任中の監査人しか真の監査コストが分からないため，被監査会社との間に情報の非対称性が生じる。これが，監査人の習熟コストと被監査会社の習熟補助コスト以外に監査人の在任価値を作り出す要素となる。そしてもし監査市場におけるバーゲニング・パワー（bargaining power）が一方的に被監査会社の側にあり，監査コストに関する情報の非対称性がなければ，監査人の在任価値も値引き競争も存在しない。逆にこのバーゲニング・パワーが一方的に監査人の側にあるときは，在任価値も値引き競争も少なくなる。

後者の議論は次のようなものである。監査人にも低コストの監査ができる効率的な監査人と，高コストの監査しかできない非効率的な監査人がいる。しかし監査人の能力は時間とともに絶えず変化していくため，被監査会社にとってある時点で最適と考えていた監査人の選択が時間の経過につれて最適ではなくなっていく。その場合に本来監査人を有利にするはずの在任価値が，被監査会社に有利に働いていく。監査人の習熟コストと被監査会社の習熟補助コストが増加すると，将来支払う監査コスト本体の現在価値が被監査会社によって低く評価されるようになる。そのため，監査を受ける時に支払うべき内部統制の整備などの最低限のコストさえも無駄と考え割引の対象と考えてしまう。

4 監査市場の公正な競争の構成要素

監査市場の競争が他の製品市場と大きく異なる点は，監査人が顧客に対して独立性を維持しながら，紳士的な顧客獲得競争をしなければならないことであ

る。ところが監査の値引き受注という紳士的競争とはかけ離れた事実が，アメリカでは独立性に対する疑惑を引き起こした。

　しかし経済学的観点からは，外部競争者の割引入札は在任中の監査人と競争するために自然なものと考えられる。それによれば，割引入札は，監査市場の特殊事情に由来し，監査人と被監査会社が負担する監査の初期コストに起因するとされる。

　しかしこのような割引は，スーパーなどの開店セールや製造業における試作品の無料交付に代表されるように，顧客を定着させるために他の産業でも通常用いられている。それゆえに必ずしも監査市場に特殊なものではない。固定した顧客をすでに獲得している有利性は，どの産業分野においても共通である。また割引受注のコストは，次期以降に少しずつ値上げすることによって回収されていく。このことは，価格破壊を行った量販店が徐々に通常価格の販売店に転化していくことを思い浮かべれば容易に理解可能である。

　他の市場との唯一の相違は，監査がカスタマーメイドサービスであることである。客が突然なじみの美容室を替わらざるをえないと，自分の気に入らない髪型になりがちなように，被監査会社の監査人交代のコストもかさむ点である。これが在任中の監査人にとって有利に働き，在任価値として被監査会社に対する立場を強くする。監査市場において紳士的な競争が可能かどうかは，最低限の順法性を定める会計基準と監査人の独立性の定義に大きく左右される。独立性の定義の推移で見たように，古典的な独立性一元論は，会計基準が完全に統一されて監査判断が１つしか存在しないという極端な想定に近いものである。この基準では競争が一律に独立性にマイナスとされても仕方がない面がある。

　競争は，社会学的アプローチを取るとやはり独立性にはマイナスである。経済学的アプローチの独立性の定義は社会学的アプローチを基礎としている。経済学的アプローチとの相違は，監査人に有利に働く在任価値の存在が考慮されていない点にある。次の章では監査市場の公正な競争の要素として，監査人の在任価値を考慮して競争と監査人の独立性の関係について考察したい。

第9章
監査市場の競争が独立性に及ぼす影響のモデル分析

1 日本における監査市場の自由化

　日本の監査市場は従来監査報酬の決定に下限があり，監査人がいったん顧客を獲得すれば，監査人の交代もほとんどなく，ほぼ半永久的な確保が可能であった。つまり日本の監査市場における競争とは，監査人の新規顧客獲得のみを指していた[1]。

　しかし2004年から監査報酬の決定は自由化され，市場に競争原理が導入された。この結果監査の割引受注の問題が日本でも注目を集めるようになった。また2004年3月期の決算における監査法人の変更は62社となり，昨年の36社と比較して70%の増加を示している[2]。監査法人の競争が独立性に与える影響を懸念する動きも出てきている。本章ではこの問題を取り扱ったゲーム理論的モデルを詳細に検討し，競争が独立性に影響を与える場合がかなり限定されることを示す。

---

(1) 日本における監査の市場性については，山浦 (2001) と弥永 (2002, 19-21頁) を参考にされたい。
(2) 日本経済新聞朝刊 (2004/6/18)

2 Magee and Tseng のモデル

(1) 監査人と被監査会社に1期限りの意見対立がある場合
① 全ての監査人がDタイプの場合

ここでは，Magee and Tseng (1990) に従って，完全競争の監査市場において競争が，監査人の独立性を損なうかについて考察する。監査人の独立性は第8章第2節 (3) の定義に従い，在任価値は第8章第3節の定義に従うとする。最初に監査人と被監査会社の間に，1期限りの意見対立がある場合を考える。背理法を用いるため，あと k 期が残っているとする。

k 期に監査報酬 p で雇われたDタイプの監査人が監査コスト v で監査を行い，u_1 というシグナルを受け取った。この時に「ひいきの報告方針」ではなく「中立の報告方針」をとり，独立性が損なわない条件は次のようになる。

$$(9\text{-}1) \quad \{p-v+\sigma \cdot V_{k-1}[u_1]\} - \{p-v-E+\sigma \cdot V_{(k-1)}[u_2]\}$$
$$= \sigma(V_{k-1}[u_1] - V_{k-1}[u_2]) + E > 0$$

k 期の始めに監査人と被監査会社の間に1期限りの意見対立が起きたとする。1期限りの意見対立とは，1期限りの取引や k 期に行われた繰延処理が将来の費用配分を決定してしまうものを指す。例えば特別な損失を一時費用として処理するか繰延べるかなどである。この対立は，次の $k-1$ 期における監査人の在任価値には影響を及ぼさない。ゆえに $V_{k-1}[u_2] = V_{k-1}[u_1]$ から，(9-1) は $E>0$ である限り成立し，監査人の独立性は損なわれない。

さて「ひいきの報告方針」が監査の失敗とみなされると，全ての監査人が受け取っている場合をまず考えよう。この場合は，監査人が全てDタイプの監査人である場合と同じとみなすことができ，「中立の報告方針」をとることが最適であることは明らかである。監査人の在任価値は $\ell + c$ のままであり，被監査会社は外部の競争者から「オピニオン・ショッピング」(opinion shopping) することは不可能である。被監査会社は「中立の報告方針」をとった監査人を

解雇すると脅すかもしれない。しかしその脅しは何の信用ももたない。なぜなら交代した監査人も同じ報告方針をとるからである。

② **監査人のタイプにAタイプとDタイプがある場合**

(a) 監査人のタイプが事前に分からない場合

次に被監査会社は，在任者や外部の競争者を問わず，監査人のタイプを全く把握できず，単に $q(0<q<1)$ の割合でAタイプの監査人が存在することだけが分かっているとする。1期限りの意見対立では，k期が終わった後における監査人の在任価値は $\ell+c$ のままである。

そのためDタイプの外部競争者は，監査人に就任すると常に「中立の報告方針」をとる。一方Aタイプの現在在任中の監査人は，どちらの報告方針をとっても変わらないので，「ひいきの報告方針」をとると考えることができる。第8章第2節（3）の定義から，これは独立性を損なうことにはならない。また現在在任中の監査人も外部競争者も同じ監査報酬額で入札するため，その額だけからはどちらのタイプの監査人に属するのか分からない。被監査会社は，k期の監査契約中に在任中の監査人がどちらのタイプに属するかを知るかもしれない。しかしそのタイプが分かっても以後の期間とは関係がないので，在任価値には影響を及ぼさない。

被監査会社は，全ての監査人がDタイプである時より状況は望ましくなる。なぜならAタイプの監査人が q の割合で存在し，「ひいきの報告方針」によって b の利益を受けることができ，期待利得が $b\cdot q$ だけ増加するからである。Aタイプの監査人は「ひいきの報告方針」をとるが，Dタイプの監査人は決してこの方針は採用しない。それが将来監査の失敗として取扱われると考えるためである。この結果監査人の独立性は損なわれることはない。

(b) 監査人のタイプが事前に分かる場合

被監査会社が，全ての監査人のタイプを契約前に知ることができる場合でも，Dタイプの監査人の独立性は損なわれない。k期の始まりに外部の競争者が第8章第3節（8-4）で示された報酬額を提示すると，被監査会社はAタイプの監査人を選択した方が「ひいきの報告方針」により，コストを $b\equiv(1-$

$\varphi) \cdot B$ だけ削減できる。現在在任中の監査人がAタイプであると，第8章第3節 (8-4) で示された報酬額を提示しても，被監査会社のコストはAタイプの外部競争者を雇った場合と同じである。そのため，在任中の監査人の雇用が続き在任価値も変化はない。ところが在任中の監査人がDタイプであると，提示報酬額は次の条件を満たさなければならない。

$$
\begin{aligned}
\rho_k{}^D &= p_k + c - b = v + (1-\sigma) \cdot (\ell + c) - b \\
V_k{}^D &= \ell + c - b
\end{aligned}
\quad (9\text{-}2)
$$

もし b が $\ell + c$ より大きいならば，在任価値はマイナスになるので現在在任中の監査人は辞任するであろう。被監査会社はAタイプの監査人を雇ってオピニオン・ショッピングをすることができる。しかし在任中のDタイプの監査人は解雇されるのではなく，自ら辞任するため独立性には何の影響もない。

(2) 監査人と被監査会社の間に数期にまたがる意見対立がある場合
① 監査人のタイプが事前に分かる場合

まず監査人と被監査会社間に複数期間にまたがる意見の対立があり，監査人のタイプが事前に分かっている場合を検討する。複数期間にまたがる対立とは，資産の耐用年数に関するものなどを考えればよい。

意見対立は，k 期に始まり m 期まで n 期間続くとする（$k \geq n \geq m$）。また m 期が終了すると，監査人と被監査会社との間に意見対立はもはやなくなるため，監査人の在任価値は第8章第3節 (8-4) に戻る。その1期前の $m+1$ 期について考える。被監査会社はAタイプの監査人を優先し，外部競争者は第8章第3節 (8-4) で示された報酬額を提示する。現在在任中の監査人がAタイプであればやはり第8章第3節 (8-4) で示された報酬額を提示し，そのまま監査人にとどまる。ゆえに在任価値は第8章第3節 (8-4) のままで変化しない。

しかし現在在任中の監査人がDタイプであると，その期の報告によって将来の在任価値は影響を受けないため，「中立の報告方針」をとると考えられる。

この監査人が在任続けるためには，(9-2) で示された報酬額を $m+1$ 期も m 期も提示しなければならない。ゆえに D タイプの監査人の在任価値は次のように表される。

(9-3) $\quad V^D_{m+1} = \ell + c - (1+\sigma) \cdot b$

在任価値がマイナスになると辞任した方が良くなるので，一般に n 期間続く意見対立がある時における D タイプの監査人の在任価値は次のように表される。

(9-4) $\quad V^D_{m+n} = MAX\{0 \,;\, \ell + c - (1+\sigma+\cdots+\sigma^n) \cdot b\}$

この在任価値は n の減少関数であるので，意見対立が始まった k 期に最小になる。そのため D タイプの監査人が k 期に辞職しなければ，被監査会社の寿命がある限りそのままその職にとどまることになる。以上から D タイプの監査人が「ひいきの報告方針」をとることはなく，監査人の独立性は損なわれない。

② **監査人のタイプが事前に分からない場合**

m 期における監査報酬額は，監査人のタイプが区別できるかに左右される。要するにそれ以前の期に明らかになった情報に左右されるのである。そしてここで問題となることは，在任中の D タイプの監査人が 1 期前の $m+1$ 期に「ひいきの報告方針」をとって，自分が D タイプであることを隠すことを有利と感じるかである。

また $m-1$ 期の初めにおける在任価値は，被監査会社が「ひいきの報告方針」によって得る利益より常に大きいとする ($b < \ell + c$)。この仮定により，在任中の D タイプの監査人は，たとえ外部競争者が全て A タイプの監査人であると分かっていても，そのまま職を続けようとする。m 期の始めにおける監査人の監査報酬提示額と在任価値は，被監査会社が監査人のタイプについてどの程度の知識を持っているかによって，次の(ⅰ)(ⅱ)(ⅲ)(ⅳ)の 4 つに分けられる。

(i) 被監査会社は，在任中の監査人のタイプも，外部競争者のタイプも把握していない。

(1)②(a)の1期限りの対立があり監査人のタイプが分からない場合と同様になるため，外部競争者と在任中の監査人の監査報酬提示額および在任価値は次のようになる。

(9-5)
$$p_m^A = p_m^D = v + (1-\sigma)\cdot\ell - \sigma\cdot c$$
$$\rho_m^A = \rho_m^D = v + (1-\sigma)\cdot(\ell+c)$$
$$V_m^A = V_m^D = \ell + c$$

(ii) 被監査会社は，外部競争者のタイプについては把握できているが，在任中の監査人のタイプについては把握していない。

この場合Dタイプの外部競争者は，被監査会社に「中立の報告方針」をとり b の利益を還元しないため，市場から排除されてしまい，市場は全てAタイプの監査人で占められてしまう。被監査会社は，$(1-q)$ の確率で運悪くDタイプの監査人が在任中であり，b の利益を受けることができないため，外部競争者と契約した方が良いと考えている。在任中の監査人は，そのまま職を続けるためには，この分だけ割り引いた監査報酬額を提示しなければならない。外部競争者と在任中の監査人の監査報酬提示額および在任価値は次のようになる。

(9-6)
$$\hat{p}_m^A = v + (1-\sigma)\cdot\ell - \sigma\cdot c$$
$$\hat{\rho}_m^A = \hat{\rho}_m^D = v + (1-\sigma)\cdot(\ell+c) - (1-q)\cdot b$$
$$\hat{V}_m^A = \hat{V}_m^D = \ell + c - (1-q)\cdot b$$

(iii) 被監査会社は外部競争者のタイプについては把握していないが，在任中の監査人のタイプについては把握している。

この場合外部競争者は，AタイプやDタイプを問わず同じ監査報酬を提示してくる。ここで在任中の監査人がAタイプの監査人であるとする。被監査会社が外部競争者と契約すると，$(1-q)$ の確率でDタイプの監査人にあたり，

今まで享受してきた b を失ってしまう。そのため在任中の監査人は，その分だけ割高の監査報酬額を被監査会社に提示できる。この場合における外部競争者と在任中の監査人の監査報酬提示額および在任価値は次のように表される。

(9-7) $$\begin{aligned} \dot{p}_m{}^A &= (\dot{p}_m{}^D) = v + (1-\sigma)\cdot\ell - \sigma\cdot c \\ \dot{\rho}_m{}^A &= v + (1-\sigma)\cdot(\ell+c) + (1-q)\cdot b \\ \dot{V}_m{}^A &= \ell + c + (1-q)\cdot b \end{aligned}$$

在任中の監査人がDタイプの監査人であるとすると，被監査会社は外部競争者と契約すれば，q の確率で b の利益を得ることができる。在任中の監査人がそのまま職にとどまりたいなら，その分だけ監査報酬額を値下げしなければならない。外部競争者と在任中の監査人の監査報酬提示額および在任価値は次のように表される。

(9-8) $$\begin{aligned} \dot{p}_m{}^D &= (\dot{p}_m{}^A) = v + (1-\sigma)\cdot\ell - \sigma\cdot c \\ \dot{\rho}_m{}^D &= v + (1-\sigma)\cdot(\ell+c) - q\cdot b \\ \dot{V}_m{}^D &= \ell + c - q\cdot b \end{aligned}$$

(iv) 被監査会社は m 期の開始時から全ての監査人のタイプを把握している。

この場合 (ii) の場合と同様に，外部競争者からDタイプの監査人は排除されてしまう。被監査会社にとってDタイプの監査人は，Aタイプの監査人と同じだけコストがかかるが，受け取る利益は b だけ少ないためである。在任中の監査人がAタイプの監査人である場合，外部競争者と在任中の監査人の監査報酬提示額および在任価値は第8章3節 (8-4) と同じになる。

(9-9) $$\begin{aligned} \tilde{p}_m{}^A &= v + (1-\sigma)\cdot\ell - \sigma\cdot c \\ \tilde{\rho}_m{}^A &= v + (1-\sigma)\cdot(\ell+c) \\ \tilde{V}_m{}^A &= \ell + c \end{aligned}$$

在任中の監査人がDタイプである場合，外部競争者と在任中の監査人の監査報酬提示額および在任価値は，(1)②(b)の1期限りの対立があり監査人の

タイプが分かる場合と同様になる。

$$\tilde{p}_m^A = v + (1-\sigma) \cdot \ell - \sigma \cdot c$$
(9-10) $$\tilde{\rho}_m^D = v + (1-\sigma) \cdot (\ell + c) - b$$
$$\tilde{V}_m^D = \ell + c - b$$

さて1期前の $m+1$ 期にDタイプの監査人が雇われ、その期に「中立の報告方針」をとったとする。ここで全ての監査人が u_2 と報告する確率が φ であるから、$(1-\varphi)$ の確率でこの監査人がDタイプの監査人であることが m 期の始めに被監査会社に分かってしまう。その結果、上の(iii)と同様になり、その時の在任価値は $\ell + c - q \cdot b$ となる。$m+1$ 期にAタイプの監査人が雇われた場合、当然「ひいきの報告方針」がとられる。

ところがDタイプの監査人も、u_2 と報告し一見「ひいきの報告方針」のような判断をする可能性が φ の確率だけある。そうするとAタイプの監査人と見分けがつかないため、被監査会社は m 期の始めにおけるAタイプの監査人の全体に占める割合を上方修正して $\hat{q}(\hat{q} > q)$ と見積もる。その時の在任価値は $\ell + c + (\hat{q} - q) \cdot b$ となる。ゆえに、第8章第3節 (8-2) から $m+1$ 期におけるAタイプとDタイプの外部競争者が提示する監査報酬額はそれぞれ次のようになる。

$$p_{m+1}^A - (v + \ell) + \sigma \cdot [\ell + c + (\hat{q} - q) \cdot b] = 0$$
(9-11) $$p_{m+1}^D - (v + \ell) + \sigma \cdot \{(1-\varphi) \cdot (\ell + c - q \cdot b) + \varphi \cdot [\ell + c + (\hat{q} - q) \cdot b]\} = 0$$

両者の監査報酬提示額を比較すると、Aタイプの方が $\sigma(1-\varphi) \cdot \hat{q} \cdot b$ だけDタイプより小さくなり、Dタイプの監査人は市場から排除されてしまう。逆にDタイプの在任中の監査人が $m+1$ 期に「ひいきの報告方針」をとり、自分のタイプを隠したとする。そうすると被監査会社は、$m+1$ 期の報告方針だけでは監査人のタイプを見分けることができない。被監査会社は外部競争者のタイプも把握できないので、m 期の開始時に(i)と同じ状況にいることになる。

ゆえに $m+1$ 期における A タイプと D タイプの外部競争者が提示する監査報酬額は次のようになる。

$$(9\text{-}12) \quad \begin{aligned} & p_{m+1}^A - (v+\ell) + \sigma \cdot V_m^A = 0 \\ & p_{m+1}^D - (v+\ell) - \varepsilon + \sigma \cdot V_m^D = 0 \end{aligned}$$

$V_m^A = V_m^D$ と $\varepsilon = (1-\varphi) \cdot E > 0$ から，D タイプの提示額は「ひいきの報告方針」をとった際の予想損失分だけ A タイプより高くなる。そのため，A タイプの外部競争者は監査報酬提示額によって自分のタイプを知らせることができる。この結果 D タイプの監査人は，この被監査会社に関して A タイプの監査人との価格競争に勝てないため，自動的に市場から排除されてしまう。以上の検討から，(i) と (iii) のように被監査会社が外部の競争者のタイプを把握できない場合はない。なぜなら被監査会社は，外部競争者のタイプをその監査報酬提示額で見破ってしまうからである。

また被監査会社が始めて監査を受ける N 期に，監査人は自分がどちらのタイプに属しているかに気づいていると，A タイプの外部競争者の在任価値が D タイプのそれより大きくなる。A タイプの監査報酬提示額の方が低くなり D タイプは決して雇われず，監査人の独立性が損なわれる余地はない。

3 監査人の独立性が損なわれる条件

では D タイプの監査人の独立性が損なわれる場合とはどのような場合であろうか。被監査会社は，外部競争者のタイプを監査報酬提示額で把握できる。そのため実質的には外部競争者は，A タイプの監査人で占められてしまうことにまず留意したい。ここで $m+1$ 期に D タイプの監査人が雇われ，u_2 というシグナルを受け取った場合には，そのまま報告しても何の問題も起こらない。しかし u_1 というシグナルを受け取った場合にそのまま u_1 と報告してしまえば，「中立の報告方針」をとる D タイプの監査人であることを被監査会社に教えるようなものである。この場合 m 期の始めに監査人は (2)② の (iv) と同じ

状況になる。

ところが逆に u_2 と報告し「ひいきの報告方針」をとって自分のタイプを隠した場合，m 期の始めに(2)②(ⅱ)と同じ状況になる。つまり監査人の独立性が損なわれる場合とは，Dタイプの監査人が，この時に「中立の報告方針」よりも「ひいきの報告方針」をとった方が経済的に望ましい時である。すなわち「ひいきの報告方針」をとった場合の利得から「中立の報告方針」をとった場合の利得を差引いてプラスになった時であり，次のようになる。

$$
\begin{aligned}
(9\text{-}13) \quad & (\rho_{m+1}-v-E+\sigma\cdot\hat{V}_m^D)-(\rho_{m+1}-v+\sigma\cdot\tilde{V}_m^D) \\
&=\{\rho_{m+1}-v-E+\sigma\cdot[\ell+c-(1-q)\cdot b]\}-\{\rho_{m+1}-v+\sigma\cdot(\ell+c-b)\} \\
&=-E+\sigma\cdot[\ell+c-(1-q)\cdot b]-\sigma\cdot(\ell+c-b) \\
&=-E+\sigma\cdot q\cdot b>0
\end{aligned}
$$

以上の考察から，在任中の監査人がDタイプである場合に，「ひいきの報告方針」をとって自分の独立性を犠牲にする経済的動機付けが生まれる条件は次の通りである。

① 監査人と被監査会社の間に複数期間にまたがる意見の不一致がある。
② 被監査会社が始めて監査を受ける期が終わってみて，監査人は自分がどのタイプに属しているかに気づく。
③ 被監査会社が「ひいきの報告方針」から得る期待利得 b は，Aタイプの監査人に交代しても変わらない。
④ 被監査会社は，監査人がどちらの報告方針をとったかを直接的に観察できない。
⑤ $\sigma\cdot q\cdot b>E$ の条件を満たす

特に⑤の条件から，Dタイプの監査人が独立性を損なうような場合は，監査人にとって将来の価値が充分に高く，Aタイプの監査人の割合が充分に高く，「ひいきの報告方針」をとった時の利益が被監査会社にとって充分に高く，その時にDタイプの監査人が被ると考える損失が充分に低い場合になる。

またここでは被監査会社が「ひいきの報告方針」を受けた時に得る利益は，

監査人の習熟コストと被監査会社の習熟補助コストより小さいとされた（$b < \ell+c$）。監査人の独立性は $(\ell+c)/(1-q)$ が b より大きいと損なわれない。被監査会社はAタイプの外部競争者を監査報酬提示額から容易に識別でき，監査人の変更を即座に行うからである。また $E > \ell+c$ の場合には，Dタイプの監査人は，常に「中立の報告方針」をとり独立性は損なわれない。なぜなら「ひいきの報告方針」をとると在任価値がマイナスになってしまうからである。このように報告方針が監査人にも被監査会社にも非常に重要な意味を持つ場合には，監査人の独立性は損なわれない。

③の仮定と異なり b が監査人の交代による悪印象から減少するとすれば，⑤から監査人の独立性はより損なわれにくくなる。交代による被監査会社の得る利益がまったくなくなれば（$b=0$），Dタイプの監査人は常に「中立の報告方針」をとるであろう。また②の仮定と異なり，外部競争者が監査人に就任し被監査会社の状況を詳細に調べてみて始めて自分のタイプに気がつく場合もある。しかしその場合でも以上の分析で得られた結論と変化はない[3]。

さらにこの分析において，Dタイプの監査人の交代があったと分かっている場合でも E は変動しないとされた。つまり交代で「ひいきの報告方針」をとれば，将来損失を被ることに繋がると（$E>0$）一般に受取られていても，新任のAタイプの監査人は常に損失はないと考えている（$E=0$）。このような状況を修正するためには，在任中の監査人が解雇された場合に，その状況を外部競争者に開示すればよい。その結果監査人の間の意見相違がなくなり，独立性が損なわれにくい状況が作り出されることは明瞭である。もう1つ重要な点は，在任中の監査人が会計基準に裁量の余地を少なくしてほしいと望むことである。このような会計基準は監査人の在任価値を保護できるからである。

4　競争が独立性に及ぼす影響の限定性

以上の議論から，アメリカのように監査市場に自由な価格競争がある場合に

---
(3) 詳しい証明は Magee and Tseng (1990, p. 331) を参照されたい。

は，外部競争者の存在から市場メカニズムが働き，監査人の独立性が損なわれる場合は非常に限定される。つまり，監査人と被監査会社の間に資産の耐用年数などについて複数期間にまたがる意見対立があり，監査人にとって将来の価値が充分に高く，会計基準に裁量の余地があり，被監査会社がそれから充分な利益を受けるが，監査人の被る損害も充分に低いと考えられる場合である。

また監査人に2つのタイプがあるという分析には違和感があるかもしれない。しかし1つの会計事象に対してさえ，監査人の監査判断がA・B・C・D…というように分かれることがある。それは，たくさんのタイプの監査人が存在することにほかならない。多数のタイプの監査人を前提として分析を進めると非常に複雑になる。そのためここでは2つのタイプに限定されている。また誰でもが同一の結論に到達するように，一定の仮定に基づいた消去法により，競争が監査人の独立性を損なう場合が慎重に検討されている。

最後にKanodia and Mukherji (1994) は，競争の影響について監査市場の不完備性の要素を追加して次の指摘をしている。監査市場の競争は，被監査会社にとって監査人の在任価値を制限する手段である。競争の存在のおかげで，提示された監査報酬額が適正なら契約を続け，額が高すぎれば契約を辞退することが可能になる。これはちょうどオークションで適正価格なら入札し，それ以上になると退席すること (take-it-or-leave-it price offer) と類似している。

さらに次のことが指摘されている。任期が複数になると，在任中の監査人が被監査会社からこの申し出を受けることは任期中に1度しかない。これを乗り切った監査人は最後まで職にとどまることができる。交代があって次に就任した監査人の交代はめったに起こらず，在任価値が比較的低い時だけに可能性があるだけである。そして監査人の交代は時間とともにますます起こりにくくなる。また監査報酬の値引きは，交代した監査人の方が大きくなるが，監査報酬自体は全体として高くなってしまう。

第10章

非監査業務の供与と監査人の独立性

1 監査人による非監査業務の供与

　企業の上級取締役の国際団体である Financial Executives Institute (FEI) の調査によれば[1]，200を越える大企業の85％が監査人からコンサルティング業務の供与を受けていた。また FEI の調査の回答企業は，システム・コンサルティングのようなものは，監査を受けている監査法人がもっとも適していると答えていた。

　しかしエンロンの粉飾決算と監査を担当していた5大会計事務所の1つアーサーアンダーセンの癒着が発覚し，非監査業務の同時供与に厳しい目が向けられた。それは，アメリカの4大会計事務所におけるコンサルティング部門の分社化の動きに繋がり[2]，2002年の企業改革法による切り離しの義務化によって追認された。日本においても，4大監査法人の1つトーマツが最初にコンサルティング分野の完全分離を行い[3]，2003年の新しい公認会計士法により監査業務とコンサルティング業務の同時供与はある程度制限された。

---

(1)　Tie (2000), p.17.
(2)　日本経済新聞朝刊 (2002/2/7) および (2002/6/4)
(3)　同上 (2002/12/27)

2 監査人の独立性への影響

(1) 以前の議論

　被監査会社に対する非監査業務の供与が監査人の独立性を損なうかは，古くて新しい問題であり今までも多くの議論が行われている。少し以前の議論としては，Cannon (1952)・Mautz and Scharaf (1961)[4]・Patrick and Quittmeyer (1963)[5]・Axelson (1963)・Hylton (1964)・Deskin (1965)・Schulte (1965)・Briloff (1966)・Carmichael and Swieringa (1968)・Kell (1968)・Titard (1971)・Hartley and Ross (1972)・Goldman and Barlev (1974)[6]・Nichols and Price (1976)[7]・Burton (1980)[8]・Cowen (1980)・Schockley (1981)・Scheiner and Kiger (1982)・Knapp (1985) などがあげられる。

　1960年代までの議論を簡単にまとめると次のようになる。まず非監査業務の同時供与を支持するものとして Axelson (1963) があげられる。彼は，コンサルティング業務の供与は問題となるよりむしろ，被監査会社に対する問題解決の手段となるとする。また Patick and Quittmeyer (1963) は，経営意思決定に参画しない限りコンサルティング業務の供与によって独立性は損なわれないとし，Deskin (1965) も数学的意思決定論を基に，同様の結論を導いている。

　しかし Kell (1968) は，会計業務から疎遠なコンサルティング業務は外見における独立性を損なうとして禁止を求めている。Carmichael and Swieringa (1968) は，起こるべき事態を想定していくと「客観的独立性」には抵触しないが，無意識のうちに偏見にとらわれる「主観的独立性」が損なわれる恐れがあるとする。

---

(4) Mautz and Scharaf (1961), pp. 218-230.
(5) Patrick and Quittmeyer (1963), p. 114.
(6) Goldman and Barlev (1974), p. 175.
(7) Nichols and Price (1976), pp. 342-343.
(8) Burton (1980), p. 54.

非監査業務の同時供与を支持しないものとして Cannon (1952) があげられる。彼は税務の同時供与が独立性を損なう危険性があるとして，業務部門の分離を提言している。また Mautz and Sharaf (1961) は，コンサルティング業務の供与は独立性を損なうとして，業務の専門化による分離を提言している。さらに Hylton (1964) は，無意識のうちに独立性が損なわれる危険性と，第三者からの信頼性を失う点を指摘し，コンサルティング業務の同時供与には反対している。

Goldman and Barlev (1974) によれば，コンサルティング業務の供与は画一化した業務である監査と異なり，その独自性から被監査会社が高く評価する。そのため被監査会社に対する監査人の立場は強まり，独立性を高める効果があるとする。Nichols and Price (1976) は，コンサルティング業務の供与が監査人の独立性を高めるのは，被監査会社がその供与から便益を得る場合に限られる。そのため個々の場合を検証する必要があるとする。両業務の分離化に消極的な Burton (1980) は，コンサルティング業務から得られる情報が効率的で高品質の監査を生む源となっており，完全な独立性は得られなくとも，社会全体としては利益が大きいとする。

また Cowen (1980) と Scheiner and Kiger (1982) は，非監査業務の報酬額が会計事務所の収入に占める割合について調査し，独立性に影響を与えるほど過大になっていないとしている。残りの Schulte (1965)・Briloff (1966)・Titard (1971)・Hartley and Ross (1972)・Schockley (1981)・Knapp (1985) は経営者と公認会計士や証券アナリストなどに対するアンケート調査であり，Briloff (1966)・Schockley (1981)・Knapp (1985) の調査ではコンサルティング業務の供与は独立性を損なわないという結果であったが，他の3つの調査では独立性を損なうという結果が出ている。

(2) 最近の議論
① 実験的アプローチ

Dopuch and King (1991) は，監査人がコンサルティング業務と監査業務を

同時に供与できる市場とできない市場を実験室的に作って検証を実施した。実験は次の3つの設定に基づいて行われた。第1に，コンサルティング業務を供与している監査人が，資産の品質を把握しようとしない時には，売り手が次の期に任期を更新しないという罰則（評判コスト）を科す可能性がある。第2に，この監査人が監査を実施しない時には，評判コストに加えて買い手から損害賠償を求められる危険性がある。第3に，コンサルティング業務と監査業務を同時に供与している監査人の方が，資産の品質をより高い確率で把握できることである。

実験の結果，コンサルティング業務と監査業務を同時に供与している監査人の方が，監査を怠ることが多かった。しかしコンサルティング業務で資産の品質をすでに把握している場合に全て限られていた。また独立性への影響を考察するために，監査を怠った後に任期の更新がどの程度頻繁に行われたか調査した。その結果，監査人が任期の更新を求めて監査の努力を怠ることや，監査人と売り手の情報開示に関する不一致から任期更新がされなかったという証拠は検証されなかった。

実験ではコンサルティング業務の方が高利益を生むという設定であった。そのため，コンサルティング業務と監査業務を同時に供与できない市場では，監査人はコンサルティング業務で雇われる割合が多く，監査業務では入札額を高く設定し過ぎてめったに雇われることはなかった。このことは，監査人の専門分野化の必要性を示唆していると考えられる。

② **実証的アプローチ**

アメリカでは2000年に証券取引委員会が監査人の独立性に関する規定を改正し，2001年2月5日以降における企業の財務諸表に監査業務の報酬と非監査業務の報酬を開示することを義務化した。この開示情報を基にした実証研究である Frankel et al. (2002) によると，非監査業務から得る報酬と経営者の「利益管理」(earnings management) の間に正の相関関係があったとする。すなわち非監査業務から得る報酬額と利益に関する経営者の裁量行動の間に正の相関があったとしている。

ここにおける経営者の裁量行動とは具体的に，実際の1株当たりの利益とマスメディアの最終予測値との誤差（earning surprise）と会計発生総額（accounting accruals）及び会計利益嵩上げまたは会計利益押し下げ額である。このことから，非監査業務の供与が多い監査人は，被監査会社に対して経営者の利益操作を認める傾向があるとされた。しかし Ashbaugh et al. (2003) の実証では，このような事実は確認できなかったとされている。また日本では鳥羽・川北他 (2001) のアンケート調査において，ジャーナリストのみがコンサルティング業務の供与を独立性のマイナス要因としたという結果が示されている[9]。

③　経済学的モデルアプローチ

　経済学的モデルを使った考察を行った文献にはまず Simunic (1984) があげられる。彼は，コンサルティング業務の同時供与から生み出される経済利害が，完全競争市場を前提とした市場メカニズムによって被監査会社に還元されれば，監査人の独立性には影響が少ないとする。被監査会社に還元されるか否かは次のようにまとめられる。なお内部統制の構築は外部発注が可能と考えられている。

(a) コンサルティング業務が監査業務に波及効果をもたらし監査の初期コストを減少させていると，監査報酬は下降し，コンサルティング報酬は上昇するが，内部統制の構築コストには変化がない。

(b) コンサルティング業務が監査業務に波及効果をもたらし監査の限界コストを減少させていると，監査報酬は下降・上昇・変化なしの3つの場合が考えられ，コンサルティング報酬も下降・上昇の両者の場合が考えられる。

(c) 監査業務がコンサルティング業務に波及効果をもたらしコンサルティング業務の初期コストを減少させていると，監査報酬は上昇し，コンサルティング報酬と内部統制の構築コストは下降する。

(d) 監査業務がコンサルティング業務に波及効果をもたらしコンサルティ

---

(9) 鳥羽・川北他 (2001), 198頁。

ング業務の限界コストを減少させていると，監査報酬は上昇し，コンサルティング報酬は下降・上昇・変化なしの3つの場合が考えられるが，内部統制の構築コストは下降する。

監査業務とコンサルティング業務の同時供与により，それぞれの初期コストが減少する場合には，監査の報酬の下降またはコンサルティング報酬と内部統制の構築コストの下降という形で被監査会社にも還元がされている。ところが限界コストが減少する場合の結果は非常に曖昧である。

また Gigler and Penno (1995) は，監査コストの安い効率的な監査人と監査コストの高い非効率な監査人が，1つの被監査会社を巡って獲得競争を繰返す形のゲームを想定した。これは一種の寡占市場であり，被監査会社は監査人の監査コストが一定の割合でランダムに入れ替わるため，どちらが現在効率的な監査人であるかを監視不可能である。このような情報の不完備性のある市場について，背理法と逐次均衡 (sequential equilibrium) の手法を駆使して分析が行われている。そして第三者に不可解で不審感を抱かせる被監査会社の行動が意図的なものではなく，競争市場の不完備性にあることを示している。被監査会社の不審な行動とは次のようなものである。

第1に監査人の交代がある場合に，被監査会社が会計システムや内部統制に対してわざと十分な投資を行わず，現在在任中の監査人の競争力を高め，外部競争者から一層の監査報酬の割引を引き出そうとする。第2に，非監査業務に関して外部競争者が価格的により魅力的な報酬額を提示していても，現在在任中の監査人から供与を受けようとする。第3に，会計事務所が監査業務と非監査業務を別の利益センターとして完全分離し，両者の業務の同時供与がもはや効率的でなくなっても，その供与を受けようとすることである。

3 非監査業務の供与に伴う独立性の侵害を判断する基準

被監査会社に監査と非監査業務を同時に提供している場合，監査法人の独立

3 非監査業務の供与に伴う独立性の侵害を判断する基準

性が損なわれる条件とはどのようなものであろうか。これについて Simunic (1984) は次のような議論を行っている[10]。監査法人は監査部門とコンサルティング部門に分割されているとする。監査業務とコンサルティング業務が同時供与され，コンサルティング業務から得られる知識が監査業務にとって有益であれば，監査業務とコンサルティング業務が別々に提供される時よりコストの節減ができるはずである。

同時供与によって生じるコスト節減が，たとえ部門に分かれていようと1つの監査法人の中で起こるなら，このような推定はもっとも自然なものと考えられる。もちろん両者が完全に分社化して，それぞれの部門で得られた知識が，実際の売買によってのみ相互の部門で共有される場合は別である。さて監査法人にとってもっとも望ましい選択は，このコストの節減効果によって生まれる利益をすべて独占することである。そのためには，両者の業務が別々に提供されるコストを算定し，それを基に報酬額を提示すればよい。

ところでコンサルティング業務の提供から副産物として得る知識は，被監査会社に関係特殊的なものであり，そこから得る利益は準レントと位置付けることができる。つまり監査法人と被監査会社は，Klein et al. (1978) の言ういわゆる相互独占 (bilateral monopoly) の状況にあると考えてもよい。その場合にもっとも問題となることは，この準レントが監査法人のパートナーによってすべて利得されてしまうのか，潜在的外部競争者の存在が競争を生み監査業務の報酬額が削減され，結果的に被監査会社にたとえ部分的にでも還元されるかである。

しかもここで重要なことは，経済学でよく問題となる富の配分の問題ではなく，監査人の独立性に対する影響である。即ち監査業務とコンサルティング業務を同時供与している監査法人が，コンサルティング業務に関連した関係特殊的な資産から経済レントを得ているとすると，その独立性は損なわれていると考えられるからである。たとえそのレント自体が，知識による外部効果の産物

---

[10] Simunic (1984), pp. 681-686.

であるとしても、独立性に対するマイナスの影響は免れない。

　以上の議論は、非監査業務の供与が監査人の独立性を損なっているか否かの判断基準を提示しており非常に意義がある。被監査会社に対する非監査業務の供与によるコスト削減効果が、監査法人を一方的に利するとすると、重要な経済利害の発生からその独立性が疑われても仕方がないであろう。ところがもしこの波及効果が監査報酬額の引き下げという形で被監査会社に還元されるならば、監査法人の方に必ずしも重要な経済利害が発生するわけではない。むしろ監査法人から提供されるサービスの効率化という点からも、被監査会社にとっては望ましいことになる。

4　先行研究の解釈の複雑性

　以上この章では、監査と非監査業務の同時供与が独立性に及ぼす影響に関する先行研究を見てきた。問題は、それらの研究から引き出される結論に統一性がない点である。最近の実証研究についても、非監査業務報酬の割合が多いと被監査会社に寛容な監査を許しているという独立性への影響を示唆する結果が出ている一方で、まったく同じデータを用いながら、数値の取り方によりその仮説が支持できないという結果が出てしまっている。

　また実験的アプローチでは、非監査業務の供与が独立性を損なうという証拠は得られなかった。経済学的モデルアプローチではむしろ、非監査業務の供与は独立性を損なわないという結果に近い。また独立性が損なわれているような状況があっても、決して監査人の意図的なものではないとされている。

　さらにこの章では非監査業務の供与が及ぼす波及効果に視点を向けた。それが被監査会社に市場機構を通して還元されるか否かが、独立性が損なわれているかを決定する判断基準になるという議論である。これは、新たな経済利害が発生し、監査人がそれを一方的に享受していると、独立性が損なわれるという考え方である。この独立性の判断基準は、次章の分析の基礎を構成することになる。

第11章
非監査業務の供与が独立性に及ぼす影響のモデル分析

1 分析の視点

　エンロン事件の発覚前の 2001 年にすでに，当時の5大会計事務所の一つ KPMG は，自主的にコンサルティング部門の分離とその株式の上場を行った。また同じ時期にプライスウォータハウス・クーパースも，コンサルティング部門のヒューレットパッカードへの売却は挫折したが，なお分社化を模索していた[1]。これは，監査業務とコンサルティング業務の同時供与を必ずしも好ましいと会計事務所が見なしていなかったことを示している。本章では，このような展開が独立性の強化を目指したものだったのかを示す。そして非監査業務の同時供与と監査人の独立性の問題は，経済的メカニズムを通して会計士事務所の経営戦略と深く結びついていることを指摘する。

　第10章で先行研究としてあげた研究との相違点は次の点である。寡占市場を前提に，不完全競争下における非監査業務の供与が監査人の独立性に与える影響を探った。監査業務を無形であるが巨大な投資を必要とする，一種の伝統的な装置産業ととらえたからである。また非監査業務の同時供与による波及効果が，監査業務や非監査業務の限界コストを減少させる場合に限定して分析が進められた。これについて Simunic (1984) の研究では曖昧な結果しか得られていないが，寡占という不完全市場を前提とすると比較的明解な結果が得られることを示した。

---

(1) 日本経済新聞 (2001/4/7)

ここではまず監査市場と非監査業務市場における，監査法人同士の競争が問題になる場合を検討する。日米の監査市場は，それぞれビッグ4という大手会計事務所および監査法人による一種の寡占市場である。そのためここでは，完全競争市場ではなく寡占市場における監査法人の競争に焦点をあてて分析を加えていく。

その際に特に重視したことは，市場が複数の監査法人の寡占状態にある場合に，監査部門と非監査業務部門の分社化が独立性に有効かを短期と長期の視点から把握することである。次に監査市場は1つの監査法人が独占しており，非監査業務市場でコンサルティング会社と競争が行われている場合についても，監査部門と非監査業務部門の分社化が独立性に有効かを短期と長期の視点から考察した。

2 監査法人同士による不完全競争と独立性に対する影響

ここでは単純化のために，監査市場と非監査業務市場が，2つの監査法人 X_1 と監査法人 X_2 の寡占市場であったとする。なお2つの監査法人による寡占市場の分析は，そのまま複数の監査法人による寡占市場にもそのまま当てはめて議論ができると考えている[2]。また監査と非監査業務市場は，Simunic (1984) の定義のように分社化しない限り波及効果が見込まれるとした。つまり両業務を別部門化しても，両業務にかかる限界コストの削減効果はそのまま発揮される。なおここではコスト削減の波及効果は，監査や非監査業務を行う初期コストの削減という一時的なものではなく，限界コストの削減という継続的な形で現われると仮定した。

監査法人 X_1 と監査法人 X_2 は，監査報酬額について価格競争を行っているが，報酬額を決定する前に非監査業務部門を分社化するか否かを決定しなけれ

---

(2) Tirole (1988, p.220) および Binmore (1992, pp.290-291) を参照した。

ばならない。そこで監査法人 X_1 は非監査業務部門を分社化しない戦略を選択し，監査法人 X_2 は分社化を選択したとする。監査法人 X_1 と X_2 はこの選択をした後に，相手の行動を観察することなく，それぞれ同時に監査業務の報酬額 p_1 と p_2 を決定する。ここで留意すべきことは，監査法人 X_2 の報酬提示額 p_2 が所与であるとすると，監査法人 X_1 は自分の残余需要に対しては独占企業として行動することである。

このゲームは一見両監査法人が同時に行動を起こすゲームのようであるが，その前に非監査業務部門を分社化するか否かという決断を下さなければならない。監査法人 X_1 のように分社化しない行動は，相手の監査法人 X_2 に，監査コストを削減する投資をしたというコミットメントを伝える意思表示になる[3]。そのためこれは，本来先手と後手のあるゲームである。

分社化を選択しなかった監査法人 X_1 の監査業務の費用関数は $C_1(\cdot)$ で表される。一方分社化を選択した監査法人 X_2 の監査業務の費用関数は，$C_2(\cdot)$ というコスト関数で表される。分社化しなかった監査法人 X_1 は，非監査業務からの波及効果のおかげで，内部統制の整備状況をチェックするコスト a を節約できる。なお a は監査人の一種の習熟コストであり，監査業務の需給量に比例する[4]。その結果監査法人 X_1 と X_2 の監査業務に関する限界コストは，監査の需給量 q に対して次の関係にある[5]。

(11-1)　　$C_2'(q) > C_1'(q)$　　$(C_2'(q) = C_1'(q) + a)$

費用関数が $C_1(\cdot)$ の時の報酬提示額と需給量は p_1 と q_1 で表され，費用関数が $C_2(\cdot)$ の時には p_2 と q_2 で表される。監査法人 X_1 の費用関数は $C_1(\cdot)$ であるから，提示したい報酬額は何をおいても p_1 であるはずである。ただし監査法人 X_1 は報酬提示額 p_2 で q_2 の監査業務を需給可能である。ゆえに次の式が

---
(3) Tirole (1988, pp. 314-323) によれば，このような投資はサンク・コスト (sunk cost) を生み出し，市場の参入や撤退に重要な影響を及ぼす。また奥野・鈴木 (1988, 219-225 頁) も参照されたい。
(4) これが加藤 (2001c・2002) と異なる点である。
(5) Tirole (1988, pp. 66-67) を参照した。

成立する。

$$(11\text{-}2) \quad p_1 q_1 - C_1(q_1) \geq p_2 q_2 - C_1(q_2)$$

監査法人 X_2 の費用関数は $C_2(\cdot)$ であるから，報酬額は p_1 よりは p_2 で監査業務を提供したいであろう。それゆえに次の式が成り立つ。

$$(11\text{-}3) \quad p_2 q_2 - C_2(q_2) \geq p_1 q_1 - C_2(q_1)$$

(11-2) と (11-3) 式を加えると次の式が得られる。

$$(11\text{-}4) \quad [C_2(q_1) - C_2(q_2)] - [C_1(q_1) - C_1(q_2)] \geq 0$$

すなわち

$$(11\text{-}5) \quad \int_{q_2}^{q_1} [C_2'(t) - C_1'(t)] dt \geq 0$$

(11-5) 式から全ての t について次のことが成立する。

$$(11\text{-}6) \quad C_2'(t) > C_1'(t)$$

ゆえに

$$(11\text{-}7) \quad q_1 \geq q_2$$

$p = 1 - q$ とすると，

$$(11\text{-}8) \quad p_1 \leq p_2$$

(11-8) から，分社化を選択した監査法人 X_2 が，監査業務に対して提示する報酬の合計額は，監査法人 X_1 の提示額より高くなる。つまり限界コストが低くなれば，提示する報酬額も低くなる。図11-1 に示されるように[6]，分社化せずに限界コストの低減を図った，監査法人 X_1 の反応曲線は左に移動し，提示される報酬額 p_1 の下降が起こる。監査業務と非監査業務の同時供与から生み出される経済利害は，市場機構を通じて被監査会社に還元される。分社化しないことは，短期的には監査法人の独立性に大きな影響を及ぼさないと考えられる。

---

[6] Tirole (1988, p. 355) を参照した。なおここで前提とされる「価格競争」は戦略的補完性のある競争であり，反応曲線は右上がりとなる。詳しくは (Tirole 1988, pp. 207-208) を参照されたい。

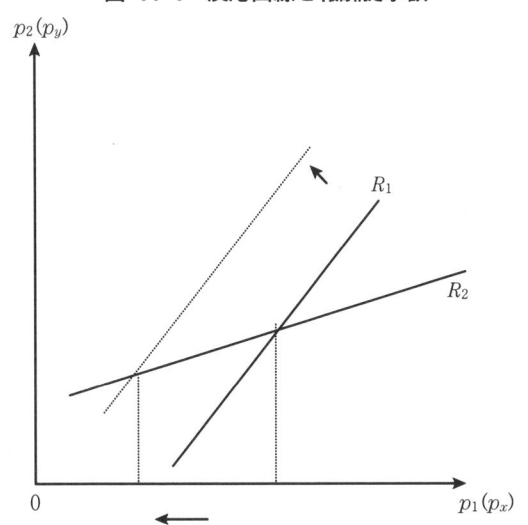

図 11-1 反応曲線と報酬提示額

$p_2(p_y)$

R_1

R_2

$p_1(p_x)$

ところが実は分社化を選択しない戦略は「トップドッグ」(Top dog) 戦略とも呼ばれ (Tirole 1988)[7]，競争相手の監査法人を市場から締出す攻撃性 (aggressiveness) を表している。競争相手の監査法人 X_2 が分社化を選択すると，非監査業務の同時供与による内部統制の整備状況のチェックコスト a を節約できず，限界コストの削減という波及効果も起こらない。監査法人 X_2 はその状況で提示する報酬額の引き下げを余儀なくされ，分社化をしなかった監査法人 X_1 とはまともに競争できない。そのため早晩に市場から撤退するしか選択の余地はない。

しかし寡占化の進む監査市場では，これ以上の集中化は望ましくなく，大手監査法人の撤退も起こりにくいと考えられる。それゆえに長期的には分社化を促して寡占的競争を受容する (accommodation) 戦略が選択されるのが望ましい[8]。このような戦略は「子犬」(puppy dog) 戦略 (Tirole 1988)[9] とも呼ばれる。アメリカにおいて大手の会計事務所がエンロン事件の発覚前から，分社化

---

(7) Tirole (1988, pp. 322-336). また奥野・鈴木（1988, 225-232 頁）を参照した。

を模索していた理由はここにある。

　寡占化が進む監査市場では長期的には分社化が選択され，非監査業務の独立性に対する影響は当然中立となる。非監査業務の供与は，監査法人の最適な行動戦略を考慮に入れると，短期的にも長期的にも独立性には中立でマイナスの影響は及ぼさないと言える。ただしこのような結論は，監査法人が営む全ての非監査業務について言えるものではなく，監査法人による寡占がかなり確立されている分野に限られる。

3 　監査法人とコンサルティング会社の不完全競争と独立性に対する影響

(1) モ　デ　ル

　次に監査市場は監査法人に独占されているが，非監査業務市場は監査法人とコンサルティング会社の競争市場となっている場合について考察したい。分析にあたって，Whinston (1990) のフォアクロージャ (foreclosure「市場囲い込み」) に関するモデルを応用した。フォアクロージャとは競争相手の締出しを指す。一般にある市場を独占している企業が，それを利用して別の市場においても競争相手の締出しを図ることがそれに当たる[10]。企業がフォアクロージャを図ろうとする市場の商品は，すでに独占している市場の商品と補完性または関連性がある場合が多い。

---

(8)　Tirole (1988, pp. 329-330) によれば，内部統制の整備状況のチェックコストを削減するような，経験や知識の蓄積によるコストの削減は，「子犬」ではなく「トップドッグ」戦略が価格競争において選択される場合もあるとする。分社化を選択しない低価格戦略が相手のマーケットシェアを奪い，経験や知識を蓄積する機会も奪う。その結果分社化を選択した方は，長期的には高価格でしかサービスを提供できなくなり攻撃性も失われる。その場合には分社化しない「トップドッグ」戦略がより望ましくなる。アメリカにおける大手の会計事務所の中には，当時分社化を選択しないとするものもあり，足並みが乱れていたのもそれが理由であろう。他に Spence (1984) も参照されたい。

(9)　Tirole (1988), pp. 322-336.

(10)　Tirole (1988, pp. 193-198) を参照されたい。

分析にあたり最初に次のような仮定をおいた。単純化のために監査市場は1つの監査法人 X の独占市場とした。監査に対して被監査会社が支払う報酬額は一定でp とした。監査の需要は監査報酬額がp を上回らない限り1とおいた。便宜上被監査会社の規模や事業内容など監査業務や非監査業務を行う条件は同一とした。すなわち監査報酬はどの被監査会社に対しても同一であり，非監査業務報酬も同様のことが成り立つとした。非監査業務市場は，これも単純化のために，監査法人 X とコンサルティング会社 Y だけが競合する寡占市場とした。

Whinston (1990) のモデルを応用するにあたって[11]，原則として監査法人が被監査会社に非監査業務を提供した場合に，Simunic (1984) が指摘するような同時供与が生み出す波及効果はないものとした。ただし同時供与が波及効果をもたらす場合についても後で議論する。非監査業務市場における監査法人 X とコンサルティング会社 Y の需給量 q_x, q_y をそれぞれ (11-9) と (11-10) のように表す。

(11-9)　$q_x = D_x(p_x, p_y)$

(11-10)　$q_y = D_y(p_x, p_y)$

単純化のために監査市場と非監査業務市場の顧客は同一であるとし，両市場とも顧客に対して単一の需要しか発生しないとする。それは次の式で表される。

(11-11)　$D_x(p_x, p_y) + D_y(p_x, p_y) = 1$

ゆえに非監査業務市場における監査法人 X の需要については次のことが成り立つ。

(11-12)　$D_x(p_x, p_y) \leq 1$

---

[11] Tirole (1988, pp. 333-334) を参考にした。なお Aghion and Bolton (1987) も参照した。

監査法人 X の監査コストは一定であり c とおき,非監査業務市場におけるコストを c_x とおく。なお監査業務には内部統制の整備状況のチェックコスト a が別にかかる。これは監査人の一種の習熟コストである[12]。監査法人 X とコンサルティング会社 Y は個別に提示報酬額を選択する。監査法人 X は,監査報酬額と非監査業務報酬額をセットにして提示するか否かを最初に決定するとした。これは先手と後手のあるゲームである。

ここで非監査業務市場におけるコンサルティング会社 Y の報酬額 p_y が所与であるとすると,監査法人 X が監査報酬額と非監査業務報酬額をセットにして提示しても,何の利益も生まれないことが容易に理解できる。監査法人 X が監査報酬額と非監査業務報酬額をセットにした提示額を P_x とする。その場合監査法人 X が非監査業務市場において提示している仮想報酬額は,P_x-v と考えることができる。それゆえに,監査法人 X が最大化を図ろうとする利潤は次のように求められる。

(11-13) $\quad (P_x-(c+a)-c_x)D_x(P_x-v, p_y)$

例えば報酬の最適提示額を P_x^* とおくと,$D_x \leq 1$ であることから,次の不等式が成立することが容易に理解できる。

(11-14) $\quad [v-(c+a)]+[(P_x^*-v)-c_x]D_x(P_x^*-v, p_y)$
$\geq [P_x^*-(c+a)-c_x]D_x(P_x^*-v, p_y)$

上の不等式の左辺は,監査法人 X が監査報酬額と非監査報酬額を切り離して別々に提示した場合の利潤を示している。この式から分かるように,p_y が所与で自身に残された需要に対して独占企業として行動する限り,監査報酬と非監査報酬をセットにして提示することは,監査法人 X にとって何の利益もない。それは監査法人の裁量の余地を狭めるだけであり,百害あって一利なしとも言える。監査報酬と非監査報酬をセットにした場合に,非監査業務市場だ

---

[12] これが加藤(2001c・2002)と異なる点である。

けにおける仮想提示報酬額を $\tilde{p}_x$ で示すとする。それは次のように表すことができる。

(11-15)　$\tilde{p}_x \equiv P_x^* - v$

監査報酬と非監査報酬をセットにした場合の提示価格 P_x について，監査法人 X の利潤を最大化する式は（11-13）で示された通りである。それは，非監査業務市場だけの仮想報酬額 $\tilde{p}_x$ について次の式を最大化することにほかならない。

(11-16)　$\{\tilde{p}_x - [c_x - (v-c-a)]\} D_x(\tilde{p}_x, p_y)$

監査報酬と非監査報酬をセットにしない場合には，監査法人 X は p_x について次の式を最大化すればよい。

(11-17)　$(p_x - c_x) D_x(p_x, p_y)$

非監査業務のコスト c_x は，監査法人 X が監査報酬と非監査報酬をセットにしなかった時の 1 顧客あたりの単位コストである。両者の報酬をセットにした時における，非監査業務市場における仮想コストはそれより $v-c-a$ 小さくなる。つまりセットにすることは，非監査業務市場における監査法人 X の実質的な限界コストを，$v-c-a$ だけ引き下げるのと同じ効果があることになる。非監査報酬をセットにして提示することは，非監査業務市場において顧客を 1 人失うごとに，監査法人 X が監査市場でも $v-c-a$ を失うという代償を払うことを意味するからである。

ここで監査法人 X は，非監査業務市場においても自分の残余需要に関して独占企業として行動していることに留意すれば，監査法人 X の限界コストの減少は，第 2 節の（11-1）から（11-8）で証明したように，非監査報酬の反応曲線を図 11-1 のように内よりに移動させる[13]。その結果監査法人 X の仮想

---

[13]　Tirole（1988, p. 325）および Binmore（1992, pp. 286-295）を参照した。

150 第11章 非監査業務の供与が独立性に及ぼす影響のモデル分析

提示報酬額 $\tilde{p}_x$ も低下する。つまりコンサルティング会社の提示するどの報酬額 p_y に対しても，次のことが成立する。

(11-18) $\tilde{p}_x < p_y$

(2) 分析の解釈
① セット供与が独立性に及ぼす影響

上述の分析から引き出される結論は非常に重要な意味を持つ。監査法人Xが両者の業務をセットで供与すれば，被監査会社は非監査業務の供与をより低い報酬額で受けることができる。被監査会社の立場に立てば，非監査業務も監査業務とセットで供与してもらった方が有利になる。逆に監査法人Xの立場に立てば，両業務のセット供与は経済的にはむしろマイナスの影響を及ぼす。セット供与は，被監査会社だけを一方的に利するだけで，監査法人にとってはマイナスの経済利害以外の何物でもない。

これらの点だけから見る限り，監査業務と非監査業務のセット供与が，被監査会社に対する監査法人Xの独立性に悪い影響を与えるとは思われない。セット供与は，むしろ独立性に良い影響を及ぼすかもしれない。この場合非監査業務部門の分社化は，セット供与を妨げむしろ被監査会社には不利に働くことになる。一方監査法人にとってはむしろ好ましいことになる。ゆえにここまでのところでは，独立性の保持にはむしろ非監査業務部門の分社化はマイナスの要素が強い。

このモデルから示唆される重要な点は，監査と非監査業務のセット供与がコスト削減のために行う投資の役割を果たしていることである。監査法人Xが監査市場で $v-c-a$ に当たる固定的な投資コストを支払う。それは，実は監査業務を非監査業務と切り離さずに一括して提供した時に余分に失う報酬に相当する。この固定的な投資コストの支出は，非監査業務市場における限界コスト c_x を仮想的に $c_x-(v-c-a)$ に引き下げる技術的役割を果たしていることになる。非監査業務市場は寡占市場であり，一般的には $D_x<1$ のため，監査

法人Xの需給量は監査市場より小さい。そのため何らかの戦略的意義でもない限り，このような投資は無益である。

最初に監査法人Xが非監査業務部門を分社化するか否かを決定し，その後に監査法人とコンサルティング会社が，相互の行動を観察することなく瞬時に非監査報酬額を提示すると考える。この場合分社化しないことは，監査法人Xに害があるだけでなく，コンサルティング会社Yにも害を与える。

なぜなら監査法人Xは，非監査業務市場においてより低い報酬額を仮想的に提示することになるからである。非監査業務部門を分社化しないことは，コンサルティング会社Yを市場から締出すことが目的にならない限り，監査法人Xにとって何の得にもならない。分社化が選択されなければ，コンサルティング会社の提示報酬額も引き下げる効果があるので，監査法人Xに直接的・間接的に悪い影響を与えるからである。

ところがもし仮に市場からコンサルティング会社Yを締出すことが問題となるなら，分社化を選択しないことは賢明かもしれない。Tirole (1988) の指摘するように[14]，セット供与によるコスト削減は一種の過大投資であり，これによって監査市場だけではなく非監査業務市場の独占も図ることが可能になるからである。

つまり分社化を選択せず監査業務と非監査業務をセットで供与することは，短期的には非監査報酬の提示額を引き下げ，被監査会社には利益になり，監査法人Xには損害を与えるように見える。ところが長期的には分社化を選択しないことが，コンサルティング会社Yを採算割れに追い込み，市場からの撤退を誘発する巧妙な戦略を意味する。もちろん現実的にはコンサルティング会社Yが全ての非監査業務から撤退することはありえないし，監査法人Xも全ての非監査業務分野で監査業務とのセット供与を進めることはできないであろう。

しかし非監査業務の中には，監査における指導機能の発揮と区別のつけ難い

---

(14) Tirole (1988), p. 335.

ものがあり，監査業務とセットで供与されてしまうのが自然の流れである。セット供与という行為そのものが監査法人Xの限界コストを低減する効果があるため，コンサルティング会社Yは長期的には価格競争に勝つことができず，これらの分野から撤退せざるをえない。この結果一旦その分野における監査法人Xの独占が確立すれば，被監査会社は業務の割引提供をもはや享受できず，監査法人Xのみが一方的にその恩恵を受けることになる。これは，監査法人Xを一方的に利するため，被監査会社に対する独立性にマイナスの影響を及ぼすと考えざるをえない。

② **セット供与が生み出す波及効果の独立性に及ぼす影響**

次に両業務のセット供与が，Simunic (1984) の指摘する波及効果を生む場合を考える。例えばセット供与によって，内部統制のチェックコスト a が必要なくなった場合である。コンサルティング市場における限界コスト c_x は，仮想の $c_x-(v-c-a)$ から $c_x-(v-c)$ となり上昇する。この結果監査法人Xの非監査報酬の仮想提示額は高くなる。それは，波及効果から生まれる監査法人Xの経済利害が，市場機構を通じて被監査会社に還元されなくなることを意味する。セット供与による波及効果が大きいと，監査法人Xの独立性への影響が懸念されることになる。

ところがコンサルティング会社Yにとっては監査法人Xとの価格競争がその分容易になる。そのためコンサルティング会社Yの市場からの撤退は遅れ，監査法人Xの独占も起こりにくくなる。このことによって，監査法人Xによる非監査業務市場の独占と，それから生まれる経済利害の独占を阻止することができる。セット供与による波及効果が独立性に及ぼす影響はプラスとマイナスの両面を持っている。もしこの両面効果のいずれが優位に立つか判断が困難であるならば，監査法人による非監査業務部門の分社化はこの効果の中性化に役立つであろう。

③ **セット供与の戦略的意味**

会計監査業務の市場はその需要に対して強い法律的制約が課されている規制市場である。そうすると，ここでは監査を義務化された企業は，監査市場を独

占している監査法人Xから必ず監査業務の供与を受けなければならない。もし監査法人Xが監査業務と非監査業務をセットで供与するならば，一種の独占禁止違反である。ところが前に述べたように，非監査業務の中には，被監査会社に対する監査の指導機能の発揮と区別できないものがあり，監査業務とセットで供与されてしまっても苦言が呈しにくい。そのため監査法人Xを独占禁止違反で取り締まることは容易ではない。

また現在では公認会計士業務の証明業務を拡張して，監査業務を含めた保証業務という概念が生み出されている。この業務には，高程度と中程度の品質のものがあり，高程度の保証を「合理的保証」と呼び，中程度の保証を「限定的保証」と呼ぶ。会計監査を除いて保証業務に関しては公認会計士のライセンス独占は認められていない。また保証業務の需要に対する法律的制約もない。監査法人Xは，コンサルティング業務と同様に，監査業務の独占を足場に「限定的保証」という保証業務の独占を図ることができる。さらに監査法人Xは，この保証業務の独占を足場にして，非監査業務のシェアの増加を図ることも可能である。

アメリカなどで公認会計士協会が，保証業務の認知に特別の関心を示すのはそのためであると考えてよい。この場合もし保証業務の独立性が問題となるとすれば，短期的には独立性に中立か少なくとも悪い影響はないが，長期的には独立性にマイナスの影響をもたらす可能性は否定できない。なぜなら前に述べたように公認会計士が，競争相手のコンサルティング会社を締出しその業務の独占を確立し，一方的に利益を享受する可能性があるからである。

現在のように公認会計士が，非監査業務に対してもかなりのシェアを占めることができたのは，会計監査業務の独占を最初に獲得できたことに起因するかもしれない。イギリスやアメリカにおいて会計支援業務や税務を独占していた公認会計士が[15]，まず監査を顧客にセットで供与することによって監査業務の独占を獲得した。

---

(15) アメリカにおける事情は千代田（1994，11-20頁）に詳しい。

次に監査業務の独占を利用して，従来行われていた会計支援業務以外の非監査業務を顧客にセット供与する。これによって独占的に供与できる非監査業務の分野を増やし，その分野における競争相手のコンサルティング会社を締出して独占を獲得した。コンサルティング業務の同時供与がかなりの程度禁止された今，これと同じことを保証業務について行おうとすることは想像に難くない。問題の解決には，コンサルティング業務と同様に分社化の可能性も含めて対応を検討していく必要がある。

4　非監査業務の分社化の必要性

本章の分析から得られる結論は次のようにまとめられる。
① 　監査市場と非監査業務市場で，監査法人同士の寡占競争が行われている。その時にこの2つの業務を分社化しない選択をすれば，内部統制の整備状況のチェックコストなどを節約できるため，限界コストの削減という波及効果があり，報酬提示額の引き下げにつながる。コスト削減から生まれる経済利害は短期的には，市場を通して被監査会社に対して還元される。しかし監査法人が市場の寡占を維持したいなら，分社化を選択する方が長期的にはより望ましい戦略となる。それゆえに監査法人による市場の寡占化が進んでいる非監査業務に関しては，短期的にも長期的にも独立性に悪い影響を及ぼすことは少ないと考えられる。
② 　監査市場が監査法人によって独占されている。しかし非監査業務市場ではコンサルティング会社と寡占競争が行われている。その時に監査法人が監査業務と非監査業務のセット供与を行うことは，コンサルティング会社が市場に留まろうとする限り，被監査会社に一方的に有利に働き監査法人には何の経済利害も生まれず損害しか残らない。ゆえに短期的にはセット供与は，監査法人の独立性に対して悪い影響は与えない。しかし一旦コンサルティング会社がその損失に耐えられず撤退すると，監査法人の独占が確立しその利益は被監査会社に還元されることもない。長期的に見るとセット供与は，監査

法人に重要な経済的利害を生み出し独立性にマイナスの影響を及ぼす。
③　監査市場が監査法人によって独占されている。しかし非監査業務市場ではコンサルティング会社と寡占競争が行われている。その時にセット供与が波及効果を生み，内部統制の整備状況のチェックコストなどを節約できるとする。すると限界コストの低下はその分緩和され，短期的には被監査会社への経済利害の還元もその分だけ小さくなる。この波及効果が大きいと，監査人の独立性に懸念が抱かれる可能性がある。コンサルティング会社の損害はより小さくなり撤退の時期が遅れるので，長期的な独立性への影響は評価がより困難になる。波及効果の独立性に対する影響を的確に判断することが容易でないなら，監査業務と非監査業務の分社化によって中性化することが1つの解決策と考えられる。

第 12 章
保証業務の提供が監査の品質に与える影響

1 保 証 業 務

　アングロ・サクソンを中心とした欧米諸国などでは，会計士業務が多様化するに従って業務拡大にともなうフレームワークの設定が行われるようになってきた。その代表的なものが，通称エリオット委員会と言われるアメリカ公認会計士協会（AICPA）の「保証業務特別委員会」報告書やカナダ勅許会計士協会（CICA）の基準および国際会計士連盟（IFAC）のフレームワークなどである。保証業務に関してエリオット委員会は，「意思決定者のために，情報の質あるいは情報の内容を向上させる，独立の職業専門家の業務」と定義付けている[1]。保証業務という概念は，従来の財務諸表監査を含めた，会計士が営むコンサルティング業務以外のすべての業務を包括したものと考えられる。

　特にカナダ勅許会計士協会は，保証業務に関する基準の中で2つの程度の保証水準を規定した。1つは高い程度の保証であり，もう1つは中間程度の保証である。前者は「合理的保証」と定義され，後者では「限定的保証」と定義される。従来3つの水準の保証業務が存在することを示唆していた国際会計士連盟も，カナダ勅許会計士委員会の見解を支持し，保証業務を2つの水準に分けることが一般的な考え方になった。

　現在の日本における四半期監査はその限定的保証の1つと考えられる。この監査の需要は，上場企業に対する四半期決算の開示から生まれたもので，すで

---

[1] Elliott (1998), p.2.

に東証は義務付けを検討している。ところが半期の中間監査と異なり監査基準も確立されておらず，監査人に戸惑いがあるのは否めない。四半期監査は決算監査のような合理的保証を果す必要はないとされる。

しかし同じ監査人が行う監査業務であり，利用者にはまったく同様のものと誤解される可能性がある。また被監査会社を利用者の1人として考えると，決算監査と四半期監査が同等のものなら，報酬も同額にすべきとして決算監査の報酬の割引を迫る恐れも想像できる。これでは本来の決算監査の品質低下を招きかねない。問題は本当にこのようなことが起こるかである。

公認会計士業務の拡充が議論される時に常に問題とされてきたことは，合理的保証以外の業務を提供する場合に，合理的保証自体の品質の保持ができるかということであった。また限定的保証の品質が適正な水準に保持されるかも重要な注目点となる。日本で合理的保証より保証の程度の低い保証業務の受容になお抵抗感があるのも，その疑問に起因している。本章ではこれらの問題について考察していく。

保証業務の品質問題に関する先行研究の1つとしてKing and Schwartz (1998)のゲーム理論的分析がある。彼らは，会計士が行う決算監査以外の保証業務として不確実性下の投資意思決定の保証を例にとって分析を行った。その結果を簡単にまとめると次のようになる。

決算監査では監査対象が過大報告を行っていないかという面に重点が置かれるが，他の保証業務ではそれだけでは不十分であり，過少報告の可能性を検討することも必要である。そして保証業務の利用者は，決算監査と同等かそれ以上の高い程度の保証のみを会計士に要求するため，公認会計士が保証業務を行うことで，その評判に悪い影響を及ぼすことはないとする。このモデルでは，保証業務のコストが上昇すると特にこの傾向が強くなり，高い程度の保証業務しか需要がなくなることも示されている。

本章はこのモデルとはまったく異なった立場から分析を進める。その際に仮に保証業務に関して公認会計士の独占は認められているが，提供すべき業務の品質については何の規制もない非規制市場を考える。そこでは保証業務の利用

者は，高い程度の保証業務「合理的保証」の代替に中間程度の保証業務「限定的保証」を利用してもまったく何の問題もない。重要なことは，このような状況で合理的保証か限定的保証を望むそれぞれの利用者に，適正な品質の保証業務が実際に提供されるかである。

市場が完備であれば，公認会計士は合理的保証を望む利用者と限定的保証を望む利用者を正確に差別化し，両者にとって最適な品質の合理的保証と限定的保証を提供可能であろう。しかしここでは，合理的保証を本来望んでいる利用者が限定的保証を利用してしまうことを阻止することは困難である。この問題に直面した公認会計士の選択は，提供する限定的保証の品質を社会的に最適な水準より落とし，合理的保証を望む利用者を品質面で引きとめようとする。

これはスクリーニング (screening) の問題であり，Rosthchild and Stiglitz (1976) によって最初に保険契約の例で指摘された。シグナリングとスクリーニングの相違は次の通りである[2]。前者では，第3章で示した監査のシグナリング・ゲームのように，監査の購買コストが投資契約と別にとらえられている。ところが後者では，シグナルがどの契約を選ぶかによって伝達される。スクリーニングから生まれる非効率性はより際立っている。なぜなら情報の伝達コストは，契約を受け入れる行為とまったく対応関係がないからである。

また契約におけるこのような非効率性を制度的にどのように解決するかという問題が，現在の契約理論における中心的な課題となっている[3]。それは，契約の不完備性をどの時点でどのように介入して政策的に防止するかという考え方であり[4]，現在の制度の是非を明解にすることが可能である。

従来のエイジェンシイ理論では，このような観点に立った分析は行われてこなかった。本章はまさにこの観点から，事前行動の重要性を考慮して分析を進めている。さらに本章では，新しい会計士の保証業務が社会的に認知されるた

---

(2) Rasmusen (2001), p. 264.
(3) 財務会計における応用可能性については Lambert (2001) を参照されたい。
(4) 伊藤 (2003, 6頁) によれば，契約理論はゲーム理論の応用分野であり，特定のタイミングに焦点を当てたゲーム理論としている。

めの条件を探った。特に中間程度の保証業務「限定的保証」は，非規制市場で提供されるため，その業務に対する信頼性が，本来の品質以外の要素にも左右される可能性を指摘しようとした。

最後にこの章で使われる幾つかの言葉の定義をする。一般には「保証業務の依頼者」を「情報の発信者」とし，「保証業務の利用者」を「情報の利用者」として区別する[5]。しかし本章では「保証業務の依頼者」と「保証業務の利用者」を区別せず便宜上まったく同じと考えた。これは King and Schwartz (1998) の立場に従ったものである。彼らは，従来の業務では「保証業務の依頼者」と「保証業務の利用者」を区別する立場をとるが，新しい保証業務については両者を区別しない立場をとっている[6]。

また新たな保証業務として電子商取引の保証（electronic‐commerce assurance）・医療保証（health care assurance）・ビジネスリスクの保証（risk assurance）・システムの信頼性保証（system reliability）・介護業務の保証（elder care plus）・企業の業績測定（entity performance measurement）[7] などが指摘されている。そこで第4節で用いる「保証対象」とは，たとえば医療保証では病院であり，企業の業績測定では投資先の企業であり，介護業務の保証では介護機関となる。

2 保証業務の品質と利用者のスクリーニング

ここでは Tirole (1988)[8] による独占企業の数量差別化モデルを品質差別化モデルに置き換えて応用した。保証業務は，高い程度の保証業務「合理的保証」と中間程度の保証業務「限定的保証」に差別化されているとする。モデ

---

(5)　山浦（2003），457頁。
(6)　King and Schwartz (1998), p. 12.
(7)　Elliott (1998), p. 5.
(8)　Tirole (1988, pp. 149-151 and pp. 153-154). なお Mas-Colell et al.(1995, pp. 460-467) の労働市場におけるスクリーニング・モデルも参考にした。また加藤（2000 ac）も参照されたい。

2 保証業務の品質と利用者のスクリーニング

の応用にあたって便宜上この業務は，合理的保証と限定的保証という2つのパッケージに分けて売り出される消費財と同様のものと考える。保証業務の提供に関して市場は1つの監査法人が独占しているとする。また利用者に対してどちらの保証業務を提供すべきかについて，まったく規制がない状況を想定する。そのため企業が高い程度の保証業務「合理的保証」の提供を受ける代わりに，中間程度の保証業務「限定的保証」の利用で済ましても何ら罰則を受けない。

保証業務の利用者の効用を U とおく。この業務を利用する場合の効用は，$U=\theta s-p$ であり，利用しない場合は $U=0$ となるとする。ここで θ は，利用者の嗜好を表す変数であり常に正の真数で表される。また s は提供される保証業務の品質を示しやはり常に正の真数で表される。さらに p は提供された保証業務の報酬額を示す。

品質と価格には相関関係があり，保証業務の報酬額もその品質に依存すると考え，$p(s)$ の関数で表されるとする。また s で表される品質の保証業務を提供する場合にかかるコストを $q \equiv c(s)$ と表す。なお $c(s)$ は品質 s の増加につれて加速的に増加する凸型の関数であると考えられる。すると品質 s は c の逆関数で表されるため，$s=V(q) \equiv c^{-1}(q)$ はコスト q の増加につれて増加が逓減する凹型の関数となる。$p(s)=p(V(q)) \equiv \tilde{p}(q)$ と考えると，保証業務の利用者の効用は次のように書くことができる。

(12-1) $\quad U=\theta V(q)-p(V(q))=\theta V(q)-\tilde{p}(q)$

このモデルでは保証業務を独占的に行う監査法人のコストは，便宜上 q における関数で表されるとする。監査法人は利用者に次のような2つの保証業務を提供する。1つは中間程度の保証業務「限定的保証」を q_1 のコストと p_1 の報酬額 (q_1, p_1) で提供し，もう1つは高い程度の保証業務「合理的保証」を q_2 のコストと p_2 の報酬額 (q_2, p_2) で提供する。限定的保証を利用する θ_1 タイプの割合を λ，合理的保証を利用する θ_2 タイプの割合を $1-\lambda$ とする。なお λ は十分に大きく，$\theta_2 > \theta_1$ であるとする。限定的保証と合理的保証を同時に利用

する場合も当然考えられるので,保証業務の需要の延べ件数を1とおき両者の割合を求めたと解釈することも可能である。監査法人の利得は次のように表される。

(12-2) $\Pi = \lambda(p_1 - q_1) + (1-\lambda)(p_2 - q_2)$

監査法人は,保証業務を提供するにあたって次の2つの制約を課される。1つは個人合理性制約であり,もう1つは誘引両立制約である。このモデルは実は,2つのタイプの保証業務をオークションにかけて,それぞれの業務を希望する利用者が,もっとも購入希望額に近い値段で落札する仕組みを作ることを目的としている。まず中間程度の保証業務を望む利用者が,少なくともこのオークションに参加するようにする必要がある。これが前者の個人合理性制約であり参加制約とも呼ばれる。要するに限定的保証の利用者が,最低限そのサービスから利益を受けるようでなければならない。その条件は次式で表される。

(12-3) $\theta_1 V(q_1) - p_1 \geq 0$

限定的保証の利用者に利用を誘発する設定さえ作れば,合理的保証の利用者も自動的に保証業務を利用するはずである。なぜなら合理的保証の利用者は,限定的保証の提供 (q_1, p_1) でも利益を受けることができるからであり,そのことは次の式で表される。

(12-4) $\theta_2 V(q_1) - p_1 > 0$

このオークションでは,合理的保証を希望する利用者が自分の希望購入価格で落札する仕組みが必要である。これが誘引両立制約であり,自己選択制約とも呼ばれる,ここでは特に合理的保証の利用者が,限定的保証を利用しないように動機付けすることを意味する。それは次の式で表される。

(12-5) $\theta_2 V(q_2) - p_2 \geq \theta_2 V(q_1) - p_1$

この (12-3) と (12-5) で示された2つの制約を組み合わせると,オークシ

ョンで合理的保証を希望する利用者が自らの希望購入価格を直接明かさなくとも，その指値が自然に真実を告げる仕組み（truth-telling mechanism）を作ることが可能である。これは表明原理を利用しており，合理的保証を希望する利用者の嗜好やタイプを上の2つの制約を用いて表明させている[9]。

これ以外の誘引両立制約は必要がないと考えられる。ここで重要なことは，限定的保証ではなく合理的保証を本来希望している利用者を顕在化させることであるからである。なお (12-5) の制約だけで，限定的保証を希望する利用者も顕在化させることができることを後で確認する。さて保証業務を提供する監査法人の目的は，(12-3) と (12-5) という制約下で (12-2) を最大化させることである。監査法人は報酬額が高いほどよいから，(12-3) と (12-5) の制約条件は次のようになおすことができる。

(12-6)　$p_1 = \theta_1 V(q_1)$

(12-7)　$p_2 = \theta_2 V(q_2) - \theta_2 V(q_1) + p_1$

(12-6) を (12-7) に代入すると次の式を導くことができる。

(12-8)　$p_2 = \theta_2 V(q_2) - (\theta_2 - \theta_1) V(q_1)$

これらの式は次のことを表している。まず p_1 という限定的保証の報酬額は，θ_1 タイプの利用者の余剰をなくしてしまう値に設定する。次に p_2 という合理的保証の報酬額は，θ_2 タイプの利用者に余剰を残すような値に設定する。θ_2 のタイプの利用者は，限定的保証を q_1 のコストと p_1 の報酬額で提供されてもなお余剰があるはずであるからである。その余剰は次の式で示される。

(12-9)　$\theta_2 V(q_1) - p_1 = (\theta_2 - \theta_1) V(q_1)$

---

(9) Binmore (1992, pp. 530-536) はオークションの事例を用いて，Kreps (1990, pp. 680-703) は公営企業の生産コストを事例にして，このような表明原理の利用の方法を示している。また Schmidt (1996) は公営企業と補助金の問題について，Kato (2003) は，地方自治体の会計報告と補助金の問題について表明原理を用いて分析している。

以上のような制約下において，監査法人は（12-2）式で示された利得をq_1とq_2に関して最大化しようとする。（12-6）と（12-8）を（12-2）に代入すると次の式を最大化すればよい。

$$(12\text{-}11) \quad \max_{(q_1,q_2)}\{\lambda[\theta_1 V(q_1)-q_1]+(1-\lambda)[\theta_2 V(q_2)-q_2-(\theta_2-\theta_1)V(q_1)]\}$$

ここで（12-11）をq_1とq_2に関して偏微分して，それぞれの一次導関数がゼロになる条件を求める。

$$(12\text{-}12) \quad \theta_1 V'(q_1) = 1 \Big/ \Big(1-\frac{1-\lambda}{\lambda}\frac{\theta_2-\theta_1}{\theta_1}\Big)$$

$$(12\text{-}13) \quad \theta_2 V'(q_2) = 1$$

監査法人が利得の最大化を図る場合，（12-13）式から合理的保証の利用者の限界効用とその限界コストは1で等しくなる。つまり高い程度の保証業務「合理的保証」は社会的に最適な品質水準で提供されることになる。その逆に中間程度の保証業務「限定的保証」においては，（12-12）式から$\theta_1 V'(q_1)>1$となるように，利用者の限界効用が最適な限界コストを上回る所で利得の最大化が図られる。その結果限定的保証は，社会的な最適水準より低い品質しか生み出さないコストで提供されることになる。また当然上の2式から$q_2>q_1$となることが理解できる。

最後に以上の条件の下で限定的保証の利用者は，合理的保証の提供を欲しないことを確認したい。限定的保証の利用者は，合理的保証の利用からは余剰を受けることができない。それは次のように表される。

$$(12\text{-}14) \quad 0 \geq \theta_1 V(q_2) - p_2$$

この式は（12-8）から次の式と同様のことと考えられる。

$$(12\text{-}15) \quad 0 \geq -(\theta_2-\theta_1)[V(q_2)-V(q_1)]$$

$\theta_2 > \theta_1$であり$V((q_2)) > V(q_1)$であることから，（12-15）式は確かに成立す

る。

3　保証業務の品質の維持と政策的事前介入

　まず前節で展開した分析をまとめよう。利用者に対してどちらの保証業務を提供すべきかまったく規制がない状況でも，監査法人は本来合理的保証を望んでいる利用者に合理的保証を利用させることは可能である。ただし監査法人は，高い程度の保証業務「合理的保証」を社会的に最適な品質水準に維持するが，中間程度の保証業務「限定的保証」に関しては，社会的に最適な水準より低い品質でしか提供しない。なぜなら監査法人は，本来合理的保証を望んでいる利用者が，限定的保証で代用しようとすることを防ぐために，両者の保証業務の明確な区分化を試みるからである。

　このようなことが，実際に他の産業分野でも頻繁に繰返されていることは，フランスの Depuit（1849）が鉄道料金に関して行った次の議論を見れば明らかである[10]。

　「鉄道会社が，3 等車を屋根なしで木の長いすしかない車両にするのは，屋根をつけたり 1 人用の座席を作ったりするのに数千フランもかけなければならないからではない。鉄道会社の意図は，2 等車の料金を支払って旅行できる乗客が，3 等車を利用することを防止することにある。それは，貧乏人にはひどい仕打ちのようであるが，彼らを傷つけようとするためではなく，むしろ金持ちに恐怖感を与えようとするものである。3 等車を利用する乗客に対してはほとんど無慈悲とも言え，2 等車を利用する乗客には金を惜しむ鉄道会社も，上と同様な理由から 1 等車を利用する乗客に対しては金を惜しまない。貧乏人に対しては必要なサービスさえ惜しむくせに，金持ちに対しては過度のサービスを提供して恥じとしないのである。」

---

(10)　Ekelund（1970, p.276）から引用した。

貧乏人に対してのサービスが社会的に最適な水準より低くなるため，金持ちに対するサービスが社会的に最適な水準であっても，過度のサービスを行っているように見えてしまう[11]。そのことを考慮に入れれば，Depuit (1849) の指摘がいかに的を射たものであるか理解できる。たとえ非規制市場において，監査法人が高い程度の保証業務「合理的保証」と中間程度の保証業務「限定的保証」を営んでも，合理的保証の品質は低下しない。問題は限定的保証の品質である。監査法人は，監査を希望する利用者が限定的保証を利用しないように，その品質を社会的に最適な水準より低いレベルに保持するからである。

このような市場の不完備性から生じる非効率は，事前にそれを防止する政策的介入によって解決できる場合がある。監査法人と保証業務の利用者の間に発生する契約の不完備性を事前介入により解決し，完備契約と同様の状況を作り出すことである。この場合契約の不完備性とは，監査法人が合理的保証を希望する利用者を正しく識別できないことである。ゆえにその解決策は，監査法人と合理的保証の契約を結ぶ必要がある利用者を事前に決定しておけばよい。

要するに，高い程度の保証業務「合理的保証」の利用に法律的規制をかけ利用者を限定化することである。このような規制によって，合理的保証を本来望む利用者が限定的保証を利用するのが防止されるため，その品質を不適切な水準まで落とすこともなくなる。監査法人は合理的保証の利用者を差別化可能になり，完備契約の場合における限定的保証の品質 ($\theta_1 V'(q_1) = 1$) が達成可能である。ただし高い程度の保証業務「合理的保証」は，前節の (12-13) からこのような規制がなくとも会計士業務の拡大の中でその品質が低下することはない。

法律による差別化は，社会的影響力の度合いから証券取引所の上場企業や一定規模以上の大企業には，合理的保証を提供すべきという形で行われればよい。しかも現実においてその最も良い解決方法がとられている。法律によって合理的保証の利用者を限定することは，限定的保証の代替利用を防ぎ，同時にその品質の低下を防ぐという一石二丁の効果がある。

---

(11) Tirole (1988), p. 150.

日本における証券取引法や商法による会計監査の規制は，今後会計士業務の拡大という形で限定的保証の提供が増大する際に，その品質の保持にも重要な役割を果たすと考えられる。問題は，高い程度の保証業務「合理的保証」を必要とする企業の範囲を政策的に正確に示すことが可能かである。中間監査・四半期監査と監査の枠組みが拡張し，マザーズ・ヘラクレス・ジャスダックと上場市場が拡充される中で，どこまでが合理的保証であるべきかという線引きを迅速に行うことはますます難しくなっているからである。

また限定的保証を利用する者の割合 λ と保証業務における利用者の嗜好 θ が，監査法人の行動に微妙な影響を及ぼす可能性がある。もし提供している保証業務全体における限定的保証の割合 λ が十分に大きくないなら，前節の(12-12)式からその利用者の限界効用は，最適な限界コストより一段と高いところが選択される。限定的保証の品質が一段と低下するために，その利用は敬遠されるであろう。ゆえに監査法人にとっては高い程度の保証業務「合理的保証」だけを提供した方が有利になる。監査法人による限定的保証の同時提供は，利用者の十分な潜在性や市場性が高いことを確認する必要がある。この問題は次節でも別のモデルを用いて検討する。

また保証業務の利用者が限定的保証より合理的保証の提供をはるかに高く評価し，後者に対して強い嗜好性を示す場合も，(12-12)式から限定的保証の利用者の限界効用は，最適な限界コストより一段と高いところが選択される。限定的保証の品質低下から利用は敬遠されるので，監査法人はやはり高品質の保証業務「合理的保証」だけを提供した方が有利になる。

4 保証業務の市場性

この節では保証業務が一般に受容され，市場として成立していく条件を簡単に検討したい。ここで特に検討の対象となる保証業務は中間程度の保証業務「限定的保証」である。一般に限定的保証利用の選択は，すべてその潜在的利用者の自主性に任されているからである。分析には，第7章で用いた監査実施

図 12-1　保証ゲーム

		保証対象		
		虚偽の報告（θ）		真実の報告（$1-\theta$）
利用者	保　証（γ）	$4-C, -F$	→	$4-C, -1$
		↑		↓
	保証なし（$1-\gamma$）	0, 0	←	4, -1

ゲームをそのまま応用した。図12-1で表された保証ゲームは，第7章の監査実施ゲーム①の任意監査の場合にあたると考えることができる[12]。

　監査法人による保証業務提供の目的は，最小のコストで保証対象の虚偽報告を発見することである。保証対象は，虚偽報告が発見されないと考える時には必ず虚偽報告をする。この仮定はやや非現実的であり全ての人間に当てはまるわけではない。ただ虚偽報告をするような人間は，利得の最大化のみを追求するエイジェントであり，道徳的行為をさせようとすれば，それが生まれる経済的動機付けが必要という単純な仮定に立っている。

　監査法人は虚偽報告を発見した場合の利益を4と置き，保証業務の依頼者である利用者が監査法人を雇うコストをCとする。保証業務の提供から受ける利益は，そのコストより必ず大きくてはならないので，$C<4$とする。保証対象が真実な報告をする場合に，その義務感から支払うコストを1とし，虚偽報告を発見されて受ける社会的制裁をFとする。虚偽報告を発見されて受ける社会的制裁は，当然真実の報告をする義務感より大きくなくてはならないので，$F>1$とする。

　保証業務の潜在的利用者が信頼して保証を依頼しないことをよそに虚偽報告を行っている場合には，潜在的保証対象は何の罰則を受ける可能性もない。ゆえにその利益をゼロとする。この場合保証業務の潜在的利用者は，監査法人を雇うコストを節約できるが，保証対象の虚偽報告を発見できない。そのため保証業務から受ける利益も享受できない。以上から保証業務の潜在的利用者の利得もやはりゼロとなる。

---

(12)　加藤（2000 ac）も参照されたい。

4 保証業務の市場性

　保証業務の潜在的利用者が，潜在的保証対象を信頼することをやめて監査法人を雇った場合，その受け取る利得は$4-C$である。それに対して保証対象は，虚偽報告が発見され制裁を受けるため，その利得は$-F$となる。保証業務の潜在的利用者が保証業務を依頼して，虚偽報告が不可能になると，保証対象は真実の報告をしなければならない。この場合に保証対象の利得は-1となり，保証業務の利用者の利得は$4-C$のままである。

　保証業務の潜在的利用者が監査法人を雇わなくても，潜在的保証対象が真実の報告をして-1の利益を甘受してくれれば，潜在的利用者の利得は4となり最大となる。保証業務の潜在的利用者が監査法人を雇って保証の依頼を行う確率はθ，潜在的保証対象が虚偽報告をする確率はγとした。

　保証業務の利用者と保証対象は，相手の行動を観察することなく，同時に行動を起こす場合が一般的と考えられる。これは保証業務の市場がまだはっきりと確定しておらず，法律的に市場が確立しているような分野は，財務諸表監査のように数少ないからである。保証業務においては保証対象が虚偽報告する確率は$C/4$であり，その利用者は$1/F$の確率で保証業務の提供を依頼すればよい。その結果保証業務の利用者と保証対象の利得は，それぞれ$4-C$と-1となる。

　保証業務では一般にその利用者が，保証業務の提供を依頼するか否かは保証対象には分からない。業務の依頼は保証業務の利用者の自主性に任されている。このような状況では，仮に提供される保証業務の保証水準が100％完璧であるという前提があっても，保証対象が虚偽報告をする可能性が常に$C/4$だけ存在する。

　保証業務を自主的に提供する場合に起こる大きな問題は，仮に保証業務自体の品質は完璧であっても，保証対象の虚偽報告を完璧に防ぐことができず，社会の保証業務に対する信頼感と保証業務自体の品質に違和感が生じる点である。もし法律による強制化を行い，保証対象に保証業務を行うことを予告する仕組みがあれば，このゲームはプレイヤーに先手と後手のあるゲームとなり図12-1の右上が唯一の均衡点になる。利用者は保証業務の提供を選択し，保証

対象は真実の報告を行うしか選択の余地は残されない。理論的には保証対象の虚偽報告はなくなり，社会の保証業務に対する信頼感とその実質的品質は一致する。

社会的信頼感と実質的品質のギャップは，公認会計士に対する社会の「期待ギャップ」を新たに生む要因になりかねず，中間程度の保証業務「限定的保証」に関する何らかの法的整備が必要かもしれない。ただし第7章の監査実施ゲーム②で指摘したように，法律的強制化はコストの過大化という新たな問題を引き起こす。

また保証業務のコストが高くなればなるほど$C/4$が高くなるため，保証対象が虚偽報告をする確率は高くなる。つまり保証業務のコストが高くなればなるほど，利用者は保証業務の提供を受けることを躊躇する。そのため保証対象の虚偽報告は増加する。保証対象の虚偽報告を低く抑え，保証業務の社会的信頼性を高めて市場を確立するには，そのコストを低く保つ必要がある。

さらに虚偽報告を発見された時に受ける，保証対象の法的罰則その他の社会的制裁が低ければ低いほど$1/F$が高くなり，利用者が保証業務の依頼を選択する確率も高くなる。一般に保証業務は法律的強制がなく任意性が強いので，保証対象の虚偽報告が発見された時に受ける社会的制裁も比較的小さい。このため虚偽報告が増え，利用者は保証業務の依頼を選択する確率を高めなければならない。保証業務のコストを低く抑え利用し易くするとともに，その普及度を高めることが重要な課題となる。

5 分析の解釈

この章の分析で示されたことを簡単にまとめると次の2点になる。
① 公認会計士が，高い程度の保証業務「合理的保証」と中間程度の保証業務「限定的保証」を同時に営む場合には，保証業務の市場がたとえ非規制市場であっても，前者の品質は社会的に適正な水準に保たれる。しかし後者の限定的保証は，会計士が保証業務市場の区分化を図る手段として利用

されるため，社会的に適正な水準より低い品質水準でしか提供されない。このような市場の不完備性を解消して中間程度の保証業務の品質水準を適正化するためには事前に政府の政策的介入が必要となる。

② 政府の政策的介入とは具体的には，少なくとも高い程度の保証業務の市場を法律により規制して，保証業務提供の対象を限定する必要がある。このような措置は，幸いに現実にとられている法律的規制と一致しており，会計士業務拡大の時代にも順応している。問題は，高い程度の保証「合理的保証」を必要とする企業の範囲を政策的に的確に示すことが可能かである。監査の枠組みの拡張や上場市場の拡大などから，どこまでが合理的保証であるべきかという線引きを迅速に行うことはますます難しくなっているからである。

③ 中間程度の保証業務「限定的保証」の対象を拡大し市場性のあるものにするためには，そのコストを低く保ち利用し易くするとともに，積極的にその普及度を高める努力が必要である。限定的保証は非規制市場で提供されることがより一般的になるため，たとえ保証業務の品質が完璧であっても，保証対象の虚偽報告を完全には防ぐことができない。つまり社会の保証業務に対する信頼感と保証業務の実質的品質に違和感が生じる可能性が存在する。このような違和感を解消する努力が会計士に必要であり，それを怠ると社会との間に新たな「期待ギャップ」を生みだす要因となる。必要ならば法的整備を行うべきである。

また新しい保証業務市場における公認会計士の業務独占は，ここでの仮定と異なり現実には不可能である。つまりコンサルティング会社など様々な異業種の産業との激しい競争が予想されるからである。

第13章

監査人の損害賠償責任と監査の品質

1 監査人の損害賠償責任と監査の品質に関する研究

　日本においても，山一證券の破綻における破産管財人財団の60億円に昇る提訴を始めとして，監査人に対する損害賠償責任を追及する時代を迎えた。また2003年度の3月期から発効した新監査基準は，監査の厳格化と質の高い監査の実現により，監査人の訴訟リスクを削減することを目的としている。このことは，逆に言えば新監査基準の求める品質を満たさない監査を行った場合，監査人は高い訴訟リスクを負い莫大な損害賠償額を負担する可能性があることを意味する。

　しかし監査人の損害賠償責任が重くなると，実際に監査の品質が改善されるかは，一般に言われるほど明確なものではない。監査の品質と損害賠償の関係について，経済学的な研究の先駆的な例として[1]，Melumad and Thoman (1990) や Narayanan (1994) があげられる。

　前者のモデルでは，監査人の誤報告が低品質企業を高品質とする場合に限定され，損害賠償責任の存在が監査の品質を改善することが示唆されている。しかし制度のあり方によっては大きな非効率性を犠牲として支払わなければならない。つまり被監査会社が倒産しなくても，監査人の誤報告が明らかになれば損害賠償責任を認める場合（extensive litigation）がそれに当たる。一方被監査会社が倒産した場合のみ，監査人の損害賠償責任を認める（limited litigation）

（1）　弥永（2000，49頁）に経済学的アプローチの基本的立場についての簡単な解説がある。加藤（2003 b・2004 a）も参照されたい。

ようにすれば，そのような犠牲が防げることが示されている。

　さらにその場合には高品質企業のみが監査を受けるという，監査のシグナリング機能を効率的に働かせることが可能であることが示唆されている。またこのモデルでは次の2点が特色として挙げられる。第1に訴訟をする当事者が債権者であり株主ではないことである。第2に高品質企業の利点は，債権者から安い利息で資金を調達できることである。

　後者のモデルでは共同責任制度（joint and several liability regime）の問題点を検討している。それは，監査人が弁済能力のない被監査会社の経営者の代わりに，ディープ・ポケットとして過大な損害賠償責任を引き受けることである。そして監査人が自分の責任に対して応分の負担をする比例責任制度（proportionate liability regime）の方が，訴訟コストの削減という点から好ましいだけでなく，監査人の努力と監査の品質を上昇させることもできるとしている。また共同責任制度下においては，保証責任制度（strict liability regime）より過失責任制度（negligence liability regime）の方が優れていることが検証されている。

　アメリカでは1995年から，連邦レベルで共同責任制度に替わって混合的比例責任制度が採用されるようになった。この改正で監査人は，最大で自己責任の50％増しまで損害賠償額を払えばよいことになった。これを受けてHillegeist (1999)は，共同責任制度と混合的比例責任制度および純粋比例責任制度の優位性について，ゲーム理論的分析を行った。ここでは経営者の開示戦略も考慮されている。その結果比例責任制度に移行すると，監査品質の低下にもかかわらず，監査の失敗率が低下することが示唆されている。

　またZhang and Thoman (1999)のゲーム理論的分析では次のことが示されている。損害賠償額が大きくなると，監査人は正確な報告書を作成しようと一層努力するが，監査基準が厳しくなると逆に努力を怠るようになる。和解が可能であると訴訟コストを削減できるが，それが監査人の努力水準を低下させ，監査の社会に対する価値は減少してしまう。ただし最適な損害賠償額さえ選択されれば，和解は社会厚生の水準を改善できる。損害賠償額が適正な水準であれば，保証責任制度によって最善の選択が可能である。しかし過失責任制度で

はそれは不可能である。

さらに Radhakrishnan (1999) は，弁護士料が裁判所の認めた損害賠償額に比例して支払われること (recovery friction) を考慮して，保証責任制度と過失責任制度の優位性をゲーム理論的分析で検証している。

監査人に損害賠償責任があるとされる確率は保証責任制度より過失責任制度の方が低い。このことは，過失責任制度における投資家の訴訟コストの期待値を低下させるので，「確率効果」と呼ぶ。次に監査の最適な罰則は過失責任制度の方が保証責任制度より高くなる。このことは，過失責任制度における投資家の訴訟コストの期待値を上昇させるので，「罰則効果」と呼ぶ。分析では確率効果が罰則効果を上回り，投資家の訴訟コストは過失責任制度の方が保証責任制度より低く，投資家の富もより大きくなることが示されている。

本章では主に Dye (1993) と Schwartz (1997) のモデルの検討を通して，監査人の損害賠償責任と監査の品質の関係を考察した。特に Schwartz (1997) のモデルは最新の不完備契約の理論を応用したものであり，幾つかの興味深い視点を与えてくれる。

不完備契約とは，Schwartz (1997) のモデルで言えば次のようになる[2]。当事者の監査人と投資家は監査人の努力に関して常に同じ情報を持つが，共有された情報は裁判所によって監視できない。そのため，その情報に依存した契約を書けない状態を指す。そこでは監査人の努力は観察可能 (observable) であるが立証不可能 (unverifiable) である。Schwartz (1997) のモデルでは，完備契約 (最善解) の場合を出発点として，不完備契約 (次善解) の場合と比較し，その不完備性をどの時点でどのように介入して制度的に解消するかを分析の焦点としている。

---

(2) Tirole (1999, pp. 743-744)・柳川 (2000, p. 177頁)・伊藤 (2003, 357頁) を参考にした。不完備契約の理論を応用した研究として，例えば管理会計に関する佐藤 (1998) があげられる。

2 Dyeの損害賠償ゲーム

(1) 基本的設定

　Dye (1993) のゲームは，監査人の損害賠償責任が監査の品質にどのような影響を与えるかについて，ゲーム理論的観点から分析した先駆的な文献の1つである。ここでは監査人はリスク中立とされる。監査人の損害賠償責任は，自分が選択した監査の品質 x と監査基準によって規定された監査の品質 x^* に依存し，$L(x, x^*) \geqq 0$ で表される。もし監査人の選択した監査の品質が監査基準の規定するものに等しければ，損害賠償責任は生ぜず，それは $L(x^*, x^*) = 0$ で表される。

　このモデルは1期間ゲームであり，監査人は被監査会社を1つしか担当しないとされている。ゲーム開始時の彼の所得は，$[0, \overline{W}]$ の範囲で $M(W)$ という累積確率密度関数で表される確率密度 $m(W)$ で示される。監査人が実質的に損害賠償できる最高限度額は，W と監査報酬 r を加えたものから，監査コスト $C(x)$ を控除したものである。このうち監査コスト C は，x の上昇に連れて増加が逓増する凸型の増加関数である（$C(1) = \infty$）。

　監査人が損害賠償訴訟を起こされる場合は，限定意見を出していない企業が倒産して監査の失敗が明らかになった時である。監査した企業が倒産する確率を $1-y$ とし，その企業に対して監査人が限定意見を出さない確率を x の補数 $1-x$ で表す。すると監査人の予想損害賠償額は $(1-y)(1-x)\min[W+r-C(x), L(x, x^*)]$ で表される。

(2) 監査人の弁済可能額と監査の品質

　このモデルで監査人の最重要課題は，ゲームの終了時に監査から発生する予想損害賠償額を除いた，正味の所得の期待額を最大化することである。要するに監査の全体コストを最小化することにほかならない。それは $\min_x C(x) + (1-y)(1-x)\min[W+r-C(x), L(x, x^*)]$ で表される。監査人の監査報酬を

含めたゲーム終了時の所得を $W_T \equiv W+r$ と置くと，上の式を最小化する監査の品質水準 x は $x(W_T, x^*)$ で表せる。監査人に監査の品質を正しく維持させるためには，$W_T - C(x(W_T, x^*)) \geq 0$ という条件が満たされればよい。

この条件が負の場合には，予想損害賠償額を含めた監査の全体コストが，ゲーム終了時の監査人の所得額を超えてしまう。監査人は損害賠償額の支払いが不可能になるため，損害賠償責任の有無をまったく無視して行動する。その結果監査基準に従って監査の品質を維持しようとすることは行われない。

つまり上の条件をゼロにする W_T を W_T^* で表す。するとゲーム終了時の所得が $W_T \geq W_T^*$ の監査人は，監査基準に従った監査の品質を維持しようとするが，その所得が $W_T < W_T^*$ の監査人は，監査基準を遵守しようとはしない。このことは，ゲーム開始時の監査人の所得 W が $[0, \overline{W}]$ の間で一様分布するもっとも単純な場合を頭に置くと理解しやすい。予想損害賠償額を含めた監査の全体コストもそれに依存するため，監査基準を遵守しない監査人は常にある程度存在する。

監査基準を厳しくして，それが求める監査の質を上昇させようとしたとする。例えば2人の監査人がおり，ゲーム終了時の所得はそれぞれ W_T と W_T' であったとする。この2人の所得は，たまたま新監査基準が求める予想損害賠償額を含めた監査の全体コストを差引いてもなおプラスであったとする。この場合には監査基準の厳格化が，両方の監査人に対して監査の品質を改善させることができる。つまり一様に監査人の品質を上昇させるという本来期待される効果を発揮できる。

ところが片方の監査人の所得が監査の全体コストを差引くとマイナスになってしまうとする。するとその監査人は，もはや前の監査基準が求める監査水準の質を維持する意思さえなくなってしまう。そのため，たとえもう片方の監査人が新監査基準の要求するように監査の品質を改善したとしても，監査の品質は全体として上昇するとは限らない。

これらのことをまとめると次のようになる。まず $0 \leq W_T^* < W_T^i \leq W_T^{*\prime} \leq \overline{W}$ の関係にある終了時所得 $W_T^*, W_T^i, W_T^{*\prime}$ をもつ監査人がいるとする。次に監査

基準が，x^* という監査の品質で表される現行のものから，$x^{*\prime}$ で表されるより厳格で高品質の監査を求めるものに移行したとする。この時に次のことが起こる[3]。

① W_T^* より少ない終了時所得を持つ監査人の監査の品質には何の影響ももたらさない。

② W_T^* から W_T^i の間の終了時所得を持つ監査人の品質は x^* より低い水準に下降する。

③ W_T^i から $W_T^{*\prime}$ の間の終了時所得を持つ監査人の品質は x^* より高い水準に上昇するが，$x^{*\prime}$ には到達しない。

④ $W_T^{*\prime}$ より高い終了時所得を持つ監査人の品質は x^* から $x^{*\prime}$ に上昇する。

W_T^* の終了時所得を持つ監査人は，監査基準を遵守しても無視してもどちらでもよい。いわゆる境界線上にいるわけである。ゆえに，$\tilde{x}$ を境界線上にいる監査人が選択する監査の品質とすると，$\tilde{x} \equiv \lim_{\epsilon \to 0} x(w_T^* - \epsilon, x^*)$ から $C(x^*) = C(\tilde{x}) + (1-y)(1-\tilde{x})[W_T^* - C(\tilde{x})] > C(\tilde{x})$ が成立する。

監査の品質を改善するためにかかるコストは，境界線を境にして予想損害賠償額を含めた全体コストの上昇より高くなる。そのため，一旦境界線上にいる監査人が監査の品質改善のコストを割高と感じ監査基準を遵守しなくなると，選択される監査の品質は $x^* > \tilde{x}$ となり，監査基準が求めるものよりも常に低くなる。新監査基準に移行してより高品質の監査が要求されても，これらの監査人はその監査品質を一向に上昇させない。低品質の監査をすることによって被る損害は監査人の所得が上限になるため，監査基準の水準とは何ら関係がないためである。

新監査基準の移行により，一層の高品質の監査が求められると，その付近の所得をもつ監査人は全部寝返って現行の基準が要求するものよりさらに低品質の監査を選択することになる。新監査基準の求める監査を行っても所得がマイナスにならない監査人は，監査の品質を上昇させるであろう。しかしそれより

（3） Dye (1993), p. 896.

所得の低い監査人は，最初のうちは監査の品質を改善しようとするが，ある点を超えると監査の品質を改善するコストの方が割高になり所得がマイナスに転落してしまう。これらの監査人は監査の品質を上昇させるが，新監査基準の求める水準には到達しない。以上から監査の平均的な品質は必ずしも上昇するとは限らない。

(3) 過大な損害賠償責任の問題点

　監査基準の厳格化は，監査人の損害賠償責任を重くし損害賠償額を大きくする効果を生み出す。しかしそれが一部の監査人の返済可能額を超えると，選択される監査の品質は逆に低下してしまう。このため厳格な新監査基準の導入により監査の全体品質が上昇するとは限らない。

　監査の品質に関して監査人と効率的な契約が結べない時には，事前に制度の運営者が監査人に対する損害賠償額を明示しておけばよい場合がある。しかし監査人ごとに最適な損害賠償額が異なるため，ある監査人に対しては最適でも，ある監査人に対しては重すぎる場合が生じてしまう。このことが，監査の全体的品質を改善することを妨げる。その結果契約の不完備性は，重い損害賠償責任を課す厳格な新監査基準の導入によっては解消されない。

　なお Dye (1993) のゲームでは，弁済可能額を超えた損害賠償額が上の問題を引き起こすとされている。損害賠償額を監査人の弁済能力の範囲までとしても，このような問題が発生するかについて検討を加えたものが Schwarz (1997) のモデルである。

3　Schwartzの損害賠償ゲーム

(1) 基本的設定

　ゲームはリスク中立として設定されている。企業が事業拡張のために外部の投資家から資金を調達する。しかし λ の確率で拡張事業は成功し $1-\lambda$ の確率で事業は失敗すると事前にわかっている。投資家の投資額を I とし，事業の

図 13-1　**Schwarz のゲームの基本設定**　(Schwartz 1997, p. 388)

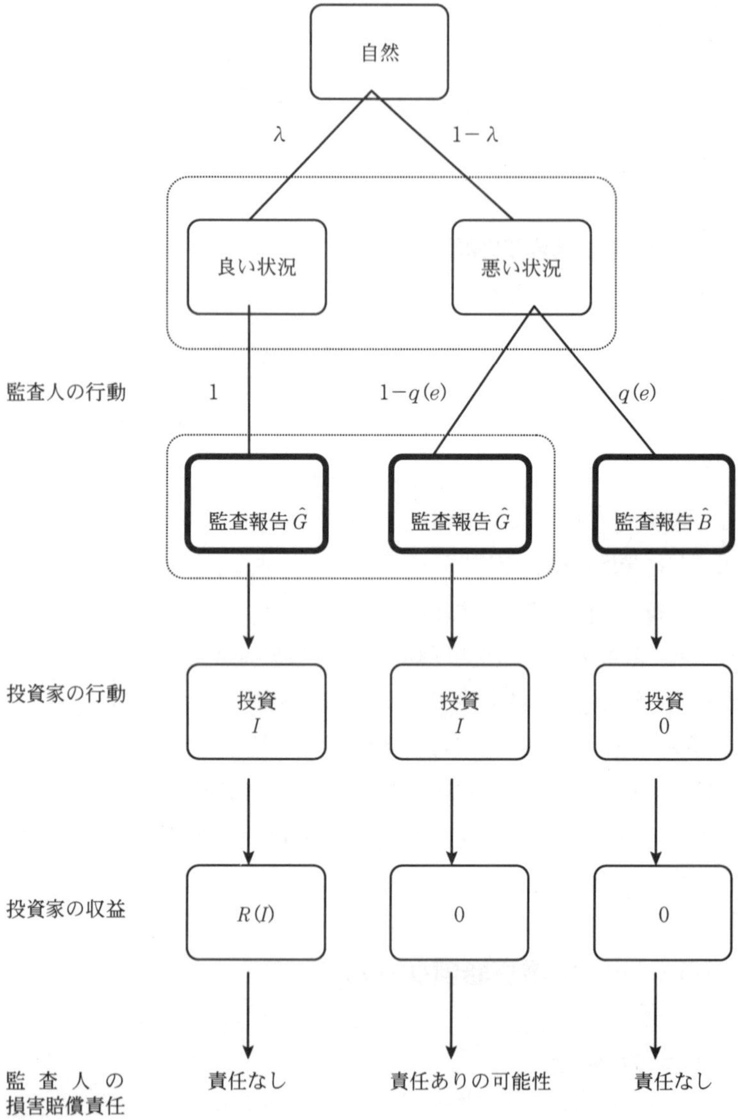

```
                        自然
                       /    \
                     λ        1−λ
                    /            \
              良い状況            悪い状況
                                  /    \
監査人の行動    1         1−q(e)        q(e)
                │            │            │
           監査報告 Ĝ    監査報告 Ĝ    監査報告 B̂
                │            │            │
投資家の行動   投資          投資         投資
                I            I            0
                │            │            │
投資家の収益   R(I)           0            0
                │            │            │
監査人の      責任なし   責任ありの可能性   責任なし
損害賠償責任
```

拡張から得られる将来キャッシュフローの現在価値を $R(I)$ と表す。拡張事業が失敗する場合を悪い状況とし B で表す。B の状況とは $R(I)-I<0$ を指すが，ここでは $R(I)=0$ とする。逆に事業が成功する場合を良い状況とし G で表す。G の状況とは $R(I)-I>0$ を指す。なお $R(I)$ は，$R'(I)>0$，$R''(I)<0$ で I に対して凹型の増加関数であり，投資効率は逓減する。なお投資がされなければ（$I=0$），$R(I)=0$ となる。

そこで監査人が，この事業から得られる将来キャッシュフローの不確実性を減らすために雇われる。監査人が e の努力をすると $C(e)$ のコストがかかり，コスト関数 $C(e)$ は $C'(e)>0$，$C''(e)>0$ で e に対して凸型の増加関数であり，コストは e の増加につれて逓増する。監査人は努力をすることによって事業の状況を G または B として二者択一的に把握できる。

監査報告は良い状況 $\hat{G}$ または悪い状況 $\hat{B}$ のいずれかの形で行われる。事業が実際に良い状況にあれば，監査人は常に誤りなく良い状況という監査報告 $\hat{G}$ ができる。逆に事業が悪い状況にあれば，監査人の報告は悪い状況 $\hat{B}$ と正しく報告する場合もあるし，良い状況 $\hat{G}$ と誤って報告してしまう場合もある。ゆえに監査の品質 $q(e)$ とは，実際に事業の状況が悪い場合に，誤りなく悪いと報告 $\hat{B}$ できる証拠を発見できる確率である。また監査の品質 $q(e)$ は，$q'(e)>0$，$q''(e)<0$ で e に対する凹型の増加関数であり，努力に対して品質の上昇は逓減する。なお監査人が努力しなければ，悪いと報告する証拠は何も得られない（$q(e)=0$）。

監査人と経営者の癒着はなく，監査人の独立性は常に保持されている。すなわちここでは監査人が高品質の監査を行う唯一の動機付けが，投資家の損害賠償訴訟の可能性である。監査人が損害賠償を求められるのは，事業が実際に悪い状況にあるのに良いと報告した場合 $\hat{G}$ に限られ，その確率は $1-q(e)$ と表される。ゲームの組立ては図13-1の通りである。

(2) 最善解

ここでは投資家と監査人の投資ゲームを考える。まず社会におけるパレート

最適的な最善解が実現された場合について検討する。このゲームのプレーヤーとして投資家と監査人だけを考える。監査人が事業の状況を良いと報告した$\hat{G}$の場合にのみ、投資家の投資は行われる。投資家と監査人の期待利得はそれぞれ（13-1）と（13-2）のように表される。なおFは監査報酬である。またELは期待損害賠償額であり、監査人の努力と投資家の投資額の関数として表される。

(13-1)　　$EU^I = \lambda R(I) - (\lambda + [1-q(e)](1-\lambda))I - F + EL(e, I)$

(13-2)　　$EU^A = F - C(e) - EL(e, I)$

このゲームでは投資家と監査人だけから成る社会を考えている。ゆえに社会厚生の水準とは（13-1）と（13-2）をそのまま加えたものである。

(13-3)　　$SW = \lambda R(I) - (\lambda + [1-q(e)](1-\lambda))I - C(e)$

社会的厚生を最大にするe^*とI^*を求めるために、(13-3)式をeとIについてそれぞれ偏微分をして、一次導関数がゼロになる条件を求めると次のようになる。

(13-4)　　$C'(e^*) = q'(e^*)(1-\lambda)I^*$

(13-5)　　$R'(I^*) = \dfrac{\lambda + [1-q(e^*)](1-\lambda)}{\lambda}$

またe^*とI^*の関係を調べると、I^*はeに対して凹型に単調増加し、e^*はIに対して凹型に単調増加することが確認できる[4]。そのためe^*とI^*の組合せがSWを最大にし、パレート最適を実現するeとIの最善解を構成する。このような状況が、現在の監査人に対する損害賠償制度で実現できるかを次にみていく。

(3) 過失責任制度

監査人に対する現在の損害賠償制度は、職業的な正当な注意を払っていなか

った場合のみに，投資家が支払った投資額を補償しなければならないというものである。しかし払うべき正当な注意は事前に明示されていないため，過失があったか否かは裁判所によってその場その場で認定される。監査人が払った正当な注意を η とおき，$e \equiv \eta$ と考える。また $\bar{\eta}$ は事前に払っておくべき正当な注意の集合を表す。監査人の損害賠償額は次のように表される。

(13-6) $\quad L(e, I) = I \, (e < \bar{\eta})$

$\qquad\quad L(e, I) = 0 \, (e \geq \bar{\eta})$

上の式は次のように解釈できる。裁判所が正当な注意を払っていたと認定すると，監査人の損害賠償額はゼロである。しかし正当な注意を払っていなかったと認定すると賠償額は投資家の投資額 I となる。監査人が e という努力水準を選択した時，正当な注意を払っていなかったとされる確率を $p(e < \bar{\eta})$ とすると，予想損害賠償額は次のように表される。

(13-7) $\quad EL_{過失}(e, I) = p(e < \bar{\eta}) I$

---

(4) (13-4) 式の e^* と I^* をそれぞれ e と I に置き換えて，この一次導関数を e^* に関して I で微分すると次の式になる。

$$C''(e) \frac{de^*}{dI} = q''(e) \frac{de^*}{dI}(1-\lambda)I + q'(e)(1-\lambda)$$

ゆえに

$$\frac{de^*}{dI} = \frac{q'(e)(1-\lambda)}{C''(e) - q''(e)(1-\lambda)I} \, ; \, \frac{d^2 e^*}{dI^2} = \frac{q'(e) q''(e)(1-\lambda)^2}{[C''(e) - q''(e)(1-\lambda)I]^2}$$

$q'(e) > 0, \ C''(e) > 0, \ q''(e) < 0, \ \lambda < 1$ から

$$\frac{de^*}{dI} > 0 \, ; \, \frac{d^2 e^*}{dI^2} < 0$$

(13-5) 式の e^* と I^* をそれぞれ e と I に置き換えて，この一次導関数を I^* に関して e で微分すると次の式になる。

$$R''(I) \cdot \frac{dI^*}{de} = -\frac{1-\lambda}{\lambda} q'(e)$$

ゆえに

$$\frac{dI^*}{de} = -\frac{(1-\lambda) q'(e)}{\lambda \cdot R''(I)} \, ; \, \frac{d^2 I^*}{de^2} = \frac{(1-\lambda) q''(e)}{\lambda \cdot R''(I)}$$

$q'(e) > 0, \ q''(e) < 0, \ \lambda < 1, \ R''(I) < 0$ から

$$\frac{dI^*}{de} > 0 \, ; \, \frac{d^2 I^*}{de^2} < 0$$

第13章 監査人の損害賠償責任と監査の品質

　この場合監査人にとって最適な行動とは，監査コストとそれに対応する予想損害賠償額を最小化する努力水準 e を選択することである。予想損害賠償額は，投資家の投資額と事業の状況が悪いのに良いと報告する確率，および監査人が e という努力水準を選択した時に正当な注意を払っていなかったとされる確率を掛けたものである。それは次の式で表される。

$$(13\text{-}8) \quad e_{\text{過失}}(I) = \mathop{\mathrm{argmin}}_{e} C(e) + (1-\lambda)[1-q(e)]p(e<\bar{\eta})I$$

　この式から監査人は，自分の誤った報告から投資家が被った損害額を監査コストの1つとして認識しなければならないことが理解できる。監査人は，このような監査コスト全体を引き下げるために，選択すべき努力水準 e を上げようとするであろう。そして監査人の努力水準 e は，社会的に最適な水準に保たれるかもしれない。ところが保つべき正当な注意の水準 $\bar{\eta}$ が明示されず，どの努力水準 e を選択しても裁判所が監査人の過失を認定しない可能性がある。このことは，監査人が質の良い監査を行おうと努力することを躊躇させるかもしれない。

　過失があると認定された場合のみ監査人が損害賠償の義務を負う現行の制度では，上記2つの効果のどちらかが上回ると，監査人が選択する努力水準 e は社会的最適水準を満たさない可能性がある。

　投資家は，監査人の監査報告をみて投資をするか否かを決定する。投資家は監査報告が良い $\hat{G}$ の場合しか投資しない。投資家の投資水準は，次の値を最大化する所で決定される。それは，次に述べる2つの項を合計し，それから投資家の投資額を差引いた値である。合計する項の1つめは，事業の状況が現実に良い場合の確率に事業から得られる将来キャッシュフローを掛けたものである。2つめの項は，事業の状況が悪いのに監査報告が誤って良いと報告してしまう確率と，裁判所が過失を認定する確率と投資額を掛け合せたものである。以上のことを式で表すと次のようになる。

$$(13\text{-}9) \quad I_{過失}(e) = \underset{I}{\mathrm{argmax}} \Big(\frac{\lambda}{\lambda + (1-\lambda)[1-q(e)]} R(I)$$
$$+ \frac{(1-\lambda)[1-q(e)]}{\lambda + (1-\lambda)[1-q(e)]} p(e < \bar{\eta}) I - I \Big)$$

過失があった場合のみに監査人が投資家に責任を負う現行の損害賠償制度では、事業が悪い状況で利益は出なくても、監査人に過失があれば投資額は補償される。Schwartz (1997) は、制度のこのような性格を「保険効果」と呼んでいる[5]。投資家に対する補償は、投資家が事業に投資するリスクを、本来その事業が持っているリスクより低い水準に低減させる。このために投資家による過大投資が行われることになってしまう。

監査の品質が高ければ高いほど、投資家に良い情報が提供されるのは確かである。しかし制度に投資家に対する「保険効果」があると、それが必ずしも社会的に最適な投資意思決定をもたらすとは限らない。監査人が社会的に最適な努力水準 e^* を選択しても、正当な注意が払われていなかったと判断され、投資家に投資額を補償する確率 $p(e^* < \bar{\eta}) > 0$ が常に存在している。そのため投資家の過大投資が起こるのである。

（4） 保証責任制度

現行の過失責任制度の欠陥を補う代替策として、製品保証のような保証責任制度があげられる。これは、誤った監査報告による投資家の投資額を、常に監査人が全額補償するというものである。このような補償は、監査人がどの努力水準を選択したかに関係なく行われる。保証責任制度と過失責任制度との相違はここにある。それを式で表すと次の通りである。

$$(13\text{-}10) \quad L_{保証}(e, I) = I \,\forall e$$

保証責任制度における監査人の努力水準 e は、監査コストとそれに対応す

---

(5) Schwartz (1997), pp. 391-392.

る予想損害賠償額を最小化するように決定される。予想損害賠償額は，事業が現実に悪い状況にある確率 $1-\lambda$ と監査人が誤って $\hat{G}$ と報告する確率 $1-q(e)$ および投資家の投資額を掛け合せたものである。それは次の式で表される。

$$(13\text{-}11) \quad e_{保証}(I) = \underset{e}{\operatorname{argmin}} \, C(e) + (1-\lambda)[1-q(e)]I$$

(13-11) 式について e の一次導関数を求め，それがゼロになる条件を求めると，(13-4) と同様になる。ゆえに保証責任制度では，監査人の選択する努力の水準は社会的に最適な水準を保持していることが理解できる。これが，社会的に最適な努力水準を保証できない過失責任制度と違って，保証責任制度が優れている点である。投資家の投資水準さえ社会的に最適な水準 I^* であれば，監査人の努力水準も社会的に最適な水準 e^* に保たれる。ところが投資家の投資額が増加すると，それに対する社会的に最適な監査人の努力水準も増加する[6]。このことが，次に示すような重大な問題を投げかけることになる。

保証責任制度の下では，投資家は投資額を常に保証される。事業の状況が良ければ $R(I)-I$ を獲得できるし，事業の状況が悪かった場合でも，監査人の誤った監査報告を理由に最初の投資額だけは補償を受けることができるからである。投資家は，正式には次の式を最大化するように投資額を決定すると考えられる。

$$(13\text{-}12) \quad I_{保証}(e) = \underset{I}{\operatorname{argmax}} \Big(\frac{\lambda}{\lambda+(1-\lambda)[1-q(e)]}[R(I)-I]$$
$$+ \frac{(1-\lambda)[1-q(e)]}{\lambda+(1-\lambda)[1-q(e)]}[-I+I] \Big)$$

(13-12) 式の第1項は，事業が良い状況の確率に，投資コストを差引いた純キャッシュフロー獲得額を掛けたものである。(13-12) 式の第2項は，事業が悪い状況の時に投資家が投資した額が常に補償されることを示しており結局ゼ

---

(6) 本章の注 (4) ですでに次のことが確認されているからである。
$$\frac{de^*}{dI} = \frac{q'(e)(1-\lambda)}{C''(e) - q''(e)(1-\lambda)I} > 0$$

ロとなる。このような場合投資家は，事業が悪い状況であることは決してなく，あたかも常に良い状況であるかのように錯覚してしまう。そのために，投資家は次の式を最大化する投資額 I を選択しようとする。

$$(13\text{-}13) \quad I_{保証}(e) = \mathop{\mathrm{argmax}}_{I}[R(I) - I]$$

投資家は，事業の状況が良い確率を 1 と錯覚し，悪い状況があることはまったく無視して投資額を決定する。そのため社会的最適水準より大きい，過大投資が行われることになる。また (13-13) 式は，監査人の選択する努力の水準とはまったく無関係に決定される。つまり投資家の投資額は，監査の品質とはまったく無関係に決定される。また一旦過大投資が行われると，それにともなって監査人の努力水準も上昇してしまい，社会的に最適な水準は保持されない。

以上から，監査人の努力水準と投資家の投資水準は，過失責任制度の下でも保証責任制度の下でも社会的な最適水準を保持できない可能性が高い。これら 2 つの損害賠償責任制度の問題点は，損害賠償額が投資家の投資額に基づいて決定されてしまうことである。もし損害賠償額が投資額と切り離されて決定されるならば，投資家の過大投資の問題も解消し，監査人の努力水準も社会的最適水準で決定される可能性がある。

(5) 制度の改善可能性
① 投資家の投資水準

Schwartz (1997) は，制度の改善の可能性として損害賠償額をあらかじめ定めておくことによって，過失責任制度においても保証責任制度においても，最適な投資家の投資水準が達成できるとしている[7]。その損害賠償額を D とおく。過失責任制度においては，投資家は，次の式を最大化するように投資水準を決定するであろう。

---

(7) Schwartz (1997), pp. 396-397.

$$(13\text{-}14) \quad I_{過失}(e) = \underset{I}{\mathrm{argmax}}\left(\frac{\lambda}{\lambda + (1-\lambda)[1-q(e)]}R(I) \right.$$
$$\left. + \frac{(1-\lambda)[1-q(e)]p(e<\bar{\eta})}{\lambda + (1-\lambda)[1-q(e)]}D_{過失} - I\right)$$

また保証責任制度では，投資家は次の式を最大化するように投資水準を決定しようとするであろう．

$$(13\text{-}15) \quad I_{保証}(e) = \underset{I}{\mathrm{argmax}}\left(\frac{\lambda}{\lambda + (1-\lambda)[1-q(e)]}R(I) \right.$$
$$\left. + \frac{(1-\lambda)[1-q(e)]}{\lambda + (1-\lambda)[1-q(e)]}D_{保証} - I\right)$$

損害賠償額は投資額と独立して決定されるため，投資家が制御できるのは投資額 I のみとなる．それゆえに上の2式は次のように書き換えることができる．

$$(13\text{-}16) \quad I_{過失}(e) = I_{保証}(e) = \underset{I}{\mathrm{argmax}}\left(\frac{\lambda}{\lambda + (1-\lambda)[1-q(e)]}R(I) - I\right)$$

(13-16) を I について偏微分して導関数がゼロになる条件を求めると，(13-5) の条件と等しくなる．それゆえに，過失責任制度でも保証責任制度でも社会的に最適な投資水準が達成されることが理解できる．

② 監査人の努力水準

過失責任制度の下では，すでに述べたように，監査人に高い努力を促進する力とそれを躊躇させる2つの力が働いている．監査人が高い努力を選択すれば，悪い事業状況を良いと報告する $\bar{G}$ の場合が減り，裁判所が監査に正当な注意を払っていなかったと認定することも減るであろう．

ところが監査人がどんなに高い努力を選択しても，裁判所が監査に正当な注意を払っていなかったとする可能性が存在する．そのことは，監査人が高い努力を選択することを躊躇させてしまう．2つの力のバランスさえとれれば，監査人に社会的に最適な努力水準を選択させることは可能である．しかし正当な

注意を払っていたか否かの認定は，監査人の手を離れた所で行われ，常に不確実性がともなう。監査基準の強化と実施した監査の監視可能性を上げることにより，問題をある程度解決できるであろう。しかし完全な解決策にはならないのが実情である。

保証責任制度の下では，監査人の努力水準は次の式を最小化する水準で決定される。

$$(13\text{-}17) \quad e_{保証}(D_{保証}) = \underset{e}{\mathrm{argmin}}\, C(e) + (1-\lambda)[1-q(e)]D_{保証}$$

(13-17) 式で，保証責任制度の下で支払われる損害賠償額を $D_{保証} = I^*$ として，社会的な最適額と同額にする。次に e に関して偏微分して一次導関数をゼロにする条件を求める。するとそれは (13-4) 式とまったく同じ条件になる。このことから，損害賠償額をあらかじめ社会的な最適投資額と同額に決めておけば，監査人の努力水準は社会的最適額に保たれることが理解できる。また投資家の投資水準は，(13-16) 式を最大化する値で決定される。これを I に関して偏微分して一次導関数をゼロにする条件を求めると，(13-5) 式とまったく同様の条件が導き出される。

4 不完備契約の理論と制度の改善可能性

この章の内容を簡単にまとめると次のようになる。
① Dye (1993) のゲームで示されたように，監査人の損害賠償責任が過大になり過ぎると，監査人が監査の品質を上げようとするインセンティブはなくなってしまい，その効果は上がらない。重い損害賠償責任と連動した厳格な監査基準の導入は，監査の品質を上げることができるとは限らない。
② Schwarz (1997) のゲームで示されたように，保証責任制度においては，事後に支払う損害賠償額と事前の投資家の投資額を切り離すことにより，

最善の場合における監査人の努力水準を引き出すことができる。またそのような措置は投資家の過大投資を未然に防ぎ，損害賠償があたかも必要以上にリスクを回避できるような「保険効果」を招くことを防止できる。

Dye (1993) のゲームでは損害賠償責任が監査人の弁済能力を超える点に焦点を当てて分析を進めている。それに対して Schwarz (1997) は監査人の弁済能力を超えない場合について分析を行っている。後者の分析では，保証責任制度の下において最善解に示された社会的に最適な投資水準と監査人の努力水準を同時に達成できるとし，これが過失責任制度より優れている点であるとしている[8]。保証責任制度の唯一の問題点は，現実に社会的に最適な損害賠償額を探すことが必ずしも容易でなく，かなりのコストがかかることである。制度改革の場合にはこのコストも考慮に入れなければならない。

また Schwartz (1997) の分析では，損害賠償額について投資家と監査人の間で効率的な契約が結べない場合には，制度の運営者が最適な損害賠償額を示せばよいとしている。契約に不完備性があっても，制度の運営者が事前に介入することにより，完備契約と同等の結果が得ることが可能であるからである。一般に不完備契約の理論の重要な意義の1つは，介入する時点を適正に選択することで，社会制度や契約の非効率性を改善できることを示した点である[9]。

---

[8] 過失責任制度と保証責任制度の優劣については，Dopuch and King (1992) と King and Schwartz (2000) の実験的検証も行われている。前者では一部の例外を除いて，保証責任制度の優位性が示され，後者でも Schwartz (1997) のゲームで示された結論がほぼ検証されている。また Dopuch et al.(1994) は，監査人だけが損害賠償を負担する共同責任制度と，監査人と経営者が損害賠償について応分の負担をする比例責任制度と，監査人だけが損害賠償の応分の負担をする比例責任制度について実験的検証を行った。その結果，2番目の制度でもっとも経営者のインセンティブと誠実な情報開示が引き出されたが，投資家の利益がもっとも大きかったのは第3番目の制度であった。さらに Dopuch et al.(1997) は，共同責任制度と比例責任制度について，損害賠償責任が独立に認定される場合と相互に依存して認定される場合に分けて実験的検証を行った。ここでは和解の要素も考慮されている。その結果会計士の懸念の通りに，共同責任制度で損害賠償責任が独立に認定される場合にもっとも訴訟が起き，訴訟人に対してもっとも富の移転が発生している。

[9] Maskin and Tirole (1999)・柳川 (2000, 177-202頁) を参照した。

第14章
監査人の損害賠償責任が内部統制と監査の品質に与える影響

1 損害賠償責任と内部統制

　本章では監査人の損害賠償責任が内部統制と監査の品質に及ぼす影響について考察する。ここでは Pae and Yoo (2001) の損害賠償ゲームを検討する。前章のモデルとの相違点は，監査を監査人の単独作業ではなく，企業と監査人の共同作業としている点である。この立場は Antle and Nalebuff (1991) のモデルに従ったものである[1]。その場合に必然的に加わる重要な問題は，経営者に適正な内部統制の投資をさせることができるかという点である。また彼らのモデルでは，当事者の経営者と監査人の間で，内部統制に対する投資と監査人の努力に関する情報は共有されている。ところが裁判所はその共有情報に依存した契約を書けない。これは，まさに不完備契約の理論を応用したものに他ならない。

　Schwartz (1997) のゲームでは最適な損害賠償額を制度上明示することによって，最善の結果を導き出すことが可能である。ところが Pae and Yoo (2001) のゲームではそのような損害賠償額は存在せず，監査人の弁済可能額の範囲であっても完全な解決策は存在しない。また事前に最適な損害賠償額を制度上提示することは不可能としている。Schwartz (1997) は，監査人の努力に依存した契約が書けないという不完備性を，政策的介入により解消できるとする。逆に Pae and Yoo (2001) は，経営者の内部統制に対する投資と監査人の

---

(1) Antle and Nalebuff (1991), p. 31.

努力に依存した契約が書けないという不完備性を，制度上解消することは困難としている。

企業の内部統制の整備を考慮し監査を経営者と監査人の共同作業とすると，双方の行動が事前に監視不能であるため，それぞれが自分の利害に沿ってバラバラの行動をしてしまう。このような場合双方にとって最適な協調行動はとれない。監査人の損害賠償責任の大小により，経営者が内部統制に対して過少投資や過大投資をするインセンティブが作り出されてしまうからである。経営者が内部統制に対して過少投資をした場合には，監査の品質を保持しようとすると，監査人が過大な努力を投下してその尻拭いをしなければならない。

この状況は，監査人の損害賠償責任が大きくなると恒常化し，監査人の過大な責任負担と社会の非効率を生み出してしまう。この章では，企業の内部統制の問題が監査人の損害賠償責任を議論する際に重要な要素を構成することを示す。

2 基本的設定

Pae and Yoo (2001) のゲームの基本的な設定はほぼ Schwartz (1997) と同様であり，ゲームはリスク中立として構築されている。リスクを伴うプロジェクトを持つ企業を想定し，その企業を買った投資家は，このプロジェクトを行うために I の投資を必要とする。このプロジェクトから得られるキャッシュフロー R がこの企業の唯一の収益源であり，成功した場合には $R>I$ となり，失敗した場合には $R=0$ となる。プロジェクトには，HタイプとLタイプの2つのタイプがあり，Hタイプの割合は ω，Lタイプの割合は $1-\omega$ であることが事前に分かっている。p をプロジェクトが成功する確率とし，Hタイプの方がLタイプより成功する確率は高い（$p_L<p_H$）。さらに次のことが成立する。

$$(14\text{-}1) \quad NPV_\omega \equiv [\omega p_H + (1-\omega)p_L]R - I > 0 \quad (p_L R < I < p_H R)$$

(14-1) 式から，Hタイプのプロジェクトは，投資額を差引いた後の正味将来キャッシュフローの現在価値が正になるが，Lタイプのプロジェクトでは負になる。また正味将来キャッシュフローの現在価値の期待額は平均すると正であり，プロジェクト自体を進める社会的価値はある。もし資本市場が完全競争的であれば，企業の所有者は，NPV_ω の価格でこの企業を売ることができる。ところがプロジェクトがどちらのタイプに属しているか事前にわからないために，このままでは次の式で表されるような損失が企業の所有者に発生する。

$$(14\text{-}2) \quad \omega(p_H R - I) - NPV_\omega = (1-\omega)(I - p_L R) > 0$$

(14-2) 式の最初の項はプロジェクトタイプが事前に分かっていれば，投資家はHタイプのプロジェクトだけに投資することを示す。そのプロジェクトのタイプを特定することができるのが，監査人による監査報告書である。また監査報告書の正確性は監査人の努力だけでなく，企業の内部統制の質にも依存する。

ゲームは次の順序で行われる。まず第1期に企業の所有者が内部統制に対して投資 s_o を行う。次に企業は監査報酬 K で監査人を雇う。監査人が監査をする際に投下した努力を s_a で表し，企業と投資家にとって事前に監視不能とする。監査は次の2段階に分けて行われる。第1段階は企業の内部統制の監査であり，その結果企業の内部統制に対する投資額 s_o を把握する。第2段階では企業の経営状況について監査を行う。第2段階における監査人の意思決定は，第1段階で把握した内部統制の状況に左右される。そして最終的に内部統制とプロジェクトのタイプについて報告書を公表する。

監査人は内部統制の評価について誤報告はなく，プロジェクトのタイプについてのみ誤報告が起こる。またHタイプのプロジェクトの場合には常に誤りなくHタイプのプロジェクトと報告（h）できるが，Lタイプのプロジェクトについては，$\phi(s)$ の確率でしか正しくプロジェクトのタイプを報告（ℓ）できない。s は s_o と s_a の一対一の組合せから成り，$\phi(s)$ は監査技術の状態を示す。ϕ は全ての s に対して次の条件を満たす。

(14-3)

(ⅰ) $\phi(s)\in[0,1]$

(ⅱ) すべての $i\in\{o,a\}$ について $\phi_i(s)>0$ と $\phi_{ii}(s)<0$ および
$\phi_{oo}\phi_{aa}(s)-[\phi_{oa}(s)]^2>0$

なおすべての $i, j\in\{o,a\}$ について $\phi_i(s)\equiv\dfrac{\partial\phi(s)}{\partial s_i}$ で $\phi_{ij}(s)\equiv\dfrac{\partial^2\phi(s)}{\partial s_i\partial s_j}$

(ⅲ) すべての $i\in\{o,a\}$ について $\lim\limits_{s_i\to 0}\phi_i(s)=\infty$ で $\lim\limits_{s_i\to\infty}\phi_i(s)=0$

(ⅳ) $\phi_{oa}(s)=\phi_{ao}(s)<0$

(14-3) の最初の条件は，ϕ が確率で表されることを意味する。第2の最初の条件は，ϕ が s の増加につれて逓減する凹型の増加関数であることを意味する。第2の次の条件は，プロジェクトのタイプを見分ける監査技術を向上させる場合，内部統制と監査人の努力は戦略的補完性があることを示している。すなわち内部統制への投資と監査人の努力を同時に増加させれば，監査技術は向上することを意味する。

第3の条件は，社会厚生の最大化を図る最適な点は1つしか存在しないことを示している。第4の条件は，監査技術の水準が一定とすると，内部統制への投資の増加（減少）が監査人の努力の減少（増加）につながることを意味している。すなわちこの場合，内部統制への投資と監査人の努力には戦略的代替性があることを示している[2]。

監査人の内部統制に関する報告とプロジェクトのタイプに関する報告を見て，投資家は企業の価格を決定する。内部統制に関する報告を見れば，投資家は監査人の努力の水準を正しく評価できる。内部統制に対する投資と監査人の努力は一対一の対応関係にあるからである。もし監査人がプロジェクトのタイプをLタイプと報告すれば，プロジェクトから生み出される収益の現在価値は負となり，投資家はこの企業を買わずここでゲームは終了する。逆にもし監査人がプロジェクトをHタイプであると報告すれば，投資家はHタイプの割

---

(2) Tirole (1988, pp. 207-208) を参照されたい。

合を次の式のように評価し直す。

$$(14\text{-}4) \quad \mu(s) = \frac{\omega}{\omega + (1-\omega)[1-\phi(s)]}$$

　$\mu(s) \geq \omega$ であるから，投資家はこの企業を買ってプロジェクトに投資する。その結果はゲームの終了時に公開される。プロジェクトが成功であり R の収益をあげれば，ゲームはそれで終了する。しかしそれが失敗であれば収益は上がらず（$R=0$），企業は倒産しプロジェクトのタイプが公に明らかになる。ここで投資家は，監査人がプロジェクトのタイプを正確に判断したかがわかる。プロジェクトが L タイプであったのに，H タイプという報告（h）をしていると，監査の失敗が起こったと判断され，監査人に投資家に対する損害賠償責任 D が発生する。

　これが Pae and Yoo（2001）の損害賠償ゲームの基本的設定である。ゲームの組立ては図 14-1 に示されている。Schwartz（1997）のモデルでは，プロジェクトは 1 種類しかなく，それが良い状況であれば必ず成功し，悪い状況であれば必ず失敗した。その割合は λ と $1-\lambda$ で表された。監査の誤報告は悪い状況にあるのに良いと報告した場合に限られ，$1-q(e)$ の確率で生じるとされた。

　それに対して Pae and Yoo（2001）のモデルではプロジェクトは 2 つのタイプがあり，その割合が ω と $1-\omega$ で表されている。またプロジェクトはどちらのタイプも失敗する可能性があり，成功の可能性をそれぞれ p_H と p_L で表している。監査の誤報告は，L タイプのプロジェクトを H タイプとする場合に限られ，$(1-\phi(s))$ の確率で生じるとする。設定が複雑になっているが，ここでは監査報告の役割は，プロジェクトが H タイプであるかを識別することだけであるため，Schwartz（1997）のモデルでプロジェクトが良い状況にあるかを識別することと大差はない。

　ただし L タイプのプロジェクトにも成功の可能性があるため，監査人が L タイプのプロジェクトを H タイプと誤報告した場合でも，損害賠償が問われ

図 14-1 **Pae and Yoo のゲームの基本設定** (Pae and Yoo 2001, p. 339)

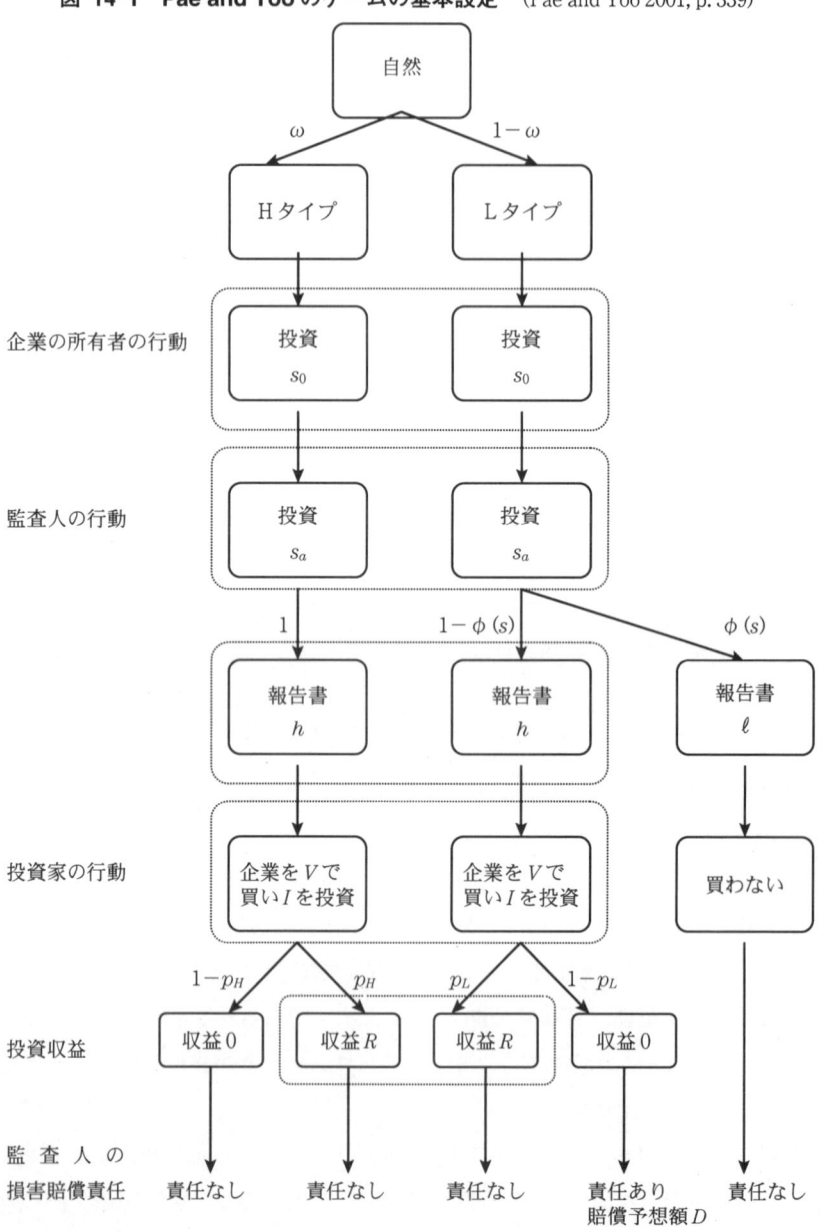

```
                            自然
                    ω ↙         ↘ 1−ω
                  Hタイプ        Lタイプ
```

企業の所有者の行動： 投資 s_0 ／ 投資 s_0

監査人の行動： 投資 s_a ／ 投資 s_a

確率分岐： 1 ／ $1-\phi(s)$ ／ $\phi(s)$

報告書 h ／ 報告書 h ／ 報告書 ℓ

投資家の行動： 企業をVで買いIを投資 ／ 企業をVで買いIを投資 ／ 買わない

確率： $1-p_H$ ／ p_H ／ p_L ／ $1-p_L$

投資収益： 収益0 ／ 収益R ／ 収益R ／ 収益0

監査人の損害賠償責任： 責任なし ／ 責任なし ／ 責任なし ／ 責任あり 賠償予想額D ／ 責任なし

る場合は $(1-\omega)(1-\phi(s))(1-p_L)$ の場合に限定される。さらに Schwartz (1997) のゲームと異なり，監査報告書の正確性 $\phi(s)$ は，監査人の努力だけでなく，企業の内部統制の質にも依存するとしている点に特色がある。

3 最　善　解

監査報告書の存在によって，投資家が H タイプのプロジェクトの割合を ω ではなく，(14-4) 式で表される $\mu(s)$ と評価し直したとする。s が所与であるとすると，企業の市場価格は次の式で表されるであろう。

(14-5)　$V(s) = ([\mu(s)p_H + (1-\mu(s))p_L]R - I) + [1-\mu(s)](1-p_L)D$

この式の第1項は，(14-1) 式で求めた NPV_ω の ω を $\mu(s)$ に代えただけである。第2項は期待損害賠償額を表したものである。ここでプロジェクトが H タイプとする監査報告書 (h) が公表される確率は $[\omega + (1-\omega)(1-\phi(s))]$ で表せる。ゆえに (14-2) 式から，企業の所有者の期待利得は次の式で表される。

(14-6)　$EU^o(s) = [\omega + (1-\omega)(1-\phi(s))]V(s) - K - s_o$
　　　　　$= NPV_\omega + (1-\omega)\phi(s)(I - p_L R)$
　　　　　$+ (1-\omega)(1-\phi(s))(1-p_L)D - K - s_o$

一方監査人の期待利得は次の式で表される。

(14-7)　$EU^a(s) = K - s_a - (1-\omega)(1-\phi(s))(1-p_L)D$

このゲームは企業の所有者と監査人だけから成る社会を考えている。ゆえに社会厚生の水準は単純に (14-6) と (14-7) 式を加算したものである。

(14-8)　$SW = NPV_\omega + (1-\omega)\phi(s)(I - p_L R) - (s_o + s_a)$

社会厚生を最大にする内部統制への投資額 $s_o{}^*$ と監査人の努力 $s_a{}^*$ の組合せ

$s^* \equiv (s_o{}^*, s_a{}^*)$ を求めるためには，(14-8) 式を s_o と s_a について偏微分し，一次導関数がゼロになる条件を求めればよい。それはそれぞれ次のようになる。

(14-9)　$(1-\omega)(I-p_L R)\phi_o(s)=1$

(14-10)　$(1-\omega)(I-p_L R)\phi_a(s)=1$

s_o に関して (14-9) 式を解く s_a の関数を $s_o{}^F(s_a)$ と表し，s_a に関して (14-10) 式を解く s_o の関数を $s_a{}^F(s_o)$ と表す。これらを2つの関数を最善解における協調関数と呼ぶ。ϕ が凹型（$\phi_{oo}<0, \phi_{aa}<0$）の関数で (14-3) の (iv) から $\phi_{oa}=\phi_{ao}<0$ であることから，この2つの協調関数は減少関数となる。すなわ

図 14-2　内部統制に対する投資と監査人の努力に関する最善解と次善解
(Pae and Yoo 2001, p. 342)

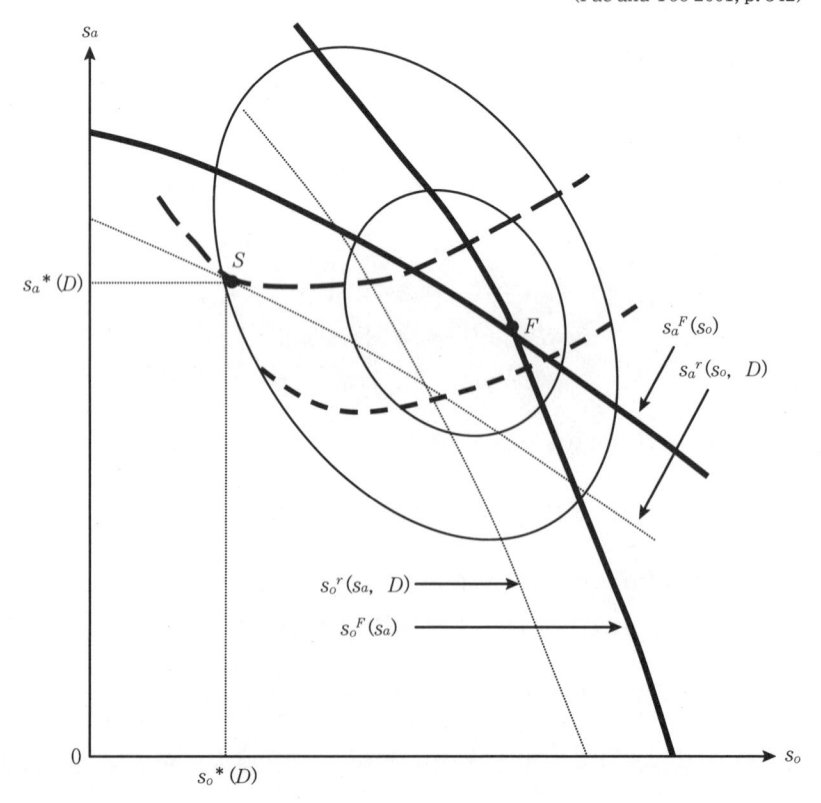

ち内部統制の質が高ければ高いほど，監査人は努力を控えることになる。最善解となる (s_o, s_a) の組合せを $s^\dagger$ で表すと，それは，図14-2に示したように2つの協調関数 $s_o^F(s_a)$ と $s_a^F(s_o)$ が交わった点 F で示される。

4 次 善 解

最善解として求めた内部統制への投資額 $s_o{}^*$ と監査人の努力 $s_a{}^*$ の組合せ $s^* \equiv (s_o{}^*, s_a{}^*)$ は，あくまでも理想の場合である。現実には企業の所有者も監査人も，自分の持っている私的情報をもとに自分の利害に沿って行動する。両者の行動を背理法によって推定することにする。まず所与のどの s に対しても，Hタイプという監査報告書（h）が公表されれば，この企業の市場価格は(14-5) の式で表された $V(s)$ となる。次に企業の所有者と監査人のゲームが始められる。企業の所有者がまず内部統制の投資額を決定し，その額を観察して監査人が努力を選択する。これは先手と後手のあるゲームの均衡を求めることであり，通常この均衡はシュタッケルベルク均衡とも呼ばれる[3]。

この場合監査人の最適行動とは，監査報酬から監査人が投下した努力と予想損害賠償額を差引いたものを最大化する s_a を求めることである。ゆえに (14-7) 式を s_a について偏微分し一次導関数がゼロになる条件を求めると，次のようになる。

$$(14\text{-}11) \quad (1-\omega)(1-p_L)D\phi_a(s) = 1$$

D が所与の時に，内部統制に対する投資 s_o の最善の反応となっている監査人の努力水準を，$s_a{}^r(s_o, D)$ という反応関数で表す。$D>0$ であるから，監査人の努力水準はこの反応関数がゼロになる所で決定される。その条件を示したのが (14-11) 式である。(14-11) 式と ϕ が凹型（$\phi_{oo}<0, \phi_{aa}<0$）の関数で，(14-3) の (iv) から $\phi_{oa}=\phi_{ao}<0$ であることから，内部統制が低下すれば，

---

[3]　Binmore (1992, pp. 292-295) を参照されたい。

監査人は努力の水準を引き上げなければならない。また ϕ が (14-3)(ii) から単調増加 ($\phi_a>0$) であるため，予想損害賠償額が大きくなれば，監査人は努力の水準を引き上げなければならない。

(14-10) と (14-11) の式を比較すると，次のことが導き出せる。

(14-12)　どの s_o に対しても，$D=\bar{D}\equiv\dfrac{I-p_L R}{1-p_L}$ が成立すれば，
$$s_a{}^r(s_o,D)=s_a{}^F(s_o)$$

(14-12) 式は，$D=\bar{D}$ の時にのみ協調関数から求められる最善解と，監査人の反応関数から求められる次善解が等しくなることを示している。つまり予想損害賠償額が $\bar{D}$ の値においてのみ，L タイプのプロジェクトが引き起こす経済的損害を完全に内部化した選択を監査人ができることを示している。

次に企業の所有者の選択を考える。企業の所有者は，自分が選択した内部統制の投資 s_o に対して，監査人が $s_a{}^r(s_o,D)$ の努力をすることは分かっている。プロジェクトが H タイプとする監査報告書 (h) が公表される確率は $\omega+(1-\omega)(1-\phi(s))$ であり，外部の投資家は，(14-5) 式で表される市場価格 V でこの企業を評価するであろう。ゆえに (14-6) 式と監査人の努力が内部統制の投資に依存することから，企業の所有者の最適行動は次の式で表される。なお $s_a{}^r(s_o,D)$ は (14-11) で与えられるとする。

(14-13)　$\displaystyle\max_{s_o} EU^o(s_o,s_a{}^r(s_o,D),D)=NPV_\omega+(1-\omega)\phi(s_o,s_a{}^r(s_o,D))$
$$\times(I-p_L R)+(1-\omega)[1-\phi(s_o,s_a{}^r(s_o,D))](1-p_L)D-K-s_o$$

$D=\bar{D}$ とすると，(14-12)式から

(14-14)　$EU^o=NPV_\omega+(1-\omega)(I-p_L R)-K-s_o=\omega(p_H R-I)-K-s_o$

上の (14-14) 式は，企業の所有者が，L タイプのプロジェクトに投資した場合に被る損失を完全に補償されることを意味する。また (14-14) 式から，$s_o=0$ の時 EU^o が最大になる。このことから，企業の所有者にとって最適な内部統制の投資額はゼロであることがわかる。$D>\bar{D}$ の時には，監査人に対して

過大な罰則が課されることになる。そのためここでは $D<\bar{D}$ の場合についてのみ検討する。企業の所有者にとって最適な内部統制に対する投資額は，(14-13) 式を s_o について偏微分して一次導関数がゼロになる条件を求めればよい。D が所与であるとするとそれは次のように表される。

$$(14\text{-}15) \quad (1-\omega)[(I-p_L R)-(1-p_L)D]$$
$$\times \left(\phi_o(s_o, s_a^r(s_o, D)) + \phi_a(s_o, s_a^r(s_o, D)) \frac{\partial s_a^r(s_o, D)}{\partial s_o} \right) = 1$$

(14-15) 式の解を $s_o^*(D)$ とし，それに対応する監査人の最適な努力水準を $s_a^*(D) \equiv s_a^r(s_o^*(D), D)$ で表す。なお反応関数 $s_a^r(s_o, D)$ の解は (14-11) 式で与えられているとする。そこで，企業の所有者の内部統制に対する投資と監査人の努力の最適な組合せを $s^*(D) \equiv (s_o^*(D), s_a^*(D))$ で表す。

図 14-2 の S と F は，それぞれ次善解 $s^*(D)$ と最善解 $s^\dagger$ を示している。すでに示したように F は，2 つの協調関数 $s_o^F(s_a)$ と $s_a^F(s_o)$ が交わる点で表される。楕円で示した 2 つの無差別曲線は，F から離れれば離れるほど社会厚生の水準が低くなることを示している。すなわち大きい楕円上の方が，小さい楕円上にある時より社会厚生の水準は低いことを表している。図 14-2 で $s_a^r(s_o, D)$ は監査人の最善の反応関数を表し，$s_o^r(s_a, D)$ は，監査人が s_o を観察しない場合における企業の最善の反応関数を示す[4]。なお $s_o^r(s_a, D)$ は便宜上 $\partial s_a^r/\partial s_0=0$ の時に (14-15) 式によって与えられる s_o の値を示したものとする。この 2 つの反応関数は，協調関数と違って D の値に依存する。

$D<\bar{D}$ の時どの s_o に対しても $s_a^r(s_o, D) < s_a^F(s_o)$ が成立する。なぜなら (14-11) 式の左項で与えられる，努力に対する監査人の個人的な限界効用が，(14-10) 式の左項で与えられる，努力の社会厚生的上最適な限界効用より常に低くなるからである。同様にどの s_a に対しても $s_o^r(s_a, D) < s_o^F(s_a)$ が成立する。なぜなら $\partial s_a^r/\partial s_0=0$ の時に (14-15) 式の左項で与えられる，企業の内部

---

(4) 内部統制と監査人の努力の間に戦略的代替性がある時は，その反応関数は両者とも減少関数となる。詳しくは Tirole (1988, pp.207-208) を参照されたい。

統制に対する投資の限界効用が，(14-9) 式の左項で与えられる内部統制に対する投資の社会厚生上最適な限界効用より常に低くなるからである。

図 14-2 の点線で示された 2 つの U 字曲線は企業の所有者の無差別曲線である。上方にある U 字曲線の方が企業の所有者の利得は高くなる。企業の所有者の内部統制に対する投資と監査人の努力の最適な組合せ $s^*(D) \equiv (s_o^*(D), s_a^*(D))$ は，$s_a^r(s_o, D)$ が企業の所有者の無差別曲線と接する S で決定される。図 14-2 から，$s^*(D) \neq s^\dagger$ となり F と S は一致しない。これは，企業の所有者と監査人が利己的に行動した場合には，両者の選択は社会厚生的に最適な選択とは一致せず，非効率が生じていることを示している。図 14-2 では，$s_o^*(D) < s_o^\dagger$ で $s_a^*(D) > s_a^\dagger$ という企業の所有者の内部統制への過少投資と監査人の努力に対する過大投資が生じている状況が描かれている。

5 損害賠償責任が内部統制に対する投資と監査人の努力に及ぼす影響

ここでは監査人の損害賠償責任の大小が，どのように内部統制の投資と監査人の努力の選択を変え，社会厚生の水準に影響を及ぼすかを見ていく。ここまでは監査人の予想損害賠償額 (D) は所与として議論がされてきた。一般的に言って，内部統制の投資と監査人の努力は，この D の水準にも影響される。監査人の最適反応関数は，すでに $s_a^r(s_o, D)$ で表されているように，D の水準に影響される。さらにここでは D が大きくなるに従って，内部統制に対する投資 s_o に対する監査人の反応はより敏感になるとした（$\partial^2 s_a^r / \partial D \partial s_o \leq 0$）。その結果次のことが導かれる。

(14-16)　全ての $D \in (0, \bar{D})$ に対して，$\dfrac{ds_o^*(D)}{dD} < 0 < \dfrac{ds_a^*(D)}{dD}$

(14-16) は監査人の損害賠償責任が大きくなると，企業の所有者の内部統制に対する投資は減少し，監査人の努力は増加することを示している。一方で D が増加すると，企業の所有者は内部統制に対する投資を削減する。これは，

内部統制の投資の限界効用が低下するためである。内部統制に対する投資と監査人の努力の戦略的代替性によって，監査人の努力の上昇は内部統制に対する投資をさらに減少させる。それがさらに監査人の努力を増加させるという螺旋現象を引き起こす。

つまり D が変化すると，企業の所有者の s_o に対する限界効用に次の3通りの効果をもたらす。第1に (14-15) 式の左項について，s_a^r と $\partial s_a^r/\partial s_o$ を一定と置くと，D の増加は企業の所有者の内部統制に対する投資の限界効用を下降させる。その結果企業は内部統制の投資を削減する。これは，Schwartz (1997) が指摘する「保険効果」と同じ現象である[5]。第2に (14-11) 式から，D が増加すると監査人は努力の水準を上昇させる。それは s_a^r を増加させ，(14-15) 式の左項に ϕ_o と ϕ_a の変化を通して影響を与える。しかし s_a^r が ϕ_o と ϕ_a に及ぼした影響は相殺されてしまうため，s_a^r の増加という間接効果は結局ゼロとなる。

第3に，予想損害賠償額の増加は監査人の反応関数の傾き ($\partial s_a^r/\partial s_o$) に影響を及ぼす。それが (14-15) 式の左項に影響を与えることである。上の条件 ($\partial^2 s_a^r/\partial D\partial q_o \leq 0$) から，これは負の間接効果を持つ。要するに D の増加は，内部統制に対する投資の限界効用を下降させ，企業の所有者に s_o の投資を削減させる。このことは監査人の努力水準の上昇につながる。s_o と s_a の戦略的代替性から，監査技術を一定の水準に保持しなければならないからである。この間接効果は，D の増加が監査人の努力の限界効用に及ぼすプラスの影響をより大きくする。

さらに次のことが言える[6]。図14-3における点線で示した曲線は，損害賠償額 D の変化により，次善解 $s^*(D)$ がどのように変化するかを示したものである。D がゼロから $\bar{D}$ に変化する時に $s^*(D)$ は E_1 から左上方向に進む。D_o は，所有者の内部統制への投資額が最善解の水準と一致した時の D の値を示す。D_a は，監査人の努力に対する投資額が最善解の水準と一致した時の D の

---

(5) Pae and Yoo (2001), p. 345.
(6) 詳しくは Pae and Yoo (2001, pp. 353-354) を参照されたい。

図 14-3 監査人の損害賠償額の変化に対応する内部統制に対する投資と監査人の努力の変動 (Pae and Yoo 2001, p. 346)

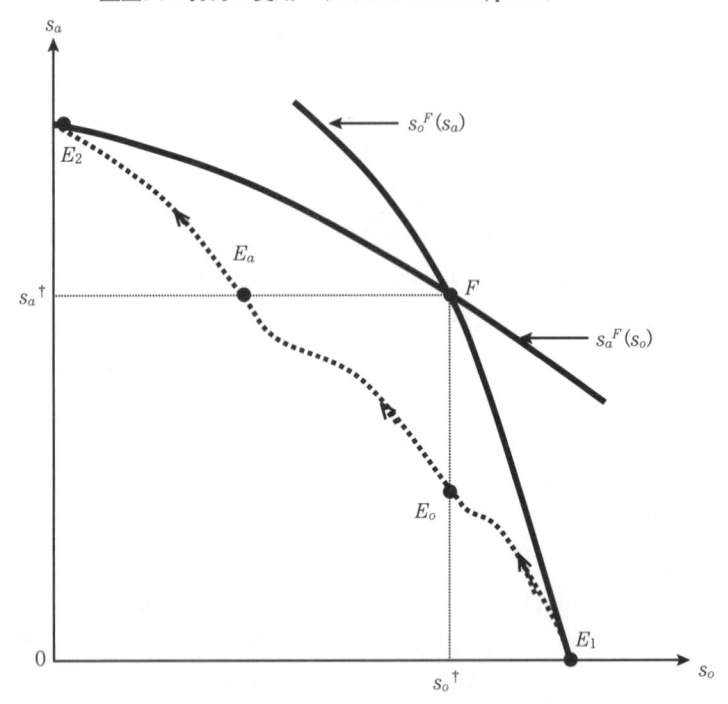

値を表す。すると D は D_o と等しくなった E_o を通り，D_a と等しくなった E_a を通って E_2 に到る。このことを理解するには D をゼロに近づけてみればよい。D がゼロに近づくと，すべての s_o に対して $s_a^r(s_o, D)$ もゼロに近づくため，監査人の反応関数はほとんど横軸と等しくなる。

また D がゼロに近づくと，企業の反応関数 $s_o^r(s_a, D)$ は，すべての s_a に対して企業の協調関数 $s_o^F(s_a)$ と等しくなることが容易に確認できる。D が小さくなると，次善解は $s_o^F(s_a)$ が横軸と交錯する E_1 に近づくからである。この場合監査人の努力に対する過小投資と企業の内部統制に対する過大投資が起きる。(14-16) から，D が増加すると監査人は一層の努力をするようになり，反対に企業は内部統制に対する投資を削減していく。このことが，次善解の組合せである $s^*(D) = (s_o^*(D), s_a^*(D))$ を左上方向の (s_o, s_a) の空間に移動させ

ていく。

D がゼロから増加していくと，D_o と E_o が等しくなる点を通過するが，企業の内部統制に対する過大投資は続く。D_o よりも D が大きくなると，企業の内部統制に対する過小投資が始まる。ところが D が E_a を通過するまでは監査人の努力に対する過小投資も続く。つまり D_o から D_a の間は，企業と監査人双方の過少投資により，非効率性が発生する。D が E_a を通過すると，企業の内部統制に対する過少投資の問題が深刻になり，監査人の努力に対する過大投資も始まる。それがさらに深刻さを増しながら，縦軸と交わる E_2 に達する。この点は監査人の協調関数である $s_a^F(s_o)$ が縦軸と交錯する点でもある。

D が $\bar{D}$ に近づくと，監査人の反応関数は，$s_a^F(s_o)$ と同一になる。(14-12) 式から，監査人はLタイプのプロジェクトから発生する経済的損害を完全に内部化した選択ができる。ところが (14-14) 式から，企業はこの場合に内部統制に対する投資意欲をまったく失ってしまう。ゆえに D が $\bar{D}$ に近づくと，均衡点は図 14-3 の E_2 で表された $s_a^F(s_o)$ が縦軸と交錯する点に等しくなる。なお図 14-2 でシュタッケルベルク均衡点として S で表された点は，D が D_a から $\bar{D}$ に近づく場合にあたり，監査人の過大投資と企業の過小投資が起きている。

最後に D の変化が社会厚生の水準にどのような影響を与えるかを考察する。企業の所有者と監査人のみを社会の構成者とした場合には，社会厚生の水準は次の式で与えられる。

$$(14\text{-}17) \quad SW(s^*(D)) = NPV_\omega + (1-\omega)\phi(s^*(D))(I - p_L R) \\ - [s_o^*(D) + s_a^*(D)]$$

この式は s を $s^*(D) = (s_o^*(D), s_a^*(D))$ に代えた以外は，(14-8) 式とまったく同様である。この式を D について微分すると次の式が得られる。

$$(14\text{-}18) \quad \frac{dSW(s^*(D))}{dD} = \left(\frac{\partial SW(s^*(D))}{\partial s_o}\right)\left(\frac{ds_o^*(D)}{dD}\right)$$

$$+ \left(\frac{\partial SW(s^*(D))}{\partial s_a}\right)\left(\frac{ds_a{}^*(D)}{dD}\right)$$

そこで α と β を次のように定義する。

(14-19) $\quad \alpha(D) = \dfrac{\partial SW(s^*(D))/\partial s_o}{\partial SW(s^*(D))/\partial s_a}, \quad \beta(D) = \dfrac{ds_a{}^*(D)/dD}{ds_o{}^*(D)/dD}$

$\alpha(D)$ は所与の均衡点 $s^*(D)$ に対する無差別曲線の傾きを表し，$\beta(D)$ は D の増加に対する監査人の努力の敏感性と内部統制に対する投資の敏感性の比率である。そして次の3点が指摘できる。

第1に，D の社会厚生の水準に対する影響の大きさは，$\alpha(D)$ と $\beta(D)$ のみに依存して決まる。図14-2における $S=s^*(D)$ の点を想起すると，(14-16) から $\beta(D)$ は負であり，$s^*(D)$ は D が増加するにつれて，左上の方向に移動する。このような移動によって社会厚生の水準が増加するのは，S を通過する無差別曲線の内側を $s^*(D)$ が移動する時のみに限られる。すなわち S の点における無差別曲線の傾きが，$s^*(D)$ の移動曲線の傾きより平らな時に限られる。$\alpha(D)$ も負と考えられるため[7]，D の値を増加すると社会厚生の水準が改善されるのは，$\alpha(D)$ が $\beta(D)$ より大きい時に限られる。

第2に，D の値が非常に小さいと，すべての D に対して $\alpha(D)>\beta(D)$ が成立し，D の増加は常に社会厚生の水準を改善させる。逆に D の値が非常に大きいと，すべての D に対して $\alpha(D)<\beta(D)$ が成立し，社会厚生の水準は低下する。たとえば D の値をゼロに近づけると，監査人の努力に対する過少投資が深刻になる一方で，企業の内部統制に対する過大投資も深刻になる。D の増加は，監査人の努力に対する投資を上昇させるとともに，企業の内部統制に対する投資を減少させる。このように，両者の間に極端な相違のある均衡の組合せを防ぐことができるため，社会厚生の水準は改善する。

逆に D の値が非常に大きくなり $\bar{D}$ に近づくとすると，今度は企業の過小投

---

[7] 詳しくは Pae and Yoo（2001, pp. 354-355）を参照されたい。

資と監査人の過大投資から社会的な非効率性が生まれる。D を増加させると，さらに企業の過少投資が深刻になり，監査人の過大投資に拍車がかかる。このため両者の均衡の組合せは極端に相違のあるものになり，社会厚生の水準は低下する。第3にこの場合の社会厚生の水準は決して最善解に等しくなく，あくまでも次善の水準にとどまることである[8]。

6 制度の改善の可能性

Pae and Yoo (2001) のモデルから，次のような興味深い点が指摘できる。監査人に対する損害賠償責任が過大であると，企業の所有者の内部統制に対する過小投資が深刻になり，監査人の努力に対する過大投資に拍車がかかる。その結果社会的に大きな非効率が発生する。この問題の解決策としてあげられることは，第1に監査人の過大な損害賠償責任の緩和である。第2に企業に内部統制の整備を促進する圧力をかける施策の必要性である。

Bloomfield (1995) によれば，特に監査人の訴訟リスクが高く企業の内部統制の統制リスクが低い場合に，双方の「戦略的依存性」が高くなり，誤謬よりむしろ意図的な不正が多くなる。このことは，Bloomfield (1997) によって実験的にも支持されている。そのため内部統制の監視体制が整備され内部統制の状況が良好になっても，最低限の実証手続を行う必要があるとされている。

もし企業に対して，投資すべき内部統制 s_o を $s_o = s_o^\dagger$ の水準に事前決定できれば，協調関数から監査人の努力の水準も $s_a^\dagger$ になるため，最善解で示された社会厚生の水準を達成可能である。ところが監査人の損害賠償責任が最適な $D = \bar{D}$ になる時に，企業が内部統制に対して行う最適な投資額はゼロとなる。つまり企業が内部統制に対して適正な投資をしているかを制度的上効率的に監視できないと，企業は内部統制に対する投資意欲をまったく起こさない。その結果監査人の支払う損害賠償額が，全て企業の怠慢の代償となり「保険」の役

---

(8) 詳しくは Pae and Yoo (2001, pp. 355-356) を参照されたい。

割を果してしまうのである⁽⁹⁾。

　アメリカの企業改革法はその404条で，企業が内部統制の整備に一層の努力を傾けることを促している。監査人に過大な損害賠償責任を強いることを防ぎ，社会的な非効率を発生させないためには，企業の内部統制の整備状況を監視可能で透明なものにする必要がある。

---

(9)　Pae and Yoo (2001), p. 350.

第15章
監査の粉飾決算防止効果と投資誘発効果に関する実験

1 先行研究

(1) 実験的アプローチの意義と実験の統制の必要要件

　会計監査制度の目的は粉飾決算の防止である。しかしこの制度がその役割を本当に効率的に果たしているかを，複雑な現象が付随する現実の市場で証明することはほとんど不可能に近い。会計監査がほんの少数の大型粉飾決算が見抜けなかったために，その抑止効果に不当な疑問が付されてしまう危険がある。この章では会計監査が現実に粉飾決算抑止効果をどの程度もっているかを，現象を統制した単純な市場を実験室的に再現して検証を進めた。このような実験的手法は適正な制度設計に非常に重要な貢献ができる可能性があり，経済学の分野では「実験経済学」としてすでに広く認知されている。

　これを受けて会計学の分野においても広く実験アプローチが取り入れられている。Smith et al. (1987) は，実験を効果的に統制する要件として，非飽満性 (nonsatiation)・顕在性 (saliency)・支配性 (dominance)・私的性 (privacy) をあげている[1]。非飽満性とは，例えば報償手段が金銭的な場合，実験参加者の効用は実験における報酬に比例して単調増加しなければならないことを示す。顕在性とは，実験参加者のメッセージの選択とその報酬との間に相互関係がなければならないことを示す。支配性とは，報酬の算定が実験参加者に煩わしくないことを示す。私的性とは，実験参加者が他人ではなく自分の得た報酬だけ

---

(1) Smith et al.(1987), pp. 75-76.

を参考にして，情報を得る設定を作らなければならないことである。

(2) 監査の需要に関する実験

「実験会計学」のもっとも先駆的な論文は監査の需要に関したものであり，Dejong et al. (1985) によって行われた。そこでは，エイジェントがプリンシパルにサービスを提供するという単純なマーケットで，コストのかかる監査制度と情報開示制度および損害賠償制度の役割を実験的に検証しようとした。その結果の最重要点だけを簡単に整理すると次のようになる。コストのかかる監査が継続的に利用される場合のみ，品質の悪いサービスは部分的に駆除される。しかしそれに損害賠償制度が加われば，品質の悪いサービスはほぼ完全に駆除される。ただし監査結果が当事者にしか開示されないと，品質の悪いサービスは増加するというものである。

また Dopuch et al. (1989) は，監査の需要について売り手と買い手が資産を取引するという設定で実験を行った。この実験では売り手と買い手に次のような制度を利用できるとした。売り手は，販売する資産の価値について誠実な情報開示を行っていることを証明する監査を受けることができる。一方買い手には，販売される資産の価値についてすべての買い手に知らせることができる報告書が利用可能なことである。実験の結果，この2つの制度は，モラル・ハザードやアドバース・セレクションといった問題を減少させ，経済的効率性の増加に寄与することが確認された。

さらに Kachelmeier (1991) は，監査の需要について，新たに監査人のモラル・ハザードの可能性を含めた設定で実験を行った。実験は次のようなものであった。買い手の利益は売り手の報告書に左右される。しかし売り手には本来期待されている努力を怠り，虚偽の報告書を作成する可能性がある。買い手は，第3者が行う監査を買って報告書の真偽を監査できる。ただし監査人は，モラル・ハザードを起こし自己本位の監査報告をする可能性がある。実験では，モラル・ハザードの要素が幾つもあるにもかかわらず，売り手も監査人も努力を怠ることなく誠実にその役割を果たしたことが示された。

これらの研究を受けて，Wallin (1992) は，監査の需要に関して，損害賠償訴訟制度が存在する市場としない市場について，無限期間ゲームの要素を取り入れて実験を行った。その結果監査の需要は，損害賠償訴訟制度の有無にかかわらず存在することが検証された。また監査制度か損害賠償訴訟制度のいずれかがあれば，売り手に取引資産の価値を高めようとする動機付けが可能なことも検証できた。さらにこの2つの制度が同時に利用できれば，一層効果的であることも確認できた。

　Dopuch and King (1992) は，損害賠償訴訟制度が，監査の需要と供給をどのように変化させるかという実験的検証を有限期間ゲームとして行った。その結果損害賠償訴訟制度が存在すると，監査人が監査コストと損害賠償額を秤にかけて行動することが確認された。つまり監査人が監査に正当な注意を払おうとすることである。また監査人が信頼ある監査を供給すれば，資産の売り手は監査を自主的に買い，より品質の高い資産を売り手に提供しようとすることも示された。

(3) 監査分野における多面的応用と会計分野における応用の可能性

　監査論における実験的アプローチは，このように最初は監査の需要についての検証に集中していた。しかし Schatzberg (1990) による，監査法人の割引受注 (low-balling) の実験的検証や，Dopuch and King (1991) による，コンサルティング業務の供与が監査人の独立性と監査報酬に及ぼす影響の実験的検証を端緒に，このアプローチは監査論における各種の重要テーマの分析に採用されるようになった。

　その例として，まず Matsuyama and Tucker (1992) の試査と虚偽の発見および虚偽の防止に関する実験的検証，Dopuch et al. (1994) による損害賠償の共同責任制度と比例責任制度の優位性に関する実験的検証，Dopuch et al. (1997) による，独立責任か否かの要素を加えた共同責任制度と比例責任制度の優位性の実験的検証，Kachelmeier and Shehata (1997) による，内部監査に対する意識についてのカナダ・香港・中国における比較実験などがあげられ

る。

　またBloomfield (1997) が自分のモデル (1995) を基に，監査における監査人と経営者の戦略的依存性を実験的に検証し，King and Schwartz (2000) がSchwartz (1997) のゲーム理論的モデルを基に，過失責任制度（negligence liability regime）と保証責任制度（strict liability regime）の優位性を実験的に検証した。

　そしてKing (1996) は報告者が評判形成をする条件を実験的に検証し，Mayhew et al. (2001) が監査人の評判形成と会計の裁量性の関係を実験的に検証している。さらにMayhew (2001) によって，監査人が評判形成をする場合は短期的な見返りがある場合に限られることが実験で示された。これら以外にもKing (2002) が，空約束（cheap talk）が監査判断の偏向を生み出すことを実験的に検証している。またMayhew and Pike (2004) の実験では，投資家による監査人の選任が独立性を強化できるとされている。

　最近では管理会計の分野においても，Towry (2003) がグループにおけるインセンティブ効果を実験的に検証し，上下監視より相互監視が効率的であり，グループに対する帰属性も重要であることが示されている。またAnctil et al. (2004) は，リスクのある投資プロジェクトに対する資金融資に関する実験を実施した。それによると，資金の提供者間における情報を透明にすると，逆に戦略的不確実性が生み出され，健全なプロジェクトに資金が集まらずに解散に追い込まれることが起きる可能性が示されている。

（4）本研究の意義

　さてこの章の実験は，経営者と投資家のみが取引する非常に単純な市場について監査の需要を検証したものである[2]。それは，Boatman et al. (1992) やDejong and Forsythe (1992) からWallin (1992) やDopuch and King (1992) の研究について，実験の設定が複雑になりすぎて仮説との整合性を検証するこ

---

(2)　加藤（2001 d・2003 ac・2004 b）・Kato (2004) も参照されたい。

とが困難になっているという批判があるためである。

　ここで検証することは，監査の存在が経営者に誠実な情報開示を誘発し，投資家には投資を誘発するインセンティブを生むという仮定である。つまり誠実な経営者の存在を市場に知らせるシグナルとして監査の需要は生まれると考えた。実験のモデルは第2章と第3章で検討した経営者と投資家の情報開示ゲームと監査のシグナリング・ゲームをそのまま基礎として用いた。

　他の先行研究との相違は次の点である。監査が買えない市場と買える市場において，まったく同じ条件のもとで実験を行い経営者と投資家の行動を比較した。その条件とは経営者が企業の品質を制御できる能力（α）である。監査の買える市場では，監査は完璧でなくいつも正しい報告をするとは限らないとした。監査が買えない市場と対等な比較ができるように，監査が買える市場では資産の品質を正しく報告する確率（β）を次のように設定した。

　それは，誠実な経営者も不誠実な経営者もすべて監査を買ってしまう混在型均衡と，完全に努力回避的な経営者だけが監査を買ってしまう，半顕在化均衡の分岐点にαとβを設定したことである。監査の購買が投資の目当てになるとすれば，この分岐点において努力を選択して監査を買った経営者と，努力を選択せずに監査を買った経営者の期待利得は同じになる。被実験者はαとβの値のみしか知らされていないので，純粋に監査の存在の効果が測定できる。

2　実　験　の　手　順

　2回の実験はそれぞれ，学部の3年・4年次学生と大学院博士前期課程の学生を被実験者とし[3]，経営者と投資家が一対一で対戦するマッチゲームの形で行った。ゲームは監査の買える市場と買えない市場に分けて行ったが，被実験者に両者の市場を必ず経験させるようにした。ゲームはコンピュータ端末を

（3）　第1回の実験は学部学生を被実験者とし，第2回の実験は大学院生を被実験者としたため，双方の実験を同時に経験した者はいない。

使い[4]，覆面化に注意を払いながら実施した。ただし実験では役割に対する偏見を避けるために，「経営者」・「投資家」・「企業」という表現を避け，それぞれ「売り手」・「買い手」・「資産」という表現を用いた。

ゲームは第2章と第3章で展開した経営者と投資家の情報開示ゲームと監査のシグナリング・ゲームをそのまま用いて行った。獲得利得には単位の円をつけた。取引はどちらの市場も20回繰返される。経営者の意図が企業の品質に反映される確率 α と監査が正しい報告する確率 β 及び監査コスト C は，最初の実験ではそれぞれ $\alpha=5/6$, $\beta=3/4$, $C=1$ とし，第2回目の実験では $\alpha=7/8$, $\beta=7/8$, $C=1$ とした。最初の実験は保守的な監査戦略がとられる場合，第2回目の実験は保守的な監査戦略がとられない場合が想定されている。なお以上のことは実験の参加者に前もって知らせてある。

監査が買えない市場ではまず経営者が努力するか否かを選択する。企業が高品質になっているか低品質になっているかは乱数で決定されるので，経営者も投資家も把握不可能である。経営者はこのあと企業を常に高品質と情報開示するとした。それを受けて投資家は投資するか否かを決定する。投資家の決定は経営者も即座に知ることができ，投資家が得た獲得報酬のみが両者に毎期知らされる。

投資家が企業に投資する時の価格は常に10（円）とする。そのため投資家の獲得報酬は，投資した企業が清算価値5（円）の低品質であればマイナス5（円），清算価値15（円）の高品質であればプラス5（円）となる。投資しなければ損得ゼロである。投資家に経営者がいつ努力を選択したか否かを知らせないために，経営者の獲得報酬は経営者のみが知るという形をとった。経営者の獲得報酬は次のように計算される。

経営者が努力を選択するとコストが5（円）かかる。そのため投資家が投資

（4） プログラムはビジュアル・ベイシックを使って作成した。そのフォーム画像を巻末に掲載した。なお投資家になった被実験者の獲得報酬はコンピュータに取引ごとに表示させる形式をとった。しかし経営者になった被実験者には取引ごとの獲得報酬を自らワークシートで計算させる方式をとった。そして対戦終了後にワークシートの数値とコンピュータのカウントした数値と照合させた。このワークシートの雛型も巻末に掲載した。

しなければ，経営者の獲得報酬は5（円）のマイナスになる。投資家が投資すると，経営者の獲得報酬は，資産の清算価値には左右されず努力を選択したか否かのみに左右される。つまり努力を選択していれば5（円）であり，努力を選択していなければ10（円）をそのままポケットに納めることができる。これを毎期繰返し20回繰返す。唯一投資家に許されることは，自分の毎回の獲得報酬から，経営者がいつ努力を選択したかを類推することだけである。

　監査が買える市場でも経営者が最初に努力するか否かを選択する。経営者はこの後企業を常に高品質と情報開示する。企業が低品質になっているか高品質になっているかは乱数で決められるため，経営者にも投資家にも分からない。次に経営者は監査を買うか否かを選択する。監査を買わなかった場合は監査の買えない市場と同様である。監査を買った場合には監査結果が経営者と投資家に同時に示される。投資家はその監査結果をみて投資するか否かを決定する。

　ただし監査結果は，第1回目の実験では保守的な監査戦略を採用するため，企業の実際の品質が低品質の時にのみ乱数により1/4の確率で高品質企業という誤った報告がされる。一方第2回目の実験では保守的な監査戦略がとられないため，企業の実際の品質が高品質の時でも乱数により1/8の確率で低品質企業という誤った報告がされる。

　投資家の決定は経営者が即座に知ることができ，投資家の獲得報酬のみが両者に知らされる。経営者の獲得報酬は経営者のみしか知ることができない。投資家の獲得報酬と経営者の獲得報酬は，監査を買えない市場の場合とほぼ同様である。唯一の相違は，経営者の獲得報酬に関して監査を買ったときにはそのコスト分1（円）が差し引かれることである。なお経営者も投資家も監査がいつ誤った報告をしたかは一切把握できない。第1回目の実験と第2回目の実験における，監査の買える市場の経営者と投資家が選択できる戦略はそれぞれ図15-1と図15-2に示した通りである。

図 15-1 第1回目の実験における経営者と投資家の選択可能な戦略 (単位円)

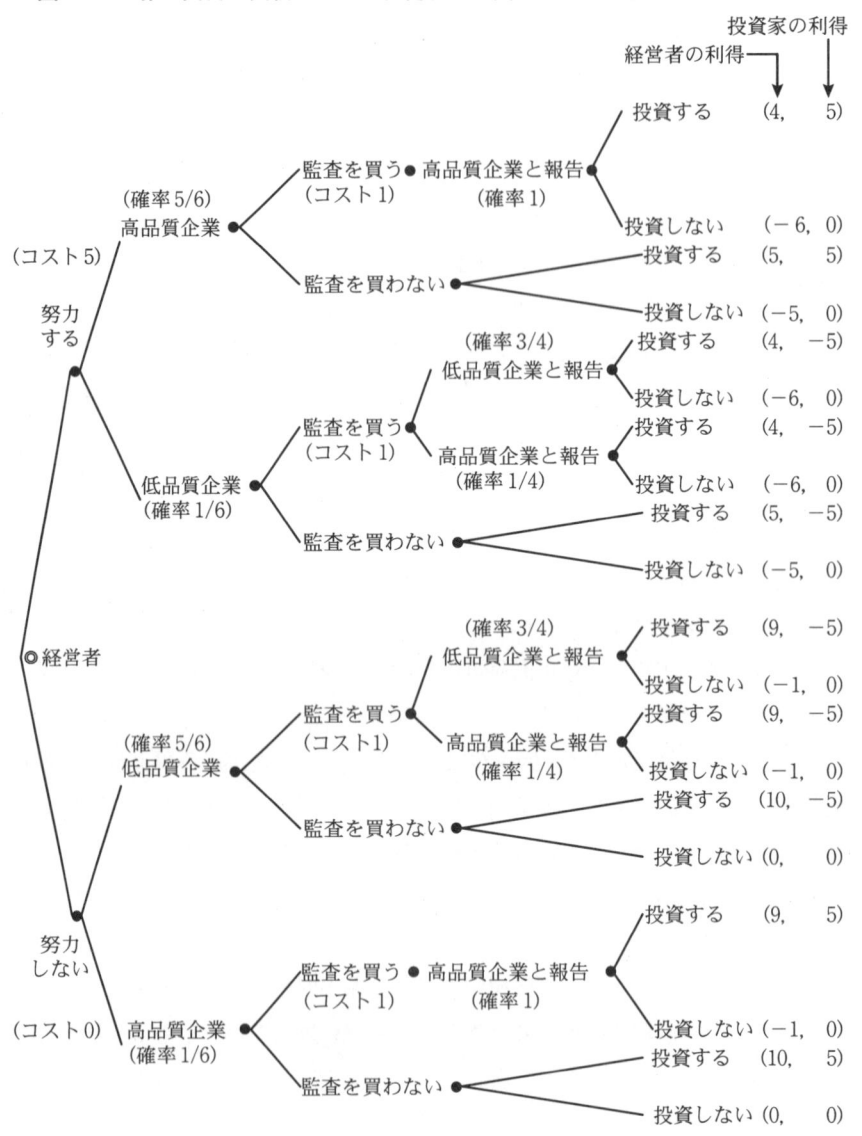

　　　　　　　　　　　　　　　　　　　　　　　　　　　　　　　　　　　投資家の利得
　　　　　　　　　　　　　　　　　　　　　　　　　経営者の利得─┐　　　↓

経営者の選択	企業タイプ	監査	報告	投資家の選択	利得
努力する (コスト5)	高品質企業 (確率5/6)	監査を買う (コスト1)	高品質企業と報告 (確率1)	投資する	(4, 5)
				投資しない	(-6, 0)
		監査を買わない		投資する	(5, 5)
				投資しない	(-5, 0)
	低品質企業 (確率1/6)	監査を買う (コスト1)	低品質企業と報告 (確率3/4)	投資する	(4, -5)
				投資しない	(-6, 0)
			高品質企業と報告 (確率1/4)	投資する	(4, -5)
				投資しない	(-6, 0)
		監査を買わない		投資する	(5, -5)
				投資しない	(-5, 0)
努力しない (コスト0)	低品質企業 (確率5/6)	監査を買う (コスト1)	低品質企業と報告 (確率3/4)	投資する	(9, -5)
				投資しない	(-1, 0)
			高品質企業と報告 (確率1/4)	投資する	(9, -5)
				投資しない	(-1, 0)
		監査を買わない		投資する	(10, -5)
				投資しない	(0, 0)
	高品質企業 (確率1/6)	監査を買う (コスト1)	高品質企業と報告 (確率1)	投資する	(9, 5)
				投資しない	(-1, 0)
		監査を買わない		投資する	(10, 5)
				投資しない	(0, 0)

図 15-2　第2回目の実験における経営者と投資家の選択可能な戦略　(単位円)

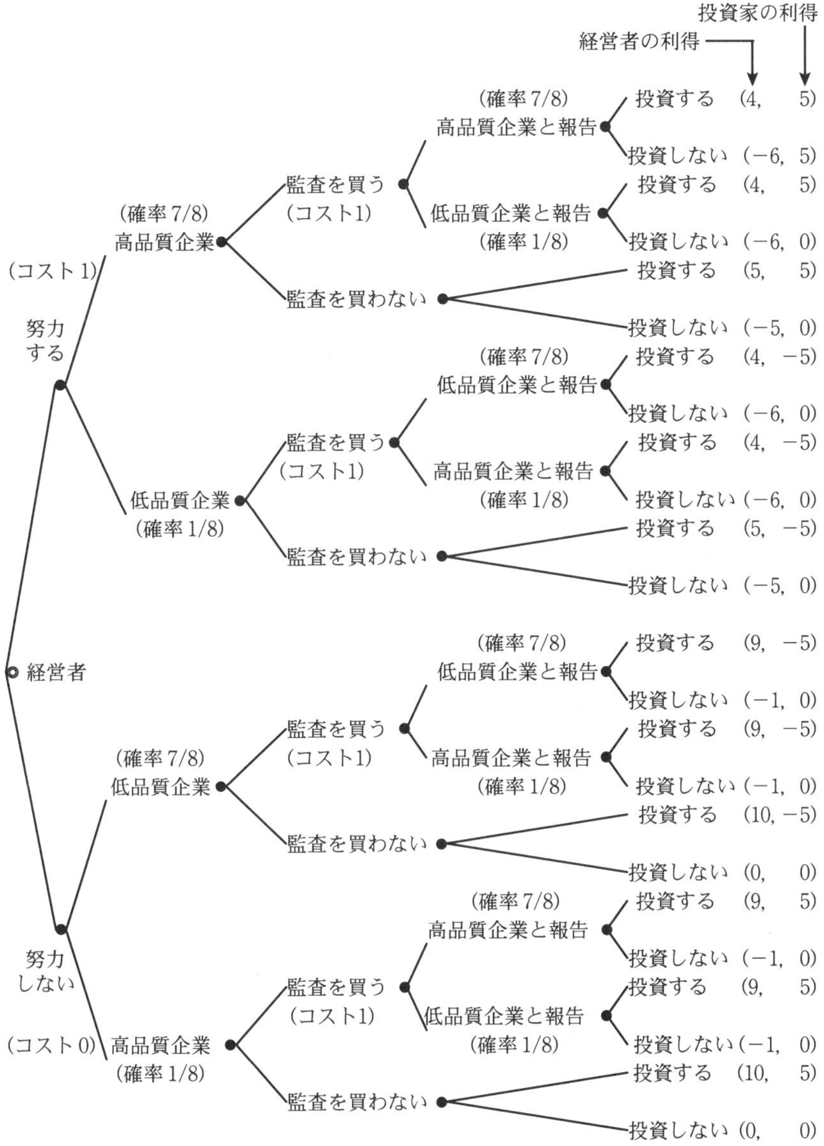

経営者の利得 ─→　投資家の利得 ↓

- 経営者
  - 努力する（コスト1）
    - 高品質企業（確率7/8）
      - 監査を買う（コスト1）
        - 高品質企業と報告（確率7/8）
          - 投資する　(4, 5)
          - 投資しない（−6, 5）
        - 低品質企業と報告（確率1/8）
          - 投資する　(4, 5)
          - 投資しない（−6, 0）
      - 監査を買わない
        - 投資する　(5, 5)
        - 投資しない（−5, 0）
    - 低品質企業（確率1/8）
      - 監査を買う（コスト1）
        - 低品質企業と報告（確率7/8）
          - 投資する　(4, −5)
          - 投資しない（−6, 0）
        - 高品質企業と報告（確率1/8）
          - 投資する　(4, −5)
          - 投資しない（−6, 0）
      - 監査を買わない
        - 投資する　(5, −5)
        - 投資しない（−5, 0）
  - 努力しない（コスト0）
    - 低品質企業（確率7/8）
      - 監査を買う（コスト1）
        - 低品質企業と報告（確率7/8）
          - 投資する　(9, −5)
          - 投資しない（−1, 0）
        - 高品質企業と報告（確率1/8）
          - 投資する　(9, −5)
          - 投資しない（−1, 0）
      - 監査を買わない
        - 投資する　(10, −5)
        - 投資しない　(0, 0)
    - 高品質企業（確率1/8）
      - 監査を買う（コスト1）
        - 高品質企業と報告（確率7/8）
          - 投資する　(9, 5)
          - 投資しない（−1, 0）
        - 低品質企業と報告（確率1/8）
          - 投資する　(9, 5)
          - 投資しない（−1, 0）
      - 監査を買わない
        - 投資する　(10, 5)
        - 投資しない　(0, 0)

3 実験の結果

このゲームでは経営者は常に高品質と情報開示するため,努力を選択しないことは粉飾決算を意味する。このことから監査の購買の可能性が粉飾決算を防止できたかを調べるには,監査が買えない市場と買える市場における経営者の努力の回数を比較すればよい。また同様に監査の購買の可能性が投資家に信頼を与え投資意欲を引き出せたかは,両市場の投資家の投資回数を比較すればよいことになる。従って検証すべき仮説は次のようになる。

仮説 1
　監査の買える市場の方が買えない市場より経営者の努力選択回数は多くなり,経営者の誠実な行動を引き出す。

仮説 2
　監査の買える市場の方が買えない市場より,投資家が投資する回数は多くなる。

2 回の実験の設定と結果は表 15-1 にまとめられている。仮説 1 については,2 回の実験とも監査の買える市場における努力選択回数の平均は,買えない市場より有意に高くなった[5]。仮説 2 に関しては,第 1 回目の実験では監査の買える市場における投資選択回数の平均は,買えない市場より高くなったが統計的に有意なほどではなかった。ただし標準偏差に関しては監査の買える市場の方が買えない市場より有意に小さくなった。これは,少なくとも監査の購買の可能性が投資家に対して均一の行動をとらせたことを覗わせる[6]。第 2 回目の実験ではその平均が監査の買える市場の方が有意に高くなった[7]。なお

---

(5) 監査の買えない市場と買える市場における努力選択回数の標準偏差の差は F 検定では有意でないので,母集団の標準偏差は等しいものとして平均に関する片側 t 検定を行った。ただし母集団の標準偏差が異なるとしてウエルチ検定も行った。第 1 回目の実験も第 2 回目の実験も,監査の買える市場の方が努力の選択回数の平均は 1% で有意に高くなった。なお対戦相手が相互に異なっているため,データの対応関係はない。

表 15-1 実 験 結 果

		経営者の努力の回数		投資家の投資の回数	
		第1回目	第2回目	第1回目	第2回目
経営者の意図通りのことが起きる確率 (α)		0.833(5/6)	0.875(7/8)	0.833(5/6)	0.875(7/8)
監査が正しい報告をする確率 (β)		0.75(3/4)	0.875(7/8)	0.75(3/4)	0.875(7/8)
監 査 コ ス ト (C)		1	1	1	1
データ数 (n)	監査の買えない市場	36	23	36	23
	監査の買える市場	36	22	36	22
標 準 偏 差	監査の買えない市場	5.476	3.929	4.929	4.070
	監査の買える市場	5.016	3.345	3.464	3.372
平 均	監査の買えない市場	9.89	10.43	12.86	11.26
	監査の買える市場	14.75	16.05	14.00	13.32
統 計 量 (T)		3.927	5.147	1.134	1.842
有 意 確 率 (p)		**0.0001	**0.0000	0.1303	*0.0362
F 統 計 量 (T)		1.192	1.380	2.025	1.457
F 有 意 確 率 (p)		0.6068	0.4642	*0.0402	0.3925
ウエルチ統計量 (T)		3.927	5.165	1.134	1.850
ウエルチ有意確率 (p)		**0.0001	**0.0000	0.1305	*0.0356
相関分析					
		第1回目	第2回目		
努力と投資の相関	監査の買えない市場	0.3159	0.8453		
	監査の買える市場	0.7547	0.8008		
努力と監査の相関	監査の買える市場	0.8010	0.8101		
監査と投資の相関	監査の買える市場	0.6063	0.8110		

**1%有意 *5%有意

監査の購買回数の平均は,第1回目と第2回目の実験でそれぞれ16.39と18.09となっている。

相関分析に関しても第1回目の実験では上の結果を支持するものとなっている。それは,監査の買えない市場(0.3159)と比較して,監査の買える市場に

---

(6) 監査の買えない市場と買える市場における投資選択回数の標準偏差の差は,F 検定において5%で有意であったが,平均に関しては片側 t 検定により監査の買える市場の方が有意に高くなったとは言えなかった。ウエルチ検定でも同様に有意ではなかった。
(7) 監査の買えない市場と買える市場における投資選択回数の標準偏差の差は F 検定では有意でないので,母集団の標準偏差は等しいものとして平均に関する片側 t 検定を行った。ただし母集団の標準偏差が異なるとしてウエルチ検定も行った。その結果監査の買える市場の方が投資選択回数の平均は5%で有意に高くなった。

おける努力と投資の相関（0.7547）が著しく高くなっていることである。これは，監査の購買の可能性が経営者と投資家の協調行動を引き起こしたと考えてよいかもしれない。一方監査の買える市場においては努力と監査の購買の相関（0.8010）が高いのに対して，監査の購買と投資の相関（0.6063）が比較的低くなっている。これは，投資家は経営者ほど監査に信頼を置いておらず，監査の買える市場において投資家の投資が十分に上昇しなかったことを裏付けている。

第2回目の実験に関しては，監査の買えない市場の方において，努力と投資の相関（0.8453）がわずかに高くなった。これは努力を選択する誠実な経営者に対しては投資家も投資するが，努力を選択しない不誠実な経営者に対しては投資しなかったことを意味する。これは，一部の取引に評判の機能が監査の存在なしに働いたことを覗わせるものである。なお努力と監査の購買の相関（0.8101）と監査の購買と投資の相関（0.8110）はほぼ同じである。これは，監査が経営者だけでなく投資家からも信頼感を勝ち得たことを覗わせる。

なお表15-2と表15-3は，それぞれ第1回目の実験と第2回目の実験における努力の選択率の期間的推移であり，横軸の期間は取引回数を指す。これは，

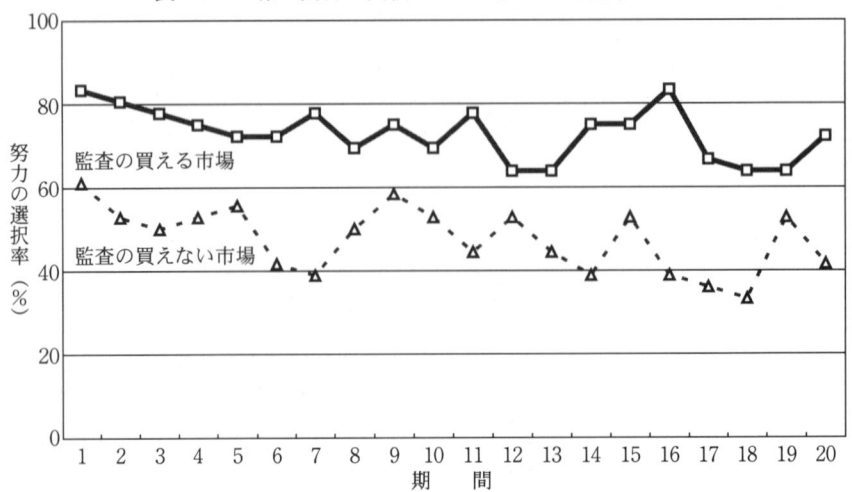

表15-2　第1回目の実験における努力の選択率の推移

表 15-3 第2回目の実験における努力の選択率の推移

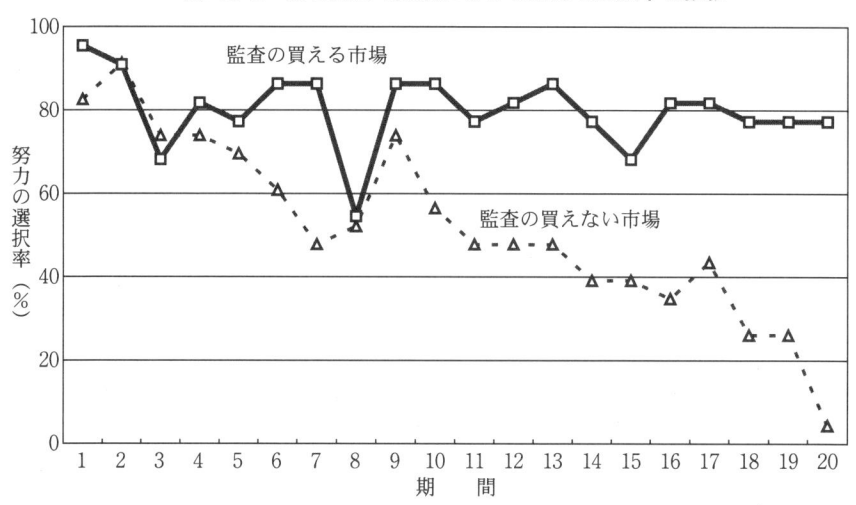

表 15-4 第2回目の実験における投資の選択率の推移

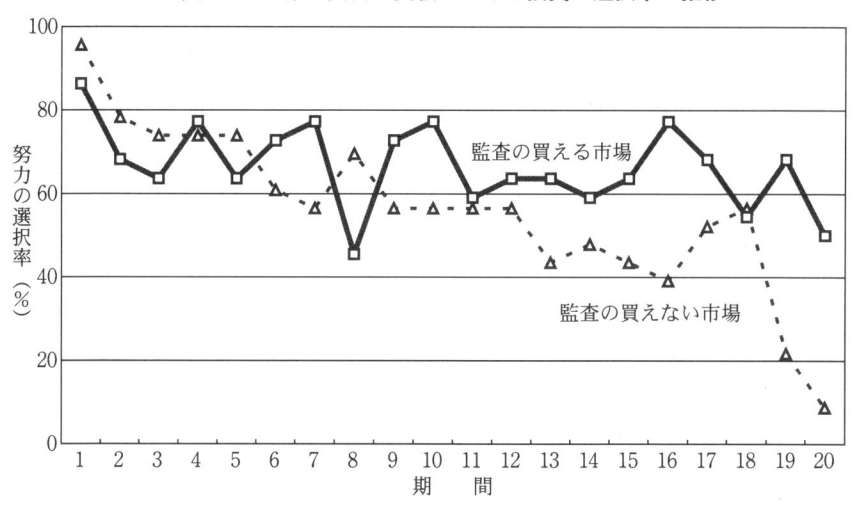

　第1回目の実験では全期間を通して監査の買える市場の方が圧倒的に高くなっている。しかし第2回目の実験では取引が繰返されるにつれて，監査の買える市場の方が一段と高くなる傾向があった。また表15-4は第2回目の実験にお

ける投資の選択率の期間推移である。これも，特に取引の繰返しが10回を超えた期間の後期になるに従って，監査の買える市場の方が一段と高くなる傾向があった。

さらに監査の買える市場では経営者と投資家の行動に学習作用が起こることが期待された。すなわち，経営者と投資家が取引を繰返すことにより信頼関係を築き，努力の選択率と投資の選択率が漸増する可能性である。これについては表15-2と表15-3および表15-4において確認できるように，第1回目と第2回目とも全期間を通して選択率に大きな変化はなくわずかに漸減している。そのため学習作用を支持するものはないとして，これ以上の分析は行わなかった。なお特に第2回目の実験において監査の買えない市場では，取引が繰返されるにつれて努力の選択率も投資の選択率も著しく減少する傾向があった。しかし監査の買える市場ではこのような傾向を食い止めることができている。

4 実験結果の解釈

第2章において，有限回繰返し情報開示ゲームでは，経営者と投資家の総裏切りが理論的には唯一の均衡となった。しかし実験では努力と投資の選択回数がゼロになることはいずれの期間についてもなかった。これはやはり第2章で示したKreps et al. (1982)の指摘する評判の効果が現実に機能していることを裏付けるものである。特に2回目の実験では監査の買えない市場の最初の取引において，監査の信頼性に慎重な投資家の投資の選択率が100%に近くなっている。これは，信頼関係が築ける相手かを試している行為とみなすことができる。また経営者の努力の選択率も第1回と第2回の実験を通して最初のうちが最も高い。これも信頼関係を模索する行為とみなしてよい。

監査の買える市場に関して，第1回目と第2回目の実験は，保守的な監査戦略をとる場合ととらない場合とそれぞれ設定を変えて行った。ただし経営者が企業の品質を制御できる確率（α）と監査が正しい報告をする確率（β）はともに，混在型均衡と半顕在化均衡の分岐点に設定された。

第1回目の実験では，経営者の努力の選択回数は監査の買える市場の方がはるかに多くなった。これは，市場の均衡が半顕在化均衡領域に入ることにより，経営者を演じた被実験者は努力さえ選択すれば期待利得が高くなることを敏感に感じ取ったと考えられる。しかし実験は両均衡の境界で行われたため，努力を選択せずに監査を買っても同じ報酬を稼ぐことが期待できたはずである。そのことから，経営者の監査に対する信頼感は過大なほど高かったことが理解できる。実験設定には心理効果も考慮すべきとするKing (2002) に従えば[8]，監査の経営者に対する心理効果が経済的効果を上回ったという解釈も可能である。

　一方投資家の投資回数は監査の買えない市場より増加したが，統計的に有意なほどではなかった。投資家を演じた被実験者は，半顕在化領域では努力を選択せずに監査を買う不誠実な経営者がなお存在することを無意識に気づいていた可能性がある。それが監査に対する信頼性の低下を招き，投資家の投資の増加を妨げたと考えられる。

　第2回目の実験では，経営者の努力の選択回数は監査の買える市場の方が1回目よりさらに多くなった。そして投資家の投資回数も監査の買えない市場より統計的に有意に増加した。ともに半顕在化領域に入るところで行ったにもかかわらず，このような実験結果の相違が生じた理由は次の点に求められるかもしれない。それは，被実験者がゲームのナッシュ戦略と乖離した行動をとった時には，実験の設定の特殊性が起因しているというKing and Schwartz (2000) の指摘である[9]。

　保守的な監査戦略がとられないならば，監査報告が低品質企業であっても，1/8の確率で実際は高品質企業である可能性がある。しかし投資家が実際にその時に投資をするかという問題が残る。経営者との間に協調が続き信頼関係が築かれてきている場合には，コミットメントを重視する投資家は投資を選択するかもしれない。しかし損失を被る可能性の高い低品質の監査報告を受けた場

---

(8)　King (2002), pp. 281-282.
(9)　King and Schwartz (2000), p. 432.

合，投資家が投資する確率はゼロと考えることもできる。

　もしそう考えれば，投資家にとって条件は保守的な監査戦略がとられた場合と同様になる。保守的な監査戦略がとられると，高品質企業を決して低品質企業と報告しないので，低品質の監査報告があるときは企業も必ず低品質となる。確かに第3章の (3-6) 式から $\alpha=7/8$，$\beta=7/8$ の地域では，保守的な監査戦略がとられてもなお，努力を選択しない経営者が監査をまったく買わなくなる分離型均衡には到達していない。

　しかし $\alpha=5/6$，$\beta=3/4$ という第1回目の実験における値よりはかなり分離型均衡に近づき，監査が誤った報告をする確率も半分に低下している。それが監査の信頼性の回復につながり，投資家の投資意欲を高めた可能性がある。このように考えると，実験の結果は第3章の監査のシグナリング・ゲームともかなり整合性があることが確認できる。

　以上のことから指摘できる重要な点は，監査の信頼性に対する評価はむしろ経営者の方が過大なほど高く，投資家はその評価に非常に慎重であることである。そのため経営者が企業の品質を制御する確率（α）と監査が正しい報告をする確率（β）が充分に高くならない限り，投資家から監査に対する信頼感は勝ち取れない。エンロンなど最近の一連の粉飾事件をうけた監査制度の改革がなかなか投資家の信頼感の回復に繋がらないのも，このようなことに原因があるのかもしれない。

　最後に実験の課題としてWallin (1992) の次の指摘を紹介しておく[10]。現実の資本市場では当期の経営者の予想される行動をもとにして，投資家は投資するか否かを判断する。そのため前期とそれ以前の経営者の行動が投資のもっとも重要な判断材料となる実験の前提には問題があるという点である。また実験では1人の投資家がすべての投資家を代表して取引を行う。すべての投資家が皆同じ戦略をとるという暗黙の了解は非現実であるという点である。

---

(10)　Wallin (1992), p. 128 note.

第16章
監査の購買コストと監査の信頼性に関する実験

1 実験の意義

　本章では監査の購買コストと監査の信頼性の関係を実験的に考察した。検証は，監査の購買コストの大小が，経営者と投資家の行動にどのような影響を及ぼすかに焦点を当てた。すでに第3章のモデルからも指摘したように，経営者の監査の購買コストは，監査がシグナリング機能を果す際に重要な役割を果す可能性がある。監査の購買コストが低いと，完全に努力回避的な経営者が監査を買わなくなる，分離型均衡の成立が困難になる。これは，監査コストが低い分だけ努力を選択せずに監査を買う，騙まし討ちの利益が大きくなるためである。その時に分離型均衡が成立するためには，経営者に一層の経営環境の制御と監査報告に一層の正確性が求められる。

　そこで本章では第3章の監査のシグナリング・ゲームを基礎にして，監査の購買コストの大小が，経営者の粉飾防止や投資家の投資誘発に影響を与えるかを実験的に検証した。この実験の目的は，現在日本で問題とされている監査報酬が資本市場に及ぼす影響を探ることでもある。実験の結果は，必ずしもモデルの予言とは整合していないが，問題の原因を探る鍵を与えてくれる。

2 実験の設定

　実験の設定と手順は第15章の実験と基本的にまったく同じである。被実験者については学部の3年次学生に協力を求め，コンピュータ端末を使用して覆

図 16-1　監査が買える市場（$C=1.5$）における経営者と投資家の選択可能な戦略

(単位円)

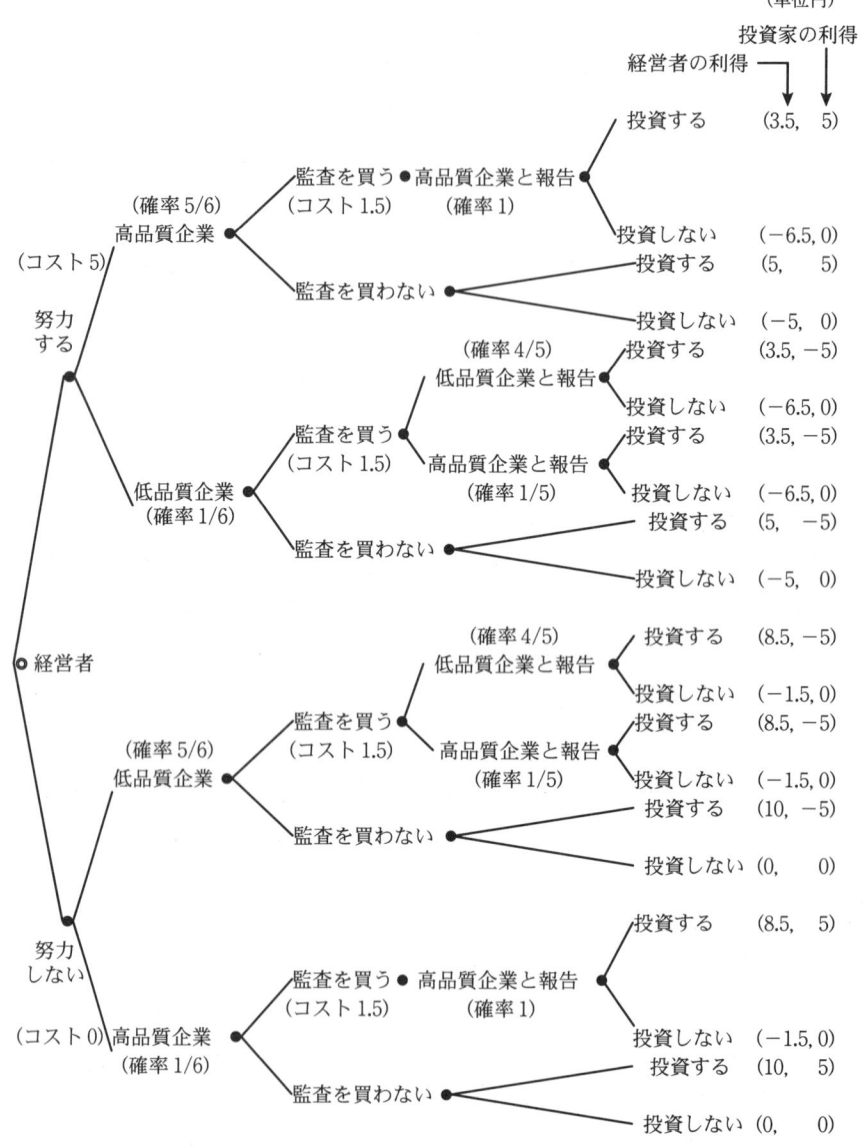

投資家の利得
経営者の利得

- ○経営者
  - 努力する（コスト5）
    - 高品質企業（確率5/6）
      - 監査を買う（コスト1.5）● 高品質企業と報告（確率1）
        - 投資する　(3.5,　5)
        - 投資しない　(−6.5, 0)
      - 監査を買わない
        - 投資する　(5,　5)
        - 投資しない　(−5, 0)
    - 低品質企業（確率1/6）
      - 監査を買う（コスト1.5）
        - 低品質企業と報告（確率4/5）
          - 投資する　(3.5, −5)
          - 投資しない　(−6.5, 0)
        - 高品質企業と報告（確率1/5）
          - 投資する　(3.5, −5)
          - 投資しない　(−6.5, 0)
      - 監査を買わない
        - 投資する　(5, −5)
        - 投資しない　(−5, 0)
  - 努力しない（コスト0）
    - 低品質企業（確率5/6）
      - 監査を買う（コスト1.5）
        - 低品質企業と報告（確率4/5）
          - 投資する　(8.5, −5)
          - 投資しない　(−1.5, 0)
        - 高品質企業と報告（確率1/5）
          - 投資する　(8.5, −5)
          - 投資しない　(−1.5, 0)
      - 監査を買わない
        - 投資する　(10, −5)
        - 投資しない　(0,　0)
    - 高品質企業（確率1/6）
      - 監査を買う（コスト1.5）● 高品質企業と報告（確率1）
        - 投資する　(8.5, 5)
        - 投資しない　(−1.5, 0)
      - 監査を買わない
        - 投資する　(10, 5)
        - 投資しない　(0,　0)

面化に注意を払いながら実施した。実験は一対一のマッチゲーム方式をとった。また役割に対する偏見を避けるために，実験では「経営者」・「投資家」・「企業」という表現は避け，それぞれ「売り手」・「買い手」・「資産」という表現を用いた。実験は「監査の買えない市場」・「監査がコスト 1 (円) で買える市場」・「監査がコスト 1.5 (円) で買える市場」という 3 つの市場に分けて行われた。被実験者にはこの 3 つの市場を必ず全て経験させた。取引は 3 つの市場とも前章と同様に 20 回繰返された。

企業の品質が経営者の意図通りになる確率 (α) と監査が正しい報告をする確率 (β) は，それぞれ 5/6 と 4/5 とした。実験は，保守的な監査戦略がとられる場合についてのみ実施された。保守的な監査戦略とは，監査報告が低品質企業とした場合には監査の誤報告はなく，高品質企業とした場合のみに誤報告が 1/5 の確率で生じるというものである。「監査がコスト 1.5 (円) で買える市場」における経営者と投資家の報酬は図 16-1 に示されている。なお市場における α と β の値と監査の購買コストは被実験者に前もって知らせてある。

前章の実験では，監査が正しい報告をする確率は $\beta=3/4$ という設定で実施された。すなわち全ての経営者が監査を買ってしまう混在型均衡と，完全に努力回避的な経営者のみが監査を買う半顕在化均衡の分岐点に設定された。実験では経営者の努力は，監査の買える市場の方が買えない市場より大幅に増加した。ところが投資家の投資については，増加があったが統計的に有意なほどではなかった。そのため，今回は監査が正しい報告をする確率を $\beta=4/5$ とし，監査報告の精度を上げて実験を行った。

3 実験の結果

第 3 章の (3-12) 式から，例えば $\alpha=1$ とすると，分離型均衡が成立するためには，$C=1$ の時に $\beta\geq 0.9$ でなければならない。ところが $C=1.5$ であれば $\beta\geq 0.85$ でよくなる。経営者が企業の品質を制御できる能力 (α) と監査が正しい報告をする確率 (β) が一定であれば，監査の購買コスト (C) の上昇に

つれて，分離型均衡に接近することがより容易になる。ただし今回の $\alpha=5/6$ という設定を含めて α が $9/10$ を下回ると，β がたとえ 1 でも，監査のシグナリングを完全に機能させる分離型均衡は成立しない。

経営者の粉飾決算を減少させるためには，誘引両立制約を満たす半顕在化均衡が成立すれば充分であることが前章の実験で確認された。誘引両立制約とは，監査を買った経営者が買わなかった経営者より期待利得が大きくなる条件を指す。しかし投資家の投資を増加させるためには，完全に努力回避的な経営者も監査を買わなくなる，分離型均衡にある程度接近する必要があった。もちろんこれらの条件は 1 回限りの取引のゲームを前提としているため，取引が繰返されると条件がより緩和される可能性は残されている。

以上のことを考慮して，今回の実験では，監査の購買コスト（C）がより大きい市場を追加した。ただし被実験者の実験に対する興味を失わせないことにも留意して，経営者が企業の品質を制御できる能力（α）は前章の第 1 回目の実験と同じに設定し，監査が正しい報告をする確率（β）を少しだけ上げた。ここで検証すべき仮説は次のようになる。

仮説 1

監査の買える市場の方が買えない市場よりも経営者の努力の選択は多くなる。

仮説 2

監査の買える市場の方が買えない市場よりも投資家の投資の選択は多くなる。

仮説 3

監査の購買コストが大きな市場の方が小さな市場より経営者の努力の選択は多くなる。

仮説 4

監査の購買コストが大きな市場の方が小さな市場より投資家の投資の選択は多くなる。

経営者の選択した努力回数と投資家の選択した投資回数に関しては表 16-1 にまとめられている。仮説 1 と仮説 2 は「監査がコスト 1（円）で買える市場」と「監査がコスト 1.5（円）で買える市場」のいずれについても成立した。すなわち両者の市場とも，「監査が買えない市場」と比較して，経営者が努力を選択した回数の平均と投資家が投資を選択した回数の平均は統計的に有意に高くなった。

また投資家が選択した投資回数については，標準偏差に関しても有意の差ができている。つまり監査が買える市場の方が買えない市場より標準偏差が小さくなっている。これは，監査の購買の可能性が，投資家により均一の行動をとらせたことを示している。なお監査の購買回数に関しては 2 つの市場でほとんど差がなかった。

相関分析を見ると，検定の結果は必ずしも裏付けられていない。経営者の努

表 16-1 努力と投資の選択回数

	監査の買えない市場		監査の買える市場		監査の買える市場	
意図通りのことが起きる確率（α）	0.833 (5/6)		0.833 (5/6)		0.833 (5/6)	
正しい監査報告の確率（β）			0.8 (4/5)		0.8 (4/5)	
監査コスト（C）			1		1.5	
データ数（n）	28		28		28	
監査の購買回数の標準偏差			3.179		3.336	
監査の購買回数の平均			16.57		16.36	
	努力回数	投資回数	努力回数	投資回数	努力回数	投資回数
標 準 偏 差	4.573	5.715	3.903	3.454	3.276	2.810
平 均	6.893	9.000	14.14	13.82	12.71	12.25
統 計 量（T）			6.380	3.820	5.476	2.700
有 意 確 率（p）			**0.0000	**0.0002	**0.0000	**0.0046
F 統 計 量（T）			1.372	2.738	1.949	4.136
F 有 意 確 率（p）			0.416	**0.0110	0.0887	**0.0004
ウエルチ統計量（T）			6.380	3.820	5.476	2.7
ウエルチ有意確率（p）			**0.0000	**0.0002	**0.0000	**0.0051
相 関 分 析						
努力と投資の相関	0.7978		0.7217		0.6679	
努力と監査の相関			0.3185		0.2063	
監査と投資の相関			0.5257		0.4405	

**1% 有意　*5% 有意

力と投資家の投資の相関性は，監査が買えない市場の方が高くなり（0.7978），監査がなくても評判の機能が機能したことを表している。経営者の努力と監査の購買の相関性は，「監査がコスト1（円）で買える市場」（0.3185）と「監査がコスト1.5（円）で買える市場」（0.2063）とも非常に低く，特に後者は著しく低くなっている。このことは，経営者が努力を選択せずに監査を買って投資家に騙し打ちをかけようとしたことを覗わせる。

仮説3と仮説4については，いずれも成立していない。努力の選択回数の平均も投資の選択回数の平均も，「監査がコスト1（円）で買える市場」の方が「監査がコスト1.5（円）で買える市場」より高くなってしまっている。特に投資の選択回数については，統計的な有意性が現れている[1]。

経営者の監査の購買と投資家の投資の相関性は，「監査がコスト1（円）で買える市場」（0.5257）と「監査がコスト1.5（円）で買える市場」（0.4405）ともかなり低くなっている。投資家は，必ずしも監査の購買を経営者の誠実性の証しと見なしていなかったことを示している。これらの現象をさらに詳しく見るために，表16-2に示した経営者と投資家の獲得報酬に関する分析を追加した。検定は両側検定を実施した。

表16-2から経営者の獲得報酬の平均は，「監査が買えない市場」で最大となっているが，「監査がコスト1（円）で買える市場」と統計的に有意な差はない。しかし「監査が買えない市場」における獲得報酬の標準偏差が著しく高く，大儲けをした場合とまったく儲からなかった場合の二極化があったことが読み取れる。経営者の獲得報酬は，「監査がコスト1.5（円）で買える市場」では他の2つの市場と統計的に有意な差があるほど減少している。「監査がコスト1.5（円）で買える市場」では，経営者にとって監査の購買コストの負担が大きかったことを示しているが，それだけでは必ずしもその原因を全て説明できない。

なぜなら監査の購買コストの負荷分にあたる0.5（円）に，監査の購買回数

---

[1] t 検定とウエルチ検定の有意確率は，片側検定でそれぞれ $p=0.0336$ と $p=0.0337$ であり，5％で有意となっている。なお標準偏差には有意の差はなかった。

表 16-2　経営者と投資家の獲得報酬

	① 監査の買えない市場		② 監査の買える市場		③ 監査の買える市場	
意図通りのことが起きる確率 (α)	0.833 (5/6)		0.833 (5/6)		0.833 (5/6)	
正しい監査報告の確率 (β)			0.8 (4/5)		0.8 (4/5)	
監査コスト (C)			1		1.5	
データ数 (n)	28		28		28	
	経営者	投資家	経営者	投資家	経営者	投資家
獲得報酬の標準偏差（円）	41.72	15.21	23.20	19.11	19.45	15.74
獲得報酬の平均（円）	55.89	−0.357	51.07	53.21	34.39	41.42
平均の差の検定	①と②		①と③		②と③	
	経営者	投資家	経営者	投資家	経営者	投資家
統　計　量 (T)	0.5344	11.61	2.471	10.100	2.915	2.519
有意確率 (p)	0.5953	**0.0000	*0.0167	**0.0000	**0.0052	**0.0148
F 統計量 (T)	3.234	1.579	4.603	1.071	1.423	1.473
F 有意確率 (p)	**0.0033	0.2419	**0.0002	0.8590	0.3646	0.3200
ウエルチ統計量 (T)	0.5344	11.61	2.471	10.100	2.915	2.519
ウエルチ有意確率 (p)	0.5953	**0.0000	*0.0170	**0.0000	**0.0052	**0.0149

**1%有意　*5%有意

の平均回数 16 を掛けても，8（円）が追加負担となるだけである．約 17（円）の減少の半分以上は別の原因に求められる．それは，投資家が騙まし討ちの危険性を感じて投資を控えたことに起因する可能性が高い．このことは，経営者の監査の購買と投資家の投資の低い相関関係（0.4405）に表れている．

投資家の獲得報酬の平均は，「監査の買えない市場」で著しく少なくマイナスになってしまっている．経営者の粉飾決算によって損害を被ったことが覗われる．それと比較して他の 2 つの監査が買える市場では獲得報酬は大きく回復し，特に「監査がコスト 1（円）で買える市場」では経営者のそれより大きくなっている．これは，表 16-1 の分析結果を裏付けたものとなっている．しかし「監査がコスト 1.5（円）で買える市場」ではやはり，投資家の獲得報酬は統計的に有意な差があるほど減少している．

最後に表 16-3 と表 16-4 は，それぞれ 3 つの市場における努力の選択回数の推移と投資回数の推移を示したものである．努力の推移に関しては監査の買え

表 16-3 実験における努力の選択率の推移

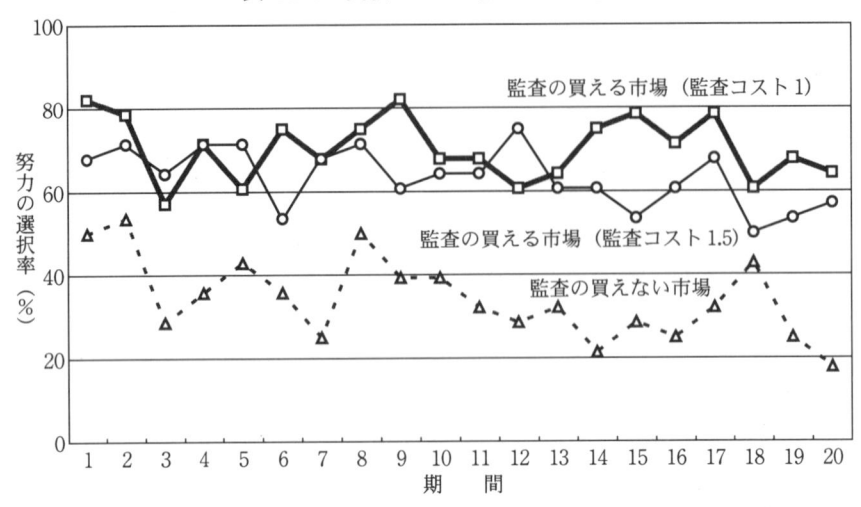

表 16-4 実験における投資の選択率の推移

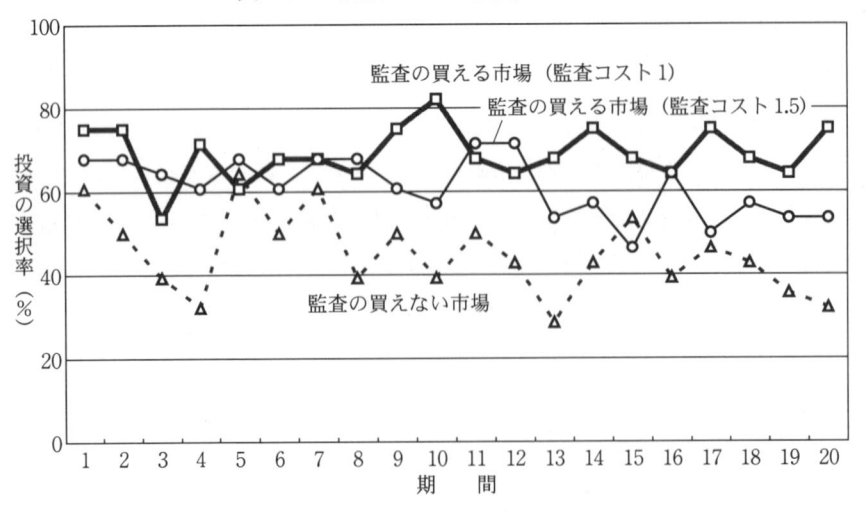

る市場の方が買えない市場よりすべての期間を通して断然高くなっている。投資の推移に関しても，ほんのわずかの例外を除いてほぼ同様のことが言える。監査の買える市場については，努力と投資ともおおむね「監査がコスト1（円）で買える市場」の方が「監査がコスト1.5（円）で買える市場」より高

くなる傾向が見て取れる。

ただし監査の購買の可能性により評判の機能が働き，努力の選択回数と投資家の選択回数が，期間の経過とともに増加する傾向は見出せなかった。なお「監査が買えない市場」では経営者の努力の選択も投資家の投資の選択も，期間の経過によって減少する傾向があった。しかし監査が買える2つの市場では，少なくともこの傾向を食い止めることができている。

4 実験結果の解釈

今回の実験では，監査による経営者の粉飾の防止効果と投資家の投資の誘発効果は，前章の実験以上にはっきりと確認できた。しかし監査の購買コスト，すなわち監査人の監査報酬の上昇は，粉飾決算を増加させ，投資家の投資を統計的に有意なほど減少させることが示された。このような仮説との非整合性は次の点に原因が求められるかもしれない。

第3章のモデルでは，監査の購買コストの大小は，完全に努力回避的な経営者が監査を買わなくなる条件に影響を与える。ゲームでは監査コストが小さくなるほど，経営者が努力を選択せずに監査を買った時の一時的利益が大きくなり，騙まし討ちの誘惑が大きくなる。ところが監査コストが大きくなるにつれて，騙まし討ちの一時的利益が小さくなり，完全に努力回避的な経営者が監査を買うことが無意味になる瞬間が早く訪れる。この結果，監査の購買が努力を選択した誠実な経営者を示すシグナルとして機能し，投資家も投資を選択することが最適な選択となるはずであった。

ところが監査の購買コストの大きな市場では小さな市場より，経営者は努力をせずに監査を買って投資家に騙まし討ちをかける行為が多くなった。その結果投資家も守りに入り投資の選択は減少し，両者の獲得報酬も減少してしまっている。このことは，監査のコストが高くなると，監査の信頼性を利用して経営者が努力自体を回避してしまう行動をとることを示唆している。経営者は，努力と監査のコストを合計したものをシグナリングのコストとして考えてしま

い，直接観察できる監査の購買にはコストをかけるが，観察できない肝心の努力のコストを節約した可能性がある。

　経営者のこのような行動は，投資家の足を引っ張る一種の「意地悪」とも解釈できる。ゲームでは監査の購買コストが大きくなった分だけ，経営者の獲得報酬も少なくなる。経営者は，この減少分を理不尽なものと考え，投資家にも同じ理不尽を経験させるために，騙まし討ちをかけたという可能性も排除できない。現実に日本の経営者は，監査報酬の増大を理不尽なものと考えている可能性があり[2]，経営者の本音を代弁した行動が実験でも表れたのかもしれない。

　しかしこのような行動が，経営者と投資家の足の引っ張り合いになり，結局両者のためにならないのは，第4章の第6節における歴史的経路依存性の問題で触れた通りである。また日本では監査人の無私の努力により監査報酬が低くても，監査の品質は一定の高い水準に保たれているとされる。しかし監査の信頼性の確保には，単純な監査の購買コストの増加だけでは不十分であり，それと連動した監査報告の精度の上昇が必要なことを示唆している可能性もある。

　なおこの結果は，ゲームにおける監査の購買コストが過大であったことが原因している可能性もある。そのため監査の購買コストをより小さくした実験市場で追試する必要があると考えている。

---

(2)　日本経済新聞の日経平均採用企業225社に対するアンケート調査（回答企業98社）では，監査報酬の値上げに反対する理由として，46％が「監査の質が高まるとは思えない」と回答し，35％が「本業と関係ない費用を抑えたい」と回答している（日本経済新聞朝刊 2004/4/21）。

終章

本書のまとめと提言

1 論点のまとめ

　本書の目的は，資本市場における会計と会計監査の役割を解明し，制度設計の改善点を指摘することであった。このために設計アプローチを採用し，ゲーム理論と実験的手法を用いる妥当性を序章で検証した。第2章以下では，会計と監査制度の主要な問題点を考察する際に，このアプローチが非常に効果を発揮することを示してきた。それは次のようにまとめられる。

① 会計制度の機能的問題点
② 監査の経済的役割
③ 取得主義原価会計と監査の不信感の関連性
④ 監査報酬と監査に対する信頼性
⑤ 監査の契約機構と監査基準の役割
⑥ 監査品質の改善の困難性
⑦ 監査制度の組織的かつ漸進的改革の重要性
⑧ 監査市場の国際的統合化と監査の品質
⑨ 監査の制度化のコストとベネフィット
⑩ ランダムな監査政策の有効性
⑪ 監査法人の競争と独立性への影響
⑫ 非監査業務の供与と監査人の独立性への影響
⑬ 保証業務の供与と監査の品質
⑭ 監査人の損害賠償責任と監査の品質

2　情報開示と監査のシグナリング機能

　第2章では①が考察された。経営者が一方的に情報優位に立っている資本市場では，経営者による情報開示は投資家から充分な信頼を得られない。このような場合市場がレモン市場と化し，取引が成立しなくなる危険性が指摘された。また株式の持ち合いの解消が市場の活性化を促進する一方で，市場のレモン化にも繋がる恐れがあることが示唆された。さらになぜ粉飾決算が倒産企業に集中するかも示されている。第3章では②と③と④が考察された。資本市場における情報の偏在化を解消し，経営者と投資家の間における情報の橋渡しをするものが監査であることが検証された。つまり監査は，誠実な経営者の存在を示すシグナルの役割を果しているのである。

　また監査のシグナリング機能を検討したモデルは，他の先行研究と次の点で大きく異なっている。それは監査報告における誤謬の可能性を考慮した点である。監査の購買が誠実な経営者を示すシグナルであるためには，不誠実な経営者が監査を買う時のコストが誠実な経営者が監査を買う時より相対的に割高にならなければならない。この条件が満たされるかを決定するのが正しい監査報告の確率である。なおモデルでは，経営者が把握できない環境の変化の要素も考慮した。モデルでは次の2つのことが示された。

　1つ目は，経営者が監査コストを抑えたいと考えると，監査が投資家から信頼を得るためには，正しい報告をする確率を高めなければならないことである。監査人が監査の精度を高めようとすると，コストの上昇から高い監査報酬は必要不可欠になる。ところがモデルでは，それをより一層低い監査報酬で成し遂げなければならないことが示された。また監査報酬が低い時に監査が投資家から信頼を得るためには，経営者に企業の外部環境を制御する高い能力が必要とされる。

　新しい金融商品の誕生により時価主義的な会計処理が未確立な分野が増加すると，経営者が把握していた企業の価値と現実との間に大きな乖離ができる。

そのことがたとえ意図的ではなくても，投資家からは粉飾と疑われる恐れが多分にあり，資本市場と監査に対する投資家の信頼性を失わせることに繋がる。

2つ目は，取得原価に基づく情報開示ではたとえ監査の誤謬の確率をゼロにしても，監査の信頼性は得られないことである。信頼性の回復のためには，時価主義など経営環境の変化を考慮した資産価値の把握が経営者にとって必要である。つまり環境変化が激しく時価評価による業績評価が必要な場合には，取得原価による業績評価の信憑性が大きく揺らぐことを示している。またこのような場合には，監査が正しい報告をする確率が非常に高くないと，誠実な経営者を見分ける監査のシグナリング機能は働かなくなってしまう。

3 監査の進化の可能性

第4章では⑤が考察された。監査市場では監査の品質のシグナルを見つけることが困難であり，監査の頻繁性が唯一品質の保証として機能する可能性を指摘した。その観点から，最近話題になっている四半期監査の義務化は，監査の品質の維持に非常に有益であることが理解できる。また監査を経営者と株主の間で取引される1つの経済財と見なせば，その特殊性の高さからその品質を監視することは非常に困難である。そのため監査基準に，個々の監査が特殊になり過ぎるのを防ぐ役割が求められていることが示された。監査の信頼性を担保するものは，遵守性の監視可能性であることが指摘された。

第5章では⑥が考察された。そこでは歴史的経路依存性から，一国の監査の品質を改善することが非常に困難であることがモデルによって示された。監査の品質改善運動は一種の文化改革であり短期間で行うことは困難である。また一時的な改革では何の効果もなく，短期間で成果をあげたいならば，非常に過激な方法しか残されていないことが示された。

第6章では④と⑦と⑧が進化ゲームの枠組みを用いて考察された。まず監査の品質の改善は，公認会計士協会などを核として組織的に実施される必要があり，単発的なものは効果が乏しいことが示された。次に品質改善の方法は急激

なものより漸進的なものの方が効果的であり，一部の有力企業を核として進めることが効果的であることが示された。さらに他の国の監査市場との統合化も監査品質の改善に効果的であることが示された。また監査の品質の改善は，監査報酬の改善とペアで進められる必要性が指摘された。

4 監査制度の意義と問題点

第7章では①と⑨と⑩が考察された。監査の制度化は経営者の虚偽報告を決定的に減少させる効果があったが，無駄なコストの負担が強いられていることが示された。このコストの節約のためには，監査を一定の割合しか行わないランダム化が1つの解答である。しかし個々の企業の監査において監査人が自己の判断で監査政策として用いることが望ましく，その際の最適な監査政策の例も示されている。

第8章と第9章では⑪が検証された。この章では競争について考察する際に，監査市場に特有の問題となる監査人の独立性と監査人の在任価値の定義が吟味された。特に後者は監査の割引受注の原因となるとされ，受注時に監査人と被監査会社の両者が負担しなければならない初期コストに由来する。

第9章では競争の独立性に及ぼす影響をゲーム理論的モデルによって分析した。その結果競争が独立性に影響を与える場合は非常に限定的であることが示された。その場合とは，まず監査人と被監査会社に複数期間にまたがる対立があり，被監査会社が始めて監査を受けた後に，監査人は柔軟な監査判断を受け入れるタイプか否かに気づく必要がある。さらに同時に監査人の将来の価値が高く，柔軟な監査判断を許容する監査人の割合が高く，被監査会社が柔軟な監査判断を高く評価し，その場合に柔軟な監査判断を許容しない監査人が被ると考える損害の程度が低い場合である。なお会計基準の裁量性を狭め，監査人の辞任理由を公開することによって，独立性を確保できることが示唆されている。

第10章と第11章では⑫が検証された。第10章では監査と非監査業務の同

時供与に関する過去の議論と最近の議論が簡単に整理された。また同時に監査業務と非監査業務の同時供与が独立性に及ぼす条件を簡単に定義付けた。第11章では新しい寡占モデルの考え方を用いて，監査法人の経営戦略も考慮しながら，監査と非監査業務の同時供与の独立性への影響を探った。その結果監査法人が非監査業務を分社化することが望ましいことが示された。また監査法人が非監査業務の同時供与にこだわる理由は，コンサルティング会社とのシェア争いが原因であり，同時供与が禁止されても「保証業務」の分野のシェア争いで独立性の問題が再燃する可能性があることも示唆された。

第12章では⑬が考察された。監査業務の拡大による保証業務の供与がその品質に与える影響をスクリーニング・モデルによって分析した。その結果高い程度の保証業務「合理的保証」の品質には影響はないが，中間程度の保証業務「限定的保証」の品質は適正水準より低くなることが示された。しかしこの問題は，政府の適正な介入により改善可能であり，現行制度の妥当性が契約理論の観点から確認された。また保証業務を低料金で広く普及させることが，監査業務の拡大に対する誤解を招かない1つの解決策であることが示された。

第13章では⑭が考察された。最初のモデルでは，厳格な監査基準による監査人の損害賠償責任の強化が，監査の品質の改善に繋がるとは限らないことが示された。次のモデルでは監査人の損害賠償責任を弁済可能範囲と設定して，適正な損害賠償制度の在り方を探った。このモデルでは監査人の損害賠償責任が投資家の投資リスクの過少評価を生み，投資家の投資に対する保険として働いてしまうことが示された。また不完備契約の理論の考え方が応用され，適切な時点で事前に政府が介入することにより，最善の結果を得る可能性があることが示された。

第14章ではやはり⑭が別の不完備契約のモデルによって考察された。このモデルでは，監査が監査人と経営者の共同作業であり，両者が個人の利害で行動することを排除できないとした。そのため政府の介入によって最善の結果を得ることは困難であることが示された。さらに監査人の損害賠償責任が重くなると，監査人は監査に一層努力を傾けるが，経営者は内部統制に対する投資を

ますます怠っていく危険性が示されている。

5 実験的アプローチの意義

第15章では①と②について，学生を使ったコンピュータ画面による実験的検証を実施した。複雑な事象によって現実の市場では検証困難な，監査の粉飾決算防止効果と投資誘発効果を，単純な実験市場の中で実証した。

実験における他の先行研究との相違は次の点である。監査が買えない市場と買える市場において，まったく同じ条件のもとで実験を行い経営者と投資家の行動を比較した。その条件とは経営者が企業の品質を制御できる能力（α）である。監査の買える市場では，監査は完璧でなくいつも正しい報告をするとは限らないとした。監査が買えない市場と対等な比較ができるように，監査が買える市場では企業の品質を正しく報告する確率（β）を次のように設定した。

それは，誠実な経営者も不誠実な経営者もすべて監査を買ってしまう混在型均衡と，完全に努力回避的な経営者だけが監査を買ってしまう。半顕在化均衡の分岐点にαとβを設定したことである。監査の購買が投資の目当てになるとすれば，この分岐点において努力を選択して監査を買った経営者と，努力を選択せずに監査を買った経営者の期待利得は同じになる。被実験者はαとβの値のみしか知らされていないので，純粋に監査の存在の効果が測定できる。

実験はαとβの数値を変えて2回実施した。第1回目の実験（$\alpha=5/6$，$\beta=3/4$，$C=1$なおCは監査コストを示す）では保守的な監査戦略がとられ，第2回目の実験（$\alpha=7/8$，$\beta=7/8$，$C=1$）では保守的な監査戦略はとられないとした。保守的な監査戦略とは監査報告が高品質企業であった場合にのみ，誤報告の可能性があるというものである。

第1回目の実験と第2回目の実験とも，経営者が監査を買えない市場と比較して，監査の買える市場では誠実な情報開示を大幅に増加させることができた。実験では経営者は一律に高品質企業という情報開示をするため，その誠実性は努力の選択によって表される。逆に経営者が努力を選択しないことは粉飾

決算の意図を表す。実験では監査が粉飾決算の防止に重要な働きをすることがはっきりと確認された。

監査が投資家の投資意欲を引き出すかについては，第1回目の実験では統計的に有意な結果は得られなかった。半顕在化均衡では，完全に努力回避的な経営者が監査を買うことをなお排除できないことに，被実験者は気づいていた可能性がある。しかし第2回目の実験では，監査の買えない市場と比較して，監査の買える市場の方が投資家の投資回数は有意に高くなった。

第2回目の実験は，保守的な監査戦略をとらない場合の半顕在化均衡点で行われた。そこでは，監査報告が低品質企業であっても，1/8の確率で実際は高品質企業である可能性がある。しかし被実験者はこのような可能性を排除した可能性が高い。そう考えると，保守的な監査戦略において，完全に努力回避的な経営者も監査を買わない分離型均衡に接近していたことになり，実験結果も納得のいくものとなる。また監査が誤った報告をする確率が第1回目の半分になっていたことも考慮された可能性がある。

実験では，監査の正しい報告の可能性と環境変化の制御能力が非常に高くならないと，投資家の経営者に対する不信感は簡単に払拭できないことが示された。これは，エンロン事件後のアメリカの制度改革が，投資家の信頼感の回復に非常に時間を要していることに示されている。

6 監査の購買コストと監査の信頼性に関する実験

第16章では①と②と③が実験的に検証された。実験の設定と手順は第15章とまったく同様であるが，監査の購買コストが異なる市場を1つ追加した。実験では，監査の粉飾決算防止効果と投資誘発効果がはっきり確認されたが，監査の購買コストの影響に関しては仮説と整合性がなかった。つまり監査の購買コスト，すなわち監査報酬の増加は粉飾決算を増加させ，投資家の投資を統計的に有意にまで減少させてしまった。

実験において，経営者が企業の品質を制御できる確率は$\alpha=5/6$で前章と同

様であるが，監査が正しい報告をする確率は $\beta=4/5$ と前章より上に設定した。実験市場は次の3つの市場を設けた。すなわち「監査が買えない市場」と「監査がコスト1（円）で買える市場」および「監査がコスト1.5（円）で買える市場」である。実験は保守的な監査戦略を前提として実施された。つまり監査が高品質企業と報告した時だけに，誤報告の可能性があるというものである。

予想に反して，監査の購買コストの大きな市場では小さな市場より，経営者は努力を選択せずに監査を買って投資家に騙まし討ちをかける行為が多くなった。その結果投資家も守りに入り投資の選択は減少し，両者の獲得報酬も減少してしまった。これは，監査のコストが高くなると，監査の信頼性を利用して経営者が努力自体を回避してしまう行動をとったと解釈できる。経営者は，努力と監査のコストの合計をシグナリングのコストと考えてしまい，直接観察できる監査の購買にはコストをかけるが，観察できない肝心の努力のコストを節約した可能性がある。

経営者のこのような行動は，投資家の足を引っ張る一種の「意地悪」とも解釈できる。ゲームでは監査の購買コストが大きくなった分だけ，経営者の獲得報酬も少なくなる。経営者は，この減少分を理不尽なものと考え，投資家にも同じ理不尽を経験させるために，騙まし討ちをかけた可能性を排除できない。日本では監査人の無私の努力により監査報酬が低くても，監査の品質は一定の高い水準に保たれているとされている。しかし監査の信頼性の確保には，単純な監査の購買コストの増加だけでは不十分であり，それと連動した監査報告の正確性の上昇が必要なことを示唆している可能性もある。

7　会計制度と監査制度の改善に向けた提言

本書では現行の会計制度と監査制度について各種の点検を試みた。そこで特に設計や補修に注意が必要な個所は次の点である。

① 株式の持ち合い解消に伴う一層の情報開示の促進

② 赤字企業の監視の強化
③ 監査人の監査報酬の引き上げ
④ 金融商品などの新しい取引に対する会計基準のすばやい対応
⑤ 四半期監査の監査基準の設定
⑥ 遵守性の監視可能な監査基準や監査指針の設定
⑦ 監査品質の改善に向けた長期的・継続的・漸進的改革の重要性
⑧ 監査品質の改善の組織性と核となる企業の設定の重要性
⑨ 外国の監査市場との統合化の必要性
⑩ 監査コスト削減に向けた個々の被監査会社におけるランダムな監査の必要性
⑪ 監査市場における競争が独立性に及ぼす影響の中立性
⑫ 会計基準の裁量性の制限による監査人の独立性の確保
⑬ 監査人の辞任理由の公開による独立性の確保
⑭ 非監査業務の独立性に対する影響と分社化の検討
⑮ 高い程度の保証業務「合理的保証」の対象となる企業の設定の慎重な対応
⑯ 保証業務の低コスト化と普及性の重要性
⑰ 過大な監査人の損害賠償責任の弊害と投資家による投資リスクの過少評価の可能性
⑱ 企業における内部統制の外部監視の強化
⑲ 監査による経営者の粉飾決算の防止効果に対する再認識
⑳ 資本市場と監査に対して投資家が下す評価の慎重性

8 「スーパーシステム」としての企業と会計・監査

　多田（1997）によれば[1]，人体の免疫系のような高次の生命活動は，「自己適応」による「自己組織化」を繰返してシステム化された「スーパーシステム」

---

(1) 多田（1997），213-237頁。

であるとする。しかも免疫系にはそのような「閉鎖性」だけではなく，外部の情報に対応して自身を変え外部に対するアウトプットも行う「開放性」がある。このシステムには目的さえもない。

　企業の進化の過程を考えると，やはり「スーパーシステム」的側面を持っている[2]。個人の起業から始まった企業は，それぞれ出資・生産・販売の経営活動を通じて組織を増殖しながら進化し，1つのシステムを作り出した。その成長に対してあらかじめ青写真があったわけではない。企業には当面の目標はあるが，最終的な目的はない。個々の企業は，このようにシステムとして自己の境界を自ら決定し，他の企業や国の制度に代表される「非自己」に対応する存在として確立していった。

　「スーパーシステム」とは工学的システムをはるかに超えた複雑で精密な構造を持つ。会計は，その「スーパーシステム」の実態を表す重要な手段として発達してきた。しかし「スーパーシステム」は会計の裏を掻くことも稀ではない。日本における税効果会計の導入は，「スーパーシステム」の実態を一層公正に表す手段として導入された。しかし逆に「スーパーシステム」に逆手を取られて，会計の持つ予期しない偏向性が露になった。りそな銀行やUFJ銀行などにおける，過大な繰延税金資産計上による自己資本の水増しがその例である。このような事態は，企業という「スーパーシステム」に対する監視システムの不完全性をよく表している。

　このような「スーパーシステム」に対して，監査という不完全な道具を携えて監査人がその実態に迫ることは容易ではない。本書は，ゲーム理論と実験という設計アプローチを用いて，会計と監査制度の設計と維持補修について考察を加えてきた。しかしこのようなアプローチが，工学的システムをはるかに超えた企業という「スーパーシステム」に向かい合うと，充分でないことは明らかである。それにもかかわらず本書では，政策立案者や実務家に対して，行動の科学的根拠を僅かながらでも示すことができればと願っている。

（2）　同上 228-229頁。

付録 1　実験におけるコンピュータ画像

売り手の人は，スタートボタンを押して，努力するかしないかを選択してください。

努力する場合には，[売り手の選択]の枠中でマウスの左ボタンをクリックし，努力しない場合には右ボタンをクリックしてください。

START

売り手の選択

売り手の情報開示

監査を買う　　監査を買わない

資産を買う　　資産を買わない

246 付録

付録 2　実験のワークシート

	買う　＝10 買わない＝0		努力　＝5 努力なし＝0		監査　＝1 監査なし＝0		売り手の 報酬
1		−		−		=	
2		−		−		=	
3		−		−		=	
4		−		−		=	
5		−		−		=	
6		−		−		=	
7		−		−		=	
8		−		−		=	
9		−		−		=	
10		−		−		=	
11		−		−		=	
12		−		−		=	
13		−		−		=	
14		−		−		=	
15		−		−		=	
16		−		−		=	
17		−		−		=	
18		−		−		=	
19		−		−		=	
20		−		−		=	
00		氏名				合計	

付録3　第16章の実験において学生に与えた指示と情報

　実験は3つのコンピュータ室で行われます。コンピュータ室1では，監査は利用できません。コンピュータ室2では監査が1円で利用できます。コンピュータ室3では監査が1.5円で利用できます。コンピュータ室1から始める人もいれば，コンピュータ室2または3から始める人もいます。全員にすべての部屋で買い手と売り手を演じてもらいます。

　売り手の人は，努力を選択することによって，資産を高品質にする可能性を高めることができます。努力を選択しないと，資産は1/6の確率でしか高品質にはなりません。しかし努力を選択すれば，その確率を5/6に高めることができます。いつ高品質になっているかは乱数で決定されます。コンピュータ画面では資産の品質は常に高品質と開示されます。売り手が誠実であろうとするならば，努力を選択する必要があります。

　監査が利用できるコンピュータ室では，売り手の人が監査を買うことができます。監査を買うと，監査結果が即座に売り手と買い手に画面上で示され，資産が高品質か低品質かが報告されます。「資産は低品質」という監査報告があった場合には，正しい監査報告の確率は1です。ところが「資産が高品質」という監査報告があった場合には，正しい監査報告の確率は4/5になります。いつ正しい監査報告がされているかは乱数で決定されます。

　買い手の人の仕事は，「資産を買う」か「資産を買わない」かのいずれかを選択するだけです。選択の後即座に儲けたか損をしたかが，売り手と買い手に画面上で示されます。資産の実際の品質が低品質の時には「−5円のもうけ」，高品質の時には「5円のもうけ」と表示されます。

　売り手の各回の取引における儲けと損は画面に表示されません。それを知るために売り手の人には，ワークシート（付録2）を記載してもらいます。まず努力を選択した場合には努力の欄に5を書き，努力を選択しなかった場合には0を書きます。

監査を買った時には監査の欄に，コンピュータ室2では1と，コンピュータ室3では1.5と書きます。監査を買わなかった場合には0を書きます。

画面に買い手の損得が「-5円のもうけ」または「5円のもうけ」と出た場合には，買い手が10円を支払って買ったことを意味するので，「買う」「買わない」の欄に10と記します。画面に買い手の損得が「もうけは0円」と出た場合には。買い手が買わなかったので，「買う」「買わない」の欄に0を記します。こうして各回の損得を右すみに書き込み，それを縦に足していき合計額を出してください。取引は1ゲームあたり20回繰り返されます。20回目が終了すると，コンピュータ画像に「終了」の文字と同時に，売り手の儲けまたは損の総合計が出ますので，それとワークシートの合計額を照合してください。

アルバイト代として支払われる金額は，次のように計算されます。売り手または買い手を1ゲーム行うごとに固定給として1,000円が支払われます。それに各ゲームの損得の総合計を10倍した金額が加算または減算されます。コンピュータの画面またはワークシートに書かれた金額の10倍の金額が実際の出来高給ということになります。5円の損は50円の損となって，1,000円から差し引かれ，5円のもうけは50円となって1,000円に加算されます。

引 用 文 献

Aghion, P. and P. Bolton, Contracts as Barrier to Entry, *American Economic Review*, Vol. 77, No. 3, (1987), pp. 388-401.

Akerlof, G.A., The Market for Lemons: Quality Uncertainty and the Market Mechanism, *Quarterly Journal of Economics*, Vol. 84, No. 3, (1970), pp. 488-500.

Alchian, A. and H. Demsetz, Production, Information Costs, and Economic Organization, *American Economic Review*, Vol. 62, No. 5, (1972), pp. 777-795.

Allen, F. and G.R. Faulhaber, Optimism Invites Deception, *Quarterly Journal of Economics*, Vol. 103, No. 2, (1988), pp. 397-407.

American Accounting Association, *A Statement of Basic Auditing Concepts*, The Accounting Review, Vol. 47, Supplement, (1972). 青木茂男監訳・鳥羽至英訳『基礎的監査概念』国元書房 (1982).

Anctil, R. M., J. Dickhaut, C. Kanodia, and B. Shapiro, Information Transparency and Coordination Failure: Theory and Experiment, *Journal of Accounting Research*, Vol. 42, No. 2, (2004), pp. 159-195.

Andreoni J. and J. H. Miller, Rational Cooperation in the Finitely Repeated Prisoner's Dilemma: Experimental Evidence, *The Economic Journal*, Vol. 103, No. 418, (1993), pp. 570-585.

Antle, R., The Auditor as an Economic Agent, *Journal of Accounting Research*, Vol. 20, No. 2, (1982), pp. 503-527.

――――, Auditor Independence, *Journal of Accounting Research*, Vol. 22, No. 1, (1984), pp. 1-20.

―――― and B. Nalebuff, Conservatism and Auditor-Client Negotiations, *Journal of Accounting Research*, Vol.29, Supplement, (1991), pp.31-54.

Ashbaugh, H., R. Lafond, and B. W. Mayhew, Do Nonaudit Services Compromise Auditor Independence? Further Evidence, *The Accounting Review*, Vol. 78, No. 3, (2003), pp. 611-639.

Axelrod, R., *The Evolution of Cooperation*, Basic Books (1984). 松田裕之訳『つきあい方の科学』HBJ 出版 (1987).

Axelson, K. S., Are Consulting and Auditing Compatible? *Journal of Accountancy*, Vol. 115, No. 4, (1963), pp. 54-58.

Baiman, S., The Evaluation and Choice of Internal Information Systems within a Multiperson World, *Journal of Accounting Research*, Vol. 14, No. 1, (1976), pp. 1-15.

――――, J. H. Evans III, and N. J. Nagarajan, Collusion in Auditing, *Journal of Accounting Research*, Vol. 29, No. 1, (1991), pp. 1-18.

――――, J. H. Evans III, and J. Noel, Optimal Contracts with a Utility-Maximizing Auditor, *Journal of Accounting Research*, Vol. 25, No. 2, (1987), pp. 216-244.

Bendor, J., In Good Times and Bad: Reciprocity in an Uncertain World, *American Journal of Political Science*, Vol. 89, No. 4, (1987), pp. 531-558.

Binmore, K., *Fun and Games A Text on Game Theory*, D. C. Heath, (1992).

Bloomfield, R., Strategic Dependence and Inherent Risk Assessments, *The Accounting Review*, Vol. 70, No. 1, (1995), pp. 71-90.

―――, Strategic Dependence and the Assessment of Fraud Risk: A Laboratory Study, *The Accounting Review*, Vol. 72, No. 4, (1997), pp. 517-538.

Boatsman, J. R., L. P. Grasso, M. B. Ormiston, and J. H. Reneau, A Perspective on the Use of Laboratory Market Experimentation in Auditing Research, *The Accounting Review*, Vol. 67, No. 1, (1992), pp. 148-156.

Border, K.C. and J. Sobel, Samurai Accountant: A Theory of Auditing and Plunder, *Review of Economic Studies*, Vol. 54, No. 4, (1987), pp. 525-540.

Briloff, A. J., Old Myths and New Realities in Accountancy, *The Accounting Review*, Vol. 41, No. 3, (1966), pp. 484-495.

Braudel, F., Les jeux de l'échange, Civilisation matérielle, économie et capitalisme XVe-XVIIIe siècle tome 2, Armand Colin, (1979), 山本淳一訳『交換のはたらき 物質文明・経済・資本主義 15-18世紀』みすず書房 (1986-1988).

Burton, J. C., A Critical Look at Professionalism and Scope of Services, *Journal of Accountancy*, Vol. 149, No. 4, (1980), pp. 48-56.

Cannon, A.M., Tax Pressures on Accounting Principles and Accountant's Independence, *The Accounting Review*, Vol. 27, No. 4, (1952), pp. 419-426.

Carey, J-L., *Professional Ethics of Certified Public Accountants*, The American Institut of Accountants, (1956).

Carmichael, D. R. and R. J. Swieringa, The Compatibility of Auditing Independence and Management Services: An Identification of Issues, *The Accounting Review*, Vol. 43, No. 4, (1968), pp. 697-705.

Cho, I-K. and D. M. Kreps, Signaling Games and Stable Equilibria, *Quarterly Journal of Economics*, Vol. 102, No. 2, (1987), pp. 179-221.

Christensen, P. O. and G. A. Feltham, *Economics of Accounting Vol. 1 Information in Markets*, Kluwer Academic Publishers, (2003).

Cripps, M. W., G. J. Mailath, and L. Samuelson, Imperfect Monitoring and Impermanent Reputations, *Econometrica*, Vol. 72, No. 2, (2004), pp. 407-432.

Crawford, V. and J. Sobel, Strategic Information Transmission, *Econometrica*, Vol. 50, No. 6, (1982), pp. 1431-1452.

Cowen, S. S., Nonaudit Services: How much is too much? *Journal of Accountancy*, Vol. 150, No. 5, (1980), pp. 51-56.

Datar, S. M., G. A. Feltham, and J. S. Hughes, The Role of Audits and Audit Quality in Valuing New Issues, *Journal of Accounting and Economics*, Vol. 14, No. 1, (1991), pp. 3-49.

Dawkins, R., *The Selfish Gene New Edition*, Oxford University Press, (1989) 日高敏隆・岸由二・羽田節子・垂水雄二訳『利己的な遺伝子』紀伊国屋書店 (1991).

DeAngelo, L. E., Auditor Independence, Low Balling, and Disclosure Regulation, *Journal of Accounting and Economics*, Vol. 3, No. 2, (1981 a), pp. 113-127.

―――, Auditor Size and Audit Quality, *Journal of Accounting and Economics*, Vol. 3, No. 3, (1981 b), pp. 183-199.

Dejong, D. V. and R. Forsythe, A Perspective on the Use of Laboratory Market Experimentation in Auditing Research, *The Accounting Review*, Vol. 67, No. 1, (1992), pp. 157-170.

―――, ―――, R. J. Lundholm, and W.C. Uecker, A Laboratory Investigation of the Moral Hazard Problem in an Agency Relationship, *Journal of Accounting Research*, Vol. 23 Supplement, (1985), pp. 81-120.

Demsetz, H., *Economic, Legal, and Political Dimensions of Competition*, North-Holland, (1982).

―――, The Structure of Ownership and the Theory of the Firm, *Journal of Law and Economics*, Vol. 26, No. 2, (1983), pp. 375-390.

Demsky, J. S. and G. A. Feltham, Economic Incentives in Budgetary Control Systems, *The Accounting Review*, Vol. 53, No. 2, (1978), pp. 336-359.

――― and R. J. Swieringa, A Cooperative Formulation of the Audit Choice Problem, *The Accounting Review*, Vol. 49, No. 3, (1974), pp. 506-513.

Deskin, J. W., Management Services and Management Decisions, *Journal of Accountancy*, Vol. 119, No. 1, (1965), pp. 50-54.

Dessein, W., Authority and Communication in Organizations, *Review of Economic Studies*, Vol. 69, No. 4, (2002), pp. 811-838.

Devine, C. T., The Rule of Conservatism Reexamined, *Journal of Accounting Research*, Vol. 1. No. 2, (1963), pp. 127-138.

Dewatripont, M. and J. Tirole, A Theory of Debt and Equity : Diversity of Securities and Manager-Shareholder Congruence, *Quarterly Journal of Economics*, Vol. 109, No. 4, (1994) pp. 1027-1054.

Diamond, D. W., Monitoring and Reputation : The Choice between Bank Loans and Directly Placed Debt, *Journal of Political Economy*, Vol. 99, No. 4, (1991), pp. 689-721.

Dixit, A., On Mode of Economic Governance, *Econometrica*, Vol. 71, No. 2, (2003), pp. 449-481.

Dopuch, N., D. E. Ingberman, and R. R. King, An Experimental Investigation of Multi-Defendant Bargaining in 'Joint and Several' and Proportionate Liability Regimes, *Journal of Accounting and Economics*, Vol. 23, No. 2, (1997), pp. 189-221.

――― and R. R. King, The Impact of MAS on Auditors' Independence : An Experimental Markets Study, *Journal of Accounting Research*, Vol. 29, Supplement, (1991), pp. 60-98.

――― and ―――, Negligence Versus Strict Liability in Auditing : An Experimental Investigation, *The Accounting Review*, Vol. 67, No. 1, (1992), pp. 97-120.

―――, ―――, and J. W. Schatzberg, An Experimental Investigation of Alternative Damage-Sharing Liability Regimes with an Auditing Perspective, *Journal of Account-*

ing Research, Vol. 32 Supplement, (1994), pp. 103-130.
―――, ―――, and D. E. Wallin, The Use of Experimental Markets in Auditing Research: Some Initial Finding, *Auditing : A Journal of Practice & Theory*, Vol. 8, Supplement (1989), pp. 98-136.
Dumarchey, J., *Théorie positive de la comptabilité 2me édition*, Monloup-Robert, (1933).
Dye, R. A., Auditing Standards, Legal Liability, and Audit Wealth, *Journal of Political Economy*, Vol. 101, No. 5, (1993), pp. 887-914.
Ekelund, R. B. Jr., Price Discrimination and Product Differentiation in Economic Theory: An Early Analysis, *Quarterly Journal of Economics*, Vol. 84, No. 2, (1970), pp. 268-278.
Elliott, R.K., Assurance Services and the Audit Heritage, *Auditing : A Journal of Practice & Theory*, Vol. 17, Supplement, (1998), pp. 1-7.
Ellison, G., Learning, Local Interaction, and Coordination, *Econometrica*, Vol. 61, No. 5, (1993), pp. 1047-1071.
―――, Cooperation in the Prisoner's Dilemma with Anonymous Random Matching, *Review of Economic Studies*, Vol. 61, No. 3, (1994), pp. 567-588.
―――, Basins of Attraction, Long-Run Stochastic Stability, and the Speed of Step-by-Step Evolution, *Review of Economic Studies*, Vol. 67, No. 1, (2000), pp. 17-45.
Ely, J. C. and Välimäki, Bad Reputation, *Quarterly Journal of Economics*, Vol. 118, No. 3, (2003), pp. 785-814.
Emerson, R. M., Power Dependence Relations, *American Sociological Review*, Vol. 26, No. 1, (1962), pp. 31-41.
Evans, J. H., Optimal Contracts with Costly Conditional Auditing, *Journal of Accounting Research*, Vol. 18, Supplement, (1980), pp. 108-128.
Fellingham, J. C. and D. P. Newman, Strategic Considerations in Auditing, *The Accounting Review*, Vol. 60, No. 4, (1985), pp. 634-650.
Frankel, R. M., M. F. Johnson, and K. K. Nelson, The Relation between Auditor's Fees for Nonaudit Services and Earnings Management, *The Accounting Review*, Vol. 77, Supplement, (2002), pp. 71-105.
Fudenberg D. and D. K., Levine, Reputation and Equilibrium Selection in Games with a Patient Player, *Econometrica*, Vol. 57, No. 4, (1989), pp. 759-778.
――― and ―――, Maintaining a Reputation When Strategies Are Imperfectly Observed, *Review of Economic Studies*, Vol. 59, No. 3, (1992), pp. 561-579.
――― and ―――, *The Theory of Learning in Games*, MIT Press, (1998).
――― and E. Maskin, The Folk Theorem in Repeated Games with Discounting or with Incomplete Information, *Econometrica*, Vol. 54, No. 3, (1986), pp. 533-554.
――― and J. Tirole, *Game Theory*, MIT Press, (1991).
――― and ―――, A Theory of Income and Dividend Smoothing Based on Incumbency Rents, *Journal of Political Economy*, Vol. 103, No. 1, (1995), pp. 75-93.
Gibbons, R., *Game Theory for Applied Economists*, Princeton University Press, (1992). 福岡正夫・須田伸一訳『経済学のためのゲーム理論入門』創文社 (1995).

Gigler, F. and M. Penno, Imperfect Competition in Audit Markets and its Effect on the Demand for Audit Related Services, *The Accounting Review*, Vol. 70, No. 2, (1995), pp. 317-336.

Goldman, A. and B. Barlev, The Auditor Firm Conflict of Interests: Its Implication for Independence, *The Accounting Review*, Vol. 49, No. 4, (1974), pp. 707-718.

Hartley, R. V. and T. L. Ross, MAS and Independence: An Image Problem, *Journal of Accountancy*, Vol. 134, No. 5, (1972), pp. 42-51.

Heylton, D. P., Are Consulting and Auditing Compatible? −A Contrary View, *The Accounting Review*, Vol. 39, No. 3, (1964), pp. 667-670.

Hillegeist, S. A., Financial Reporting and Auditing under Alternative Damage Apportionment Rules, *The Accounting Review*, Vol. 74, No. 3, (1999), pp. 347-369.

Jensen, M. C. and W. H. Meckling, Theory of the Firm: Managerial Behavior, Agency Costs and Ownership Structure, *Journal of Financial Economics*, Vol. 3, No. 4, (1976), pp. 305-360.

Kachelmeier, S. J., A Laboratory Market Investigation of the Demand for Strategic Auditing, *Auditing : A Journal of Practice & Theory*, Vol. 10, Supplement (1991), pp. 25-53.

─── and M. Shehata, Internal Auditing and Voluntary Cooperation in Firms: A Cross-Cultural Experiment, *The Accounting Review*, Vol. 72, No. 3, (1997), pp. 407-431.

Kandori, M., Social Norms and Community Enforcement, *Review of Economic Studies*, Vol. 59, No. 1, (1992), pp. 63-80.

───, M., G. J. Mailath, and R. Rob, Learning, Mutation, and Long Run Equilibria in Games, *Econometrica*, Vol. 61, No. 1, (1993), pp. 29-56.

Kanodia, C. and A. Mukherji, Audit Pricing, Lowballing and Auditor Turnover: A Dynamic Analysis, *The Accounting Review*, Vol. 69, No. 4, (1994), pp. 593-615.

Kato, T., Une interprétation de l'independence des auditeurs, *Revue française de Comptabilité*, No. 205, (1989), pp. 98-102.

───, Accounting for Local Governments and the Soft Budget Constraint, *Bulletin of Faculty of Commerce Meiji University*, Vol. 86, No. 1, (2003), pp. 19-35.

───, Audit Credibility: A Theory and an Experimental Investigation, *Bulletin of Faculty of Commerce Meiji University*, Vol. 86, No. 4, (2004), pp. 21-37.

───, Audit Credibility and the Audit Purchasings Costs ; A Theory and an Experimental Investigation, *Bulletin of Institute of Social Sciences Meiji University*, Vol. 27, No. 2, (2005), pp. 1-18.

Kell, G. K., Public Accounting's Irresistible Force and Immovable Object, *The Accounting Review*, Vol. 43, No. 2, (1968), pp. 266-273.

Kihlstrom, R. E. and M. H. Riordan, Advertising as a Signal, *Journal of Political Economy*, Vol. 92, No. 3, (1984), pp. 427-450.

King, R. R., Reputation Formation for Reliable Reporting, *The Accounting Review*, Vol. 71, No. 3, (1996), pp. 375-395.

───, An Experimental Investigation of Self-Serving Biases in an Auditing Trust

Game: The Effect of Group Affiliation, *The Accounting Review*, Vol. 77, No. 2, (2002), pp. 265-284.

—— and R. Schwartz, Planning Assurance Services, *Auditing : A Journal of Practice & Theory*, Vol. 17, Supplement, (1998), pp. 9-36.

—— and ——, An Experimental Investigation of Auditor's Liability : Implications for Social Welfare and Exploration of Deviations from Theoretical Predictions, *The Accounting Review*, Vol. 75, No. 4, (2000), pp. 429-451.

Klein, B., R. Crawford, and A. Alchian, Vertical Integration, Appropriable Rents, and the Competitive Contracting Process, *Journal of Law and Economics*, Vol. 21, No. 2, (1978), pp. 297-326.

—— and K. B. Leffler, The Role of Market Forces in Assuring Contractual Performances, *Journal of Political Economy*, Vol. 89, No. 4, (1981), pp. 615-641.

Knapp, M. C., Audit Conflict : An Empirical Study of the Perceived Ability of Auditors to Resist Management Pressure, *The Accounting Review*, Vol. 60, No. 2, (1985), pp. 202-211.

Kreps, D. M. *A Course in Microeconomic Theory*, Princeton University Press, (1990).

——, P. Milgrom, J. Roberts, and R. Wilson, Rational Cooperation in the Finitely Repeated Prisoner's Dilemma, *Journal of Economic Theory*, Vol. 27, No. 2, (1982), pp. 245-252.

—— and R. Wilson, Reputation and Imperfect Information, *Journal of Economic Theory*, Vol. 27, No. 2, (1982), pp. 252-279.

Laffont, J. J. and J. Tirole, *A Theory of Incentives in Procurement and Regulation*, MIT Press, (1993).

Lambert, R. A, Contracting Theory and Accounting, *Journal of Accounting and Economics*, Vol. 32, Nos. 1-3, (2001), pp. 3-87.

Lee, I. H. and A. Valentinyi, Noisy Contagion without Mutation, *Review of Economic Studies*, Vol. 67, No. 1, (2000), pp. 47-56.

Leland, H. and D. Pyle, Informational Asymmetries, Financial Structure and Financial Intermediation, *Journal of Finance*, Vol. 32, (1977), pp. 371-387.

Magee, R. P. and M-C. Tseng, Audit Pricing and Independence, *The Accounting Review*, Vol. 65, No. 2, (1990), pp. 315-336.

Mailath G. J. and L. Samuelson, Who Wants a Good Reputation ? *Review of Economic Studies*, Vol. 68, No. 2, (2001), pp. 415-441.

Mas-Colell, M. D., Whinston, and J. R. Green, *Microeconomic Theory*, Oxford University Press, (1995).

Maskin, E. and J. Tirole, Two Remarks on the Property-Rights Literature, *Review of Economic Studies*, Vol. 66, No. 1, (1999), pp. 139-149.

Mastumura, E. M. and R. R. Tucker, Fraud Detection : A Theoretical Foundation, *The Accounting Review*, Vol. 67, No. 4, (1992), pp. 753-782.

Mautz, R. K. and H. A. Sharaf, *The Philosophy of Auditing*, American Accounting Association, (1961).近澤弘治監訳・関西監査研究会訳『監査理論の構造』中央経済社

(1987).

Mayhew, B. W., Auditor Reputation Building, *Journal of Accounting and Economics*, Vol. 39, No. 3, (2001), pp. 599-617.

—— and J. E. Pike, Does Investor Selection of Auditors Enhance Autitors Independence?, *The Accounting Review*, Vol. 79, No. 3, (2004), pp. 797-822.

——, J. W. Schatzberg, and G. R. Sevcik, The Effect of Accounting Uncertainty and Auditor Reputation on Auditor Objectivity, *Auditing : A Journal of Practice and Theory*, Vol. 21, No. 1, (2001), pp. 49-70.

Maynard-Smith, J., *Evolution and the Theory of Games*, Cambridge University Press, (1982). 寺本英・梯正之訳『進化とゲーム理論』産業図書 (1985).

Melumad, N. D. and L. Thoman, On the Auditors and the Courts in an Adverse Selection Setting, *Journal of Accounting Research*, Vol. 28, No. 1, (1990), pp. 77-120.

Milgrom, P. and J. Roberts, Predation, Reputation, and Entry Deterrence, *Journal of Economic Theory*, Vol. 27, No. 1, (1982), pp. 280-312.

—— and ——, Price and Advertising Signals of Product Quality, *Journal of Political Economy*, Vol. 94, No. 4, (1986), pp. 796-821.

—— and ——, *Economics, Organization & Management*, Prentice Hall, (1992). 奥野正寛・伊藤秀史・今井晴雄・西村理・八木甫訳『組織の経済学』NTT 出版 (1997).

Mookherjee, D. and I. Png, Optimal Auditing, Insurance, and Redistribution, *Quarterly Journal of Economics*, Vol. 102, No. 2, (1987), pp. 399-415.

Morris S., Contagion, *Review of Economic Studies*, Vol. 67, No. 1, (2000), pp. 57-78.

Morton, S. Strategic Auditing for Fraud, *The Accounting Review*, Vol. 68, No. 4, (1993), pp. 825-839.

Myerson, R. B. *Game Theory Analysis of Conflict*, Harvard University Press, (1991).

Narayanan, V. G., An Analysis of Liability Rules, *Journal of Accounting Research*, Vol. 32, Supplement, (1994), pp. 39-59.

Nelson, P., Advertising as Information, *Journal of Political Economy*, No. 82, No. 4, (1974), pp. 729-754.

Newman D. P., E. Patterson, and R. Smith, The Influence of Potentially Fraudulent Reports on Audit Risk Assessment and Planning, *The Accounting Review*, Vol. 76, No. 1, (2001), pp. 59-80.

Nichols, D. R. and K. H. Price, The Auditor-Firm Conflict : An Analysis Using Concepts of Exchange Theory, *The Accounting Review*, Vol. 51, No. 2, (1976), pp. 335-346.

Pae, S. and S.-W. Yoo, Strategic Interaction in Auditing : An Analysis of Auditors' Legal Liability, Internal Control System Quality, and Audit Effort, *The Accounting Review*, Vol. 76, No. 3, (2001), pp. 333-356.

Patrick, A. W. and C. L. Quittmeyer, The CPA and Management Services, *The Accounting Review*, Vol. 38, No. 1, (1963), pp. 109-117.

Pfeffer, J. and G. R. Salancik, *The External Control of Organizations : Resource Dependence Perspective*, Harper and Row, (1978).

Radhakrishnan, S., Investor's Recovery Friction and Auditor Liability Rules, *The

Accounting Review, Vol. 74, No. 2, (1999), pp. 225-240.
Rasmusen E., *Games and Information 3rd Edition*, Blackwell, (2001). 細江守紀・村田省三・有定愛展訳（初版のみ）『ゲームと情報の経済分析 I・II』九州大学出版会（1991・1992）．
Rotemberg, J. J., A Theory of Inefficient Intra-firm Transactions, *American Economic Review*, Vol. 81, No. 1, (1991), pp. 191-209.
Roth, A. E., The Economist as Engineer : Game Theory, Experimentation, and Computation as Tools for Design Economics, *Econometrica*, Vol. 70, No. 4, (2002), pp. 1341-1378.
Rothschild, M. and J. Stiglitz, Equilibrium in Competitive Insurance Markets : An Essay on the Economics of Imperfect Information, *Quarterly Journal of Economics*, Vol. 90, No. 4, (1976), pp. 629-650.
Rhoades, S. C., The Impact of Multiple Component Reporting on Tax Compliance and Audit Strategies, *The Accounting Review*, Vol. 74, No. 1, (1999), pp. 63-85.
Sancing R. C., Information Acquisition in a Tax Compliance Game, *The Accounting Review*, Vol. 68, No. 4, (1993), pp. 874-884.
Schatzberg, J. W., A Laboratory Market Investigation of Low Balling in Audit Pricing, *The Accounting Review*, Vol. 65, No. 2, (1990), pp. 337-362.
Scheiner, J. H. and J. E. Kiger, An Empirical Investigation of Auditor Involvement in Non-Audit Services, *Journal of Accounting Research*, Vol. 20, No. 2, (1982), pp. 482-496.
Schmalenbach, E., Die Privatwirtschaftslehre als Kunstlehre, *Zeitschrift für Handelswissenschaftliche Forschung*, Jahr. 6, (1911), S. 304-316.
Schmidt, K. M., Reputation and Equilibrium Characterization in Repeated Games with Conflicting Interests, *Econometrica*, Vol. 61, No. 2, (1993), pp. 325-351.
―――, The Costs and Benefits of Privatization : Incomplete Contracts Approach, *Journal of Law, Economics, and Organization*, Vol. 12, No. 1, (1996), pp. 1-24.
Schwartz, R., Legal Regimes, Audit Quality and Investment, *The Accounting Review*, Vol. 72, No. 3, (1997) p. 385-406.
Schulte Jr, A. A., Compatibility of Management Consulting and Auditing, *The Accounting Review*, Vol. 40, No. 3. (1965), pp. 587-593.
Shapiro, C. Premiums for High Quality Products as Returns to Reputations, *Quarterly Journal of Economics*, Vol. 98, No. 4, (1983), pp. 659-679.
Shibano, T., Assessing Audit Risk from Errors and Irregularities, *Journal of Accounting Research*, Vol. 28, Supplement, (1990), pp. 110-140.
Shockley, R. A., Perception of Auditor's Independence : An Empirical Analysis, *The Accounting Review*, Vol. 56, No. 4, (1981), pp. 785-800.
Simunic, D. A., Auditing, Consulting, and Auditor Independence, *Journal of Accounting Research*, Vol. 22, No. 2, (1984), pp. 679-702.
Smith, A., *Lectures on Jurisprudence*, edited by R. L. Meek, D. D. Raphael and P. G. Stein in 1978, Clarendon Press, (1766).
Smith, V. L., J. Schatzberg, and W. S. Waller, Experimental Economics and Auditing,

Auditing : A Journal of Practice & Theory, Vol. 7, No. 1, (1987), pp. 71-93.
Spence, M., Job Market Signaling, *Quarterly Journal of Economics*, Vol. 87, No. 2, (1973), pp. 355-374.
―――, Cost Reduction, Competition, and Industry Performance, *Econometrica*, Vol. 52, No. 1, (1984), pp. 101-122.
Sterling, R. R., Accounting Power, *Journal of Accountancy*, Vol. 135, No. 1, (1973), pp. 61-67.
Tadelis, S., The Market for Reputations as an Incentive Mechanism, *Journal of Political Economy*, Vol. 110, No. 4, (2002), pp. 854-882.
Tie, R., SEC Renews Push for More Oversight of Auditors, *Journal of Accountancy*, Vol. 190, No. 1, (2000), pp. 16-17.
Tirole, J., *The Theory of Industrial Organization*, The MIT Press, (1988).
―――, A Theory of Collective Reputations (with Applications to the Persistence of Corruption and to Firm Quality), *Review of Economic Studies*, Vol. 63, No. 1, (1996), pp. 1-22.
―――, Incomplete Contracts: Where Do We Stand?, *Econometrica*, Vol. 67, No. 4, (1999), pp. 741-781.
―――, Corporate Governance, *Econometrica*, Vol. 69, No. 1, (2001), pp. 1-35.
Titard, P. L., Independence and MAS : Options of Financial Statement Users, *Journal of Accountancy*, Vol. 132, No. 1, (1971), pp. 47-52.
Towry, K. L., Control in a Teamwork Environment-The Impact of Social Ties on the Effectiveness of Mutual Monitoring Contracts, *The Accounting Review*, Vol. 78, No. 4, (2003), pp. 1069-1095.
Wallace, W. A., *Auditing Monographs*, PWS-Kent Publishing, (1986). 千代田邦夫・盛田良久・百合野正博・朴大栄・伊豫田隆俊訳『ウォーレスの監査論―自由市場と規制市場における監査の経済的役割』同文館 (1991).
Wallin D., Legal Recourse and the Demand for Auditing, *The Accounting Review*, Vol. 67, No. 1, (1992), pp. 121-147.
Watts R. L. and J. L. Zimmerman, Agency Problems, Auditing, and the Theory of the Firm: Some Evidence, *Journal of Law and Economics*, Vol. 26, No. 3, (October 1983), pp. 613-633.
――― and ―――, *Positive Accounting Theory*, Prentice Hall, (1986). 須田一幸訳『実証理論としての会計学』白桃書房 (1991).
Whinston, M.D., Tying, Foreclosure, and Exclusion, *American Economic Review*, Vol. 80, No. 4, (1990), pp. 837-859.
Williamson, O. E. *The Economic Institutions of Capitalism*, The Free Press, (1985).
Wilson, R., Auditing : Perspectives from Multi-person Decision Theory, *The Accounting Review*, Vol. 58, No. 2, (1983), pp. 305-318.
―――, The Theory of Syndicates, *Econometrica*, Vol. 36, No. 1, (1968), pp. 119-132.
Young, P., The Evolution of Conventions, *Econometrica*, Vol. 61, No. 1, (1993), pp. 57-84.
Zhang, P. and L. Thoman, Pre-Trial Settlement and the Value of Audits, *The Accounting*

Review, Vol. 74, No. 4, (1999), pp. 473-491.
青木昌彦・奥野正寛編『経済システムの比較制度分析』東京大学出版会 (1996)。
異島須賀子「「自由市場」における会計監査の意味－証券二法制定前の米国を対象にして－」『会計史』第18号 (1999), 104-159頁。
伊藤秀史『契約の経済理論』有斐閣 (2003)。
伊豫田隆俊『制度としての監査システム』同文館 (2003)。
岩井克人・伊藤元重編『現代の経済理論』東京大学出版会 (1994)。
内川正夫「利益平準化の経済合理性：図による分析－利益平準化が監査で軽視されるのはなぜか－」『會計』第153巻第5号　森山書店 (1998), 775-787頁。
岡田章『ゲーム理論』有斐閣 (1996)。
岡部孝好『会計報告の理論』森山書店 (1994)。
奥野正寛・鈴村興太郎『ミクロ経済学Ⅱ』岩波書店 (1988)。
奥野正寛・瀧澤弘和「経済システムの生成と相互接触：進化ゲームアプローチ」青木昌彦・奥野正寛編『経済システムの比較制度分析』東京大学出版会 (1996), 271-298頁。
奥野正寛・松井彰彦「文化の接触と進化」『経済研究』第46巻第2号 (1995), 97-114頁。
小田切宏之『企業経済学』東洋経済新報社 (2000)。
加藤達彦「監査人の独立性と会計情報の信頼性」可児島俊雄編『会計情報の監査』中央経済社 (1990), 145-153頁。
同上「監査制度の効率性と監査人の独立性」『奈良県立商科大学研究季報』第3巻第1～3号 (1992), 75-83頁。
同上「監査制度の必要性に関する一考察」『奈良県立商科大学研究季報』第4巻第1号 (1993) 45-53頁。
同上「監査制度の有効性と監査人の独立性」『現代監査』第4号日本監査研究学会 (1994 a), 22-29頁。
同上「経営者・投資家の有限回取引モデルと監査制度の必要性」『奈良県立商科大学研究季報』第5巻第1号 (1994 b), 1-10頁。
同上「監査制度の必要性に関する検討」『會計』第147巻第3号森山書店 (1995), 399-411頁。
同上「監査制度の進化可能性」『明大商学論叢』第79巻第1・2号 (1997), 149-163頁。
同上「監査市場の経済メカニズム」『明大商学論叢』第80巻3・4号 (1998), 77-91頁。
同上「監査制度の有効性と効率性に関する一考察」『明大商学論叢』第81巻第3・4号 (1999 a), 337-347頁。
同上「監査制度のコスト・ベネフィット分析」『會計』第156巻第4号森山書店 (1999 b), 556-566頁。
同上「保証業務における品質と潜在的問題点」『明大商学論叢』第82巻第2号 (2000 a), 255-266頁。
同上「財務諸表監査における品質改善の困難性」『経理知識』第79号，明治大学経理研究所 (2000 b), 59-71頁。
同上「保証業務における品質と潜在的問題点」日本監査研究学会保証業務のフレームワークと会計士の責任部会編『会計士情報保証論』中央経済社 (2000 c), 48-63頁。
同上「監査論における経済学的モデルを用いた分析の意義」『明大商学論叢』，第83巻第4

号（2001a），21-39頁．
同上「監査論におけるゲーム理論的モデルを用いた分析の意義」『現代監査』第11号日本監査研究学会（2001b），30-42頁．
同上「監査人の独立性とコンサルティング業務の供与」『経理知識』第80号，明治大学経理研究所（2001c），1-16頁．
同上「シグナルとしての監査―仮説と実験的検証―」『會計』第160巻第5号，森山書店（2001d），767-780頁．
同上「コンサルティング業務の供与が監査人の独立性に与える影響」『現代監査』第12号，日本監査研究学会（2002），66-75頁．
同上「監査の需要に関する実験的考察」『明大商学論叢』第85巻第2号（2003a），151-169頁．
同上「監査人の損害賠償責任と監査の品質」『明大商学論叢』第85巻4巻（2003b），21-44頁．
同上「不確実性下における監査のシグナリング機能と実験的検証」『明治大学社会科学研究所紀要』第42巻第1号（2003c），205-221頁．
同上「監査の需要に関する実験的検証」『會計』第164巻第5号，森山書店（2003d），682-697頁．
同上「監査人の損害賠償責任が監査の品質に及ぼす影響」『現代監査』第14号日本監査研究学会（2004a），61-69頁．
同上「監査の信頼性と経営者と投資家の認識のずれ」『経理知識』第83号，明治大学経理研究所（2004b），1-20頁．
梶井厚志・松井彰彦『ミクロ経済学―戦略的アプローチ』日本評論社（2001）．
神取道宏「ゲーム理論による経済学の静かな革命」岩井克人・伊藤元重編『現代の経済理論』東京大学出版会（1994），15-56頁．
佐藤紘光「監査の経済価値と監査人の独立性」『会計ジャーナル』9月号（1988），8-13頁．
同上『業績管理会計』新世社（1993）．
同上『メイク・オア・バイと会計コントロール』『會計』第153巻第6号，森山書店（1998），939-952頁．
須田一幸『財務会計の機能　理論と実証』白桃書房（2000）．
高尾裕二『制度としての会計システム　経済社会のなかの会計の働き』中央経済社（1992）．
瀧田輝己『監査機能論』千倉書房（1992）．
多田富雄『生命の意味論』新潮社（1997）．
千代田邦夫『アメリカ監査論―マルチディメンショナル＆リスクアプローチ』中央経済社（1994）．
鳥羽至英・川北博・秋月信二・大野功一・鈴木稔・髙田敏文・氷見尊・八田進二・前山政之・山崎秀彦『公認会計士の外見的独立性の測定　その理論的枠組みと実証研究』白桃書房（2001）．
松井彰彦『慣習と規範の経済学』東洋経済新報社（2002）．
弥永真正『会計監査人の責任の限定』有斐閣（2000）．
同上『監査人の外観的独立性』商事法務（2002）．
柳川範之『契約と組織の経済学』東洋経済新報社（2000）．

山浦久司『英国株式会社会計制度論』白桃書房（1993）。
同上『監査の新世紀―市場構造の変革と監査の役割』税務経理協会（2001）。
同上『会計監査論第3版』中央経済社（2003）。
山岸俊雄「信頼の構造」東京大学出版会（1998）。

索　引

〔い〕
一方的な囚人のジレンマ　14

〔え〕
エイジェンシイ・アプローチ　11, 12
エイジェンシイ理論　5, 10, 159
エンロン事件　1, 133, 141, 145, 224, 241

〔お〕
オークション　132, 162, 163
オピニオン・ショッピング　122, 124

〔か〕
会計の平準化　107
開示戦略　103, 104, 105
確認　73
隠れた行動　4, 11, 12
隠れた情報　6, 12, 14, 15, 18, 51
過失責任制度
　　174, 175, 185, 186, 187, 188, 190, 212
株式の持ち合い　25, 236
空約束　40, 212
監査委員会　94
監査基準
　　9, 10, 30, 49, 56, 57, 58, 73, 173, 174,
　　176, 177, 178, 179, 189, 235, 237, 239,
　　243
監査実施ゲーム
　　96, 97, 98, 99, 100, 101, 167, 170
監査政策
　　95, 96, 101, 102, 103, 104, 105, 106, 107,
　　238
監査戦略　222
監査リスク　6
完備契約　166, 175, 190

〔き〕
企業改革法　2, 94, 133, 208
期待ギャップ　170, 171
拮抗的経済圧力　110
規範的アプローチ　4, 5
逆選択（アドバース・セレクション）
　　15, 18, 51, 95, 107, 210
協調関数　198, 199, 200, 201, 204, 205, 207
共同出資会社　1
共同責任制度　174, 190, 211
金融商品　46, 47, 236, 243

〔く〕
繰返しゲーム　9, 19, 25, 26, 53, 58

〔け〕
KMR モデル　82, 84, 85, 87
契約の不完備性　159, 166, 179
契約理論　9, 159, 239
ゲーム理論
　　2, 3, 4, 5, 6, 8, 121, 158, 159, 174, 176,
　　235, 238, 244
減損　51, 86, 87
限定意見　6, 30
限定的保証
　　75, 153, 157, 158, 159, 160, 161, 163,
　　164, 165, 166, 167, 170, 171, 239

〔こ〕

公認会計士協会
　　　　　75, 85, 86, 87, 94, 153, 237
公認会計士法　　　　　　　　　133
合理的保証
　　　75, 153, 157, 158, 159, 160, 161, 162,
　　　164, 165, 166, 167, 170, 171, 239, 243
ゴーイング・コンサーン　　　　9, 25
コーディネーション・ゲーム　59, 79, 89
国際会計士連盟　　　　　　　　157
個人合理性制約　　　　　41, 45, 162
混合的比例責任制度　　　　　　174
混在型均衡
　　　　　34, 36, 38, 39, 43, 213, 222, 227, 240
コンピュータ経済学　　　　　　2

〔さ〕

最善解
　　　175, 182, 190, 198, 199, 200, 201, 203,
　　　207
在任価値
　　　109, 116, 117, 118, 119, 120, 122, 124,
　　　125, 126, 127, 128, 129, 131, 132, 238
参加制約　　　　　　　　41, 45, 162

〔し〕

時価　　　　　　　46, 47, 48, 236, 237
シグナリング機能
　　　9, 18, 29, 47, 48, 49, 174, 225, 236, 237
シグナリング・ゲーム
　　　10, 31, 34, 40, 45, 159, 213, 214, 224, 225
自己選択制約　　　　　　38, 43, 162
事実における独立性　　　　　　112
市場の不備性　　　　119, 132, 166, 171
次善解　　　　175, 200, 201, 203, 204
実験会計学　　　　　　　　　2, 210
実験経済学　　　　　　　　2, 7, 209

実験的アプローチ　　　7, 8, 140, 211
しっぺ返し　　　　　　20, 21, 22, 23
支配的戦略　　　　　　　14, 17, 69
四半期監査
　　　　　9, 53, 55, 157, 158, 167, 237, 243
習熟コスト　　　117, 118, 119, 131, 143, 148
習熟補助コスト　　　117, 118, 119, 131
囚人のジレンマ
　　　　　8, 12, 13, 14, 19, 20, 51, 59
集団的評判モデル　　　　　　71, 72
シュタッケルベルク均衡　　　199, 205
取得原価　　　　　　　　47, 48, 237
純粋比例責任制度　　　　　　　174
準レント　　　　　110, 111, 116, 139
証券取引委員会　　　　　　　2, 136
証券取引法　　　　　　　　　　2
情報開示ゲーム
　　　10, 16, 18, 21, 25, 26, 29, 30, 53, 213,
　　　214, 222
情報仮説　　　　　　　　　　　2
情報の非対称性　　　　　15, 17, 119
情報の不完全性　　　　　　101, 107
情報の不備性　　　　　　　14, 138
進化的安定戦略　　　　　　83, 84, 91

〔す〕

スーパーシステム　　　　　　　244
スクリーニング　　　　9, 159, 160, 239

〔せ〕

税効果会計　　　　　　　　　　244
税務監査　　　　　　　　　　96, 101
設計アプローチ　　　　　3, 4, 235, 244
設計経済学　　　　　　　　　　2
先手と後手のあるゲーム
　　　　　　　　99, 143, 148, 168, 199
戦略的アプローチ　　　　　　6, 8
戦略的依存性　　　　　　6, 207, 212

263

戦略的代替性	194, 201, 203
戦略的補完性	83, 89, 144, 194

〔た〕

大恐慌	1

〔ち〕

逐次均衡	9, 138
中間監査	55, 158, 167
中立の報告方針	
115, 116, 122, 123, 124, 126, 128, 129, 130, 131	

〔て〕

ディープ・ポケット	174
伝染	88

〔と〕

統制リスク	207
突然変異	81, 82, 84, 85, 86, 87, 88
トリガー戦略	19, 21, 22, 53

〔な〕

内部統制
 5, 6, 10, 117, 119, 137, 138, 143, 145, 146, 148, 154, 155, 191, 192, 193, 194, 197, 199, 200, 201, 202, 203, 204, 205, 206, 207, 208, 239, 243

ナッシュ均衡
 13, 14, 19, 33, 59, 83, 90, 91, 223

〔に〕

任意監査	99, 168

〔は〕

背理法	9, 19, 122, 138, 199
発見リスク	6
パレート最適	181, 182

半顕在化均衡
 36, 38, 40, 41, 43, 44, 47, 213, 222, 223, 227, 228, 240, 241

反応関数	199, 200, 201, 202, 203, 204, 205
反応曲線	144, 149

〔ひ〕

ピア・レビュー	57, 58
ひいきの報告方針	
115, 116, 122, 123, 125, 128, 129, 130, 131	
非協力ゲーム	5
評判資本	2
表明原理	103, 104, 163
比例責任制度	174, 190, 211

〔ふ〕

フォアクロージャ	146
フォーク定理	19
不完備契約	175, 239
不完備契約の理論	10, 175, 190, 191, 239

分社化
 133, 139, 141, 142, 143, 144, 145, 146, 150, 151, 152, 154, 155, 243

分離型均衡
 33, 38, 40, 41, 45, 46, 47, 48, 224, 225, 227, 228, 241

〔へ〕

米国会計基準採用企業	88, 89, 94
ベイズの定理	15

〔ほ〕

保険仮説	2
保険効果	185, 190, 203

保守的な監査戦略
 35, 41, 45, 46, 47, 214, 215, 223, 224, 227, 240, 241, 242

保証業務
　9, 71, 75, 76, 153, 154, 157, 158, 159, 160, 161, 162, 163, 165, 166, 167, 168, 169, 170, 171, 235, 239, 243
保証ゲーム　168
保証責任制度
　174, 175, 185, 186, 187, 188, 189, 190, 212
ボンディング・コスト　12

〔む〕

無限定適性意見　30, 57
無差別曲線　202, 206

〔も〕

モニタリング仮説　2
モラル・ハザード　12, 95, 210

〔ゆ〕

誘引両立制約　38, 43, 162, 163, 228

〔ら〕

ランダムな監査　6, 96, 101, 107, 108, 235, 243
ランダムマッチング・ゲーム
　9, 26, 58, 59, 77, 81, 82

〔り〕

利益管理　136
リスク・アプローチ　6, 108

〔れ〕

歴史的経路依存性
　9, 59, 60, 61, 79, 234, 237
レモン市場　9, 15, 17, 236

〔ろ〕

ローカル・インターアクション・ゲーム
　88

あ と が き

　会計や監査の実務におけるビックバンが騒がれて久しい。しかし会計や監査研究のビックバンが静かであるが急速に進みつつあることは余り知られていない。会計や監査の研究は，特にアメリカにおいてここ四半世紀の間にまったくその姿を変えてしまった。統計学や数学を用いた計量的アプローチが研究の主流となり，従来の規範的アプローチはまったく姿を消そうとしている。アメリカの会計や監査研究は，統計学を用いた実証的アプローチと数学を用いたモデル・アプローチおよび両者を用いた実験的アプローチに収斂されようとしている。それは，再現可能性を重視する計量経済学と理工系的な考え方の影響を受けたものであり，会計学はまったく経済学の応用分野と化した感がある。

　本書では，モデル・アプローチと実験的アプローチを基にして，監査論の新しいフロンティアを探ろうとした。モデルに関しては，できるだけ自分独自のものを手作りしようとしたが，結局先行研究のサーベイに終わったものも少なくない。それは，アメリカにおけるモデル・アプローチの研究水準がさらに加速的に高くなっているために他ならない。今後の課題は，せめてアイディアだけでも自分独自のものを基に，単純明解で説明能力の高いモデルの設計に取り組みたいと思っている。またそれを基にした実験を工夫するとともに，コンピュータ・シミュレーションによる検証も実施したいと思っている。

　本書の基礎になった研究に関しては，様々な人から励ましや叱咤をいただいてきた。まず可児島俊雄先生（名古屋大学名誉教授）には，学部・大学院を通じて指導教授として，大変お世話になった。また斎藤隆夫先生（名古屋大学名誉教授）と牧戸孝郎先生（同志社大学大学院教授）および故香村光雄先生にも大学院時代から，研究会などを通じて様々な励ましや叱咤をいただいた。

　著者の研究の転換点は，1987〜1988 年にフランス政府給費留学生として，1794 年に創立されたパリの Conservatoire national des arts et métiers（国立工芸学校）において，Jean-Claude Scheid 教授の下で研究した時である。この

滞在の際に，自由なアプローチで研究を進めることを受容する欧米の研究態度から学ぶ点は多かった。以来 Scheid 教授夫妻とは長い親交が続いている。

さらに奈良県立商科大学時代には小西一正先生（奈良産業大学）にお世話になった。現在の明治大学では，森川八洲男先生・鈴木義夫先生・松本穣先生・千葉修身先生から，様々な面でご配慮をいただいている。また山下洋史先生と山本昌弘先生さらに若林公美先生（東京国際大学）からも，研究面について助言をいただいた。大学院の中野雅史氏には，多忙の中実験のアシスタントにご足労をお願いした。

本書の研究に関しては，日本会計研究学会と日本監査研究学会の全国大会において 9 回にわたり発表を行っている。また 2002 年のノーベル経済学賞受賞者 Vernon L. Smith 教授を迎えて，平成 16 年 12 月に岡山と京都で開かれた実験経済学に関する国際会議でも発表の機会を得た。その際に山地秀俊先生（神戸大学）・塩原一郎先生（名古屋経済大学）・山浦久司先生（明治大学）・檜田信男先生（青森公立大学）・瀧田輝巳先生（同志社大学）・異島須賀子先生（久留米大学）・加藤正浩先生（龍谷大学）・Håkan J. Holm 教授（Lund University, Sweden）・Ronald R. King 教授（Washington University, St. Louis）がされたご指摘は，本書をまとめるにあたっての糧となった。遅れ馳せながらここに感謝の意を述べさせていただいた。なお本書の研究の一部は，文部科学省から「監査制度の有効性に関する実験的検証」というテーマで平成 15 年と 16 年の科学研究助成金基盤研究 c(2) 課題番号 15530308 を受けている。

出版にあたって，森山書店の土屋貞敏氏に大変ご迷惑をかけた。ここに謝意を示したい。また厳しい出版事情の中，出版を実現していただいた菅田直文森山書店社長にも感謝したい。最後に本書は，昨年 1 月の元旦の朝に急逝した父とまだまだ元気な母にささげたい。

　　　　　　　　　　　　　　　　　　　　　　　　平成 17 年 2 月

　　　　　　　　　　　　　　　　　　　　　　　　加　藤　達　彦

略　歴

1982 年	名古屋大学経済学部卒業
1984 年	名古屋大学経済学研究科博士前期課程修了
1985〜86 年	文部省の学生国際交流派遣留学生として旧西ドイツのフライブルク大学に留学
1987 年	名古屋大学経済学研究科博士後期課程単位取得退学
1987 年	名古屋大学経済学部研究助手
1987〜88 年	フランス政府給費留学生
1990 年	奈良県立商科大学専任講師
1993 年	奈良県立商科大学助教授
1995 年	明治大学商学部助教授
1999 年	明治大学商学部教授

役職・業績
国際公会計学会理事(2001〜)
日本監査研究学会監査研究奨励賞(2002)

監査制度デザイン論―戦略的アプローチと実験的アプローチの応用―

2005 年 5 月 25 日　初版第 1 刷発行

著者 ⓒ 加藤　達彦（かとう　たつひこ）
発行者　菅田　直文
発行所　有限会社　森山書店　〒101-0054　東京都千代田区神田錦町1-10 林ビル
TEL 03-3293-7061　FAX 03-3293-7063　振替口座 00180-9-32919

落丁・乱丁本はお取りかえします　印刷・中央印刷　製本・永澤製本

本書の内容の一部あるいは全部を無断で複写複製することは、著作権および出版社の権利の侵害となりますので,その場合は予め小社あて許諾を求めてください。

ISBN 4-8394-2013-0